最新汉字

改错一本通

ZUIXIN HANZI
GAICUO YIBENTONG

彭伦健　彭皓宇／编著

四川大学出版社

责任编辑:梁　胜
责任校对:孙滨蓉
封面设计:墨创文化
责任印制:曹　琳

图书在版编目(CIP)数据

最新汉字改错一本通 / 彭伦健编著. —成都：四川大学出版社，2012. 7
ISBN 978-7-5614-6020-7

Ⅰ. ①最…　Ⅱ. ①彭…　Ⅲ. ①汉字-通俗读物　Ⅳ. ①H12-49

中国版本图书馆 CIP 数据核字（2012）第 162216 号

书名　**最新汉字改错一本通**

编　　著　彭伦健　彭皓宇
出　　版　四川大学出版社
地　　址　成都市一环路南一段 24 号（610065）
发　　行　四川大学出版社
书　　号　ISBN 978-7-5614-6020-7
印　　刷　郫县犀浦印刷厂
成品尺寸　148 mm×210 mm
印　　张　10
字　　数　335 千字
版　　次　2013 年 5 月第 1 版
印　　次　2013 年 6 月第 2 次印刷
定　　价　26.00 元

◆读者邮购本书,请与本社发行科联系。电 话:85408408/85401670/85408023　邮政编码:610065
◆本社图书如有印装质量问题,请寄回出版社调换。
◆网址:http://www.scup.cn

前　言

语言文字是人们表达意思和交流思想的工具。汉字书写正确，是书面语言正确表达和交流思想的起码要求；而且汉字书写正确，体现了个人文化素质，大而言之，还可以从一个侧面看出一个民族的文化素养。

在人们的工作和生活中，尤其是在大中学生的书面表达中，汉字书写不规范的现象不同程度地存在，所以在各级各类语文考试中都把汉字规范书写作为考题。2008 年全国高考语文考试大纲就明确提出“不写错别字”，并注明“作文错 1 个字，扣 1 分，而且上不封顶”。有不少学生因此而被严重扣分，而并不觉悟。2013 年考纲仍规定作文错一字扣一分。一些语文刊物把纠正错别字作为主要内容（如《咬文嚼字》），央视今年暑假还将推《中国汉字听写大全》，全国各地的学生将组成 32 支代表队参赛，最终决出一名年度汉字听写冠军，可见汉字规范书写具有深远的意义。有鉴于此，收集整理容易写错的字，正误并举，并加辨析，是很有必要和很有意义的。笔者收集整理了 1500 多个容易写错的字，放在词或短语中，以正误对照的形式出现（错字放在括号中，便于掌握正字）。在具体语言环境中，对容易写错的字用汉语拼音注音，解释其在词或短语中的基本意义，并组词（词组）、造句。为了帮助读者理解掌握，我们根据误用的不同情况，大致将错别字分作形似字、音同（近）字、形似音同（近）字、形似意思易混字、音同（近）意思易混字、形似音同（近）意思易混字等六个部分加以辨析，希望能对读者规范书写汉字有所帮助。

编　者

2013 年 5 月 21 日

目 录

（一）形似字

（二）音同（近）字

（三）形似音同（近）字

（四）形似意思易混字

（五）音同（近）意思易混字

五 音同（近）意思易混字

（六）形似音同（近）意思易混字

（一）形似字

暧昧（暖）

暧 ài，日光昏暗。暧昧（态度、用意）含糊，不明白；（行为）不光明，不可告人。

暖 nuǎn，暖和，不冷：暖气/暖流/冷暖/和暖/温暖/春暖花开/风和日暖/嘘寒问暖/冷暖自知/天暖了，不用穿大衣了；使变温暖：暖酒/暖一暖手/用热水袋暖被窝。

百无聊赖（懒）

赖 lài，依靠，倚仗：依赖/信赖/倚赖/仰赖/有赖/完成任务，全赖大家的努力。百无聊赖 精神无所依托，感到非常无聊。

懒 lǎn，怠惰（与“勤”相对）：懒汉/手懒/疏懒/偷懒/腿懒/懒虫/心灰意懒/好吃懒做；倦，没力气：发懒/慵懒/酸懒/伸懒腰/浑身发懒。

稗官野史（裨）

稗 bài，一年生草本植物，长在稻田里或低湿的地方，形状像稻，但叶片毛涩，颜色较浅，主脉清楚，是稻田的害草：稗子/稗草/稗秕；微小、琐碎的：稗史/稗官。稗官野史 指记载逸闻琐事的文字。

裨 bì，益处：裨益/无裨于事。

裨 pí，副，辅佐的：裨将/偏裨。

坂上走丸（板）

坂 bǎn，山坡，斜坡：荒坡野坂/如丸走坂。坂上走丸比喻迅速。

板 bǎn，片状的较硬的物体：板材/板子/搓板/木板/铁板/地板/画板/夹板/跳板/七巧板/玻璃板；演奏民族音乐或戏曲时用来打节拍的乐器：檀板。

褒贬（砭　眨）

贬 biǎn，指出缺点，给予不好的评价（跟“褒”相对）：贬低别人/他被贬得一无是处。褒贬 评论好坏。

砭 biān，古代用石针或石片扎皮肉治病：砭割/砭磨/砭熨/针砭；指出人的过错，劝人改正：痛砭腐败/针砭时弊。

眨 zhǎ，（眼睛）闭上立刻又睁开：眨眼/眼睛也不眨一眨。

暴戾恣睢（雎）

恣睢（suī），任意胡为。暴戾恣睢 形容残暴凶狠，任意胡为。

雎 jū，用于古人名，如范雎、唐雎；雎鸠，古书上说的一种鸟。

暴殄天物（珍）

殄 tiǎn，灭绝：殄灭/殄平/殄熄。暴殄天物 原指残害灭绝天生的自然资源，后指任意损害、糟蹋财物。

珍 zhēn，宝贝，宝贵的东西：奇珍异宝/山珍海味/如数家珍；贵重的，宝贵的：珍本/珍品/珍珠/珍禽异兽/；重视，看重：珍惜/珍视/珍重/世人珍之。

笨拙（绌）

拙 zhuō，笨，不灵活：拙劣/手拙/眼拙/拙于言辞/弄巧成拙/勤能补拙。笨拙 不聪明，不灵巧。

绌 chù，不足，不够：经费支绌/相形见绌/心余力绌。

秕糠（枇）

秕 bǐ，子实不饱满：秕子/秕粒/秕谷子/这稻子是秕的。秕糠 秕子和糠，比喻没有价值的东西。

枇（pí）**杷**，常绿乔木，叶大，长椭圆形，有锯齿，开白花，果实也叫枇杷，圆球形，黄色，味甜，叶可入药。

鞭笞（苔）

笞 chī，用鞭、杖或竹板子打：笞责。鞭笞 用鞭子或板子打。

苔 tái，隐花植物的一类，根、茎、叶的区别不明显，绿色，常贴在阴湿的地方生长。

濒临（频）

濒 bīn，紧靠（水边）：濒湖/东濒大海；临近，接近：濒于/濒死/濒绝/濒危/濒行/濒于破产。濒临 紧接，临近。

频 pín，屡次，连续几次：频传/频频出访/频频点头/频频招手；多次：频繁/频仍/频数；频率：高频/调频/频段/词频/字频/频道。

病入膏肓（盲）

肓 huāng，我国古代医学把心脏和隔膜之间叫肓，认为膏（心尖脂肪）肓之间是药力达不到的地方。病入膏肓 病到了无法医治的地步，也比喻事情严重到了不可挽救的程度。

盲 máng，瞎，看不见东西：盲人/盲文/夜盲；比喻对某种事物不能辨别或分辨不清：文盲/色盲/法盲；盲目地：盲动/盲从/盲干。

拨款（拔）

拨 bō，分给，调配：拨付/拨粮/调拨/拨点儿粮食。拨款（政府或上级）拨给款项；（政府或上级）拨给的款项。

拔 bá，抽，拉出，连根拽出：拔草/拔牙/拔剑/拔刺/拔起/拔刀相助/拔苗助长/拔了祸根。

不共戴天（载）

戴 dài，把东西放在头、面、颈、手等处：戴花/戴帽子/戴手套/戴眼镜/戴红领巾。不共戴天 不跟仇敌在一个天底下活着，形容仇恨极深。

载 zài，用交通工具装，装载：载货/载客/超载/承载/满载；充满（道路）：怨声载道/风雨载途/荆棘载途。

不苟言笑（荀）

苟 gǒu，马虎，随便：苟同/苟且/一丝不苟。不苟言笑 严肃认真，不随便说话、发笑。

荀 xún，姓。

不能自已（己）

已 yǐ，止，罢了：争论不已/有加无已/死而后已/如此而已/原不可以已。不能自已 不能控制自己的感情。

己 jǐ，自己，对人称本身：己方/己见/己任/克己奉公/舍己为人/反求诸己/知己知彼/严于律己。

不容置喙（缘）

喙 huì，嘴，特指鸟兽的嘴：长喙/短喙；借指人的嘴：百喙莫辩。不容置喙 不容许插嘴。

缘 yuán，缘故，原因：缘由/无缘无故；缘分：良缘/有缘/人缘/姻缘/不解之缘；边：边缘。

残杯冷炙（灸）

炙 zhì，烤熟的肉：脍炙人口。残杯冷炙指吃剩下的酒食。

灸 jiǔ，烧，多指用艾叶等烧灼或熏烤一定的穴位的治疗方法：针灸。

草菅人命（管）

菅 jiān，多年生草本植物，叶子细长而尖，花绿色，果褐色。草菅人命 喻把人命看得和野草一样，指任意残杀人民。

管 guǎn，吹奏的乐器：管乐/黑管/管弦乐/管乐器；管教，治理：管束/管制/管孩子。

茶壶（壸）

壶 hú，陶瓷或金属等制成的容器，有嘴，有把或提梁，用来盛茶、酒等液体，从嘴往外倒：酒壶/喷壶/茶壶/暖壶。

壸 kǔn，宫里的路。

拆开（折）

拆 chāi，把合在一起的东西打开：拆信/拆洗/拆散/拆棉衣。拆开 把合在一起的东西打开。

折 zhé，断，弄断：骨折/摧折/攀折/把树枝折断了。

瞋目叱之（嗔）

瞋 chēn，发怒时睁大眼睛：瞋目而视。瞋目叱之 瞪着眼睛大声责骂。

嗔 chēn，怒，生气：嗔怒/似嗔非嗔/转嗔为喜。

瞠目结舌（膛）

瞠 chēng，瞪着眼看：瞠目/瞠乎其后。瞠目结舌 瞪着眼睛说不出话来，形容受窘或惊呆的样子。

膛 táng，胸腔：胸膛/开膛；器物中空的部分：炉膛/枪膛/子弹上了膛。

澄澈（沏 潵）

澈 chè，水清：澈亮/明澈/清澈。澄澈清澈透明。

沏 qī，（用开水）冲，泡：沏茶/用开水把糖沏开。

潵 Sǎ，潵河，水名，在河北。

驰骋（聘）

骋 chěng，（马）跑：骋步。驰骋（骑马）奔驰。

聘 pìn，请人担任职务或承担工作：聘任/聘用/聘书/聘请/聘她当老师；女子出嫁：行聘/出聘/聘姑娘。

憧憬（幢）

憧（chōng）憬。憧憬向往。

幢 zhuàng，量词，房屋一座叫一幢：幢幢高楼平地起。

刍议（诌）

刍 chú，喂牲畜的草：刍秣/反刍；割草：刍荛/刍牧。刍议谦辞，指自己的议论。

诌 zhōu，编造（言辞）：胡诌/瞎诌/诌了一首顺口溜。

揣摩（磨）

摩 mó，研究切磋：观摩。揣摩反复思考推求。

磨 mó，用磨料磨物体使光滑、锋利或达到其他目的：磨刀/打磨/琢磨/铁杵磨成针；消灭，磨灭：百世不磨/千古不磨。

辍学（缀）

辍 chuò，中止，停止：辍止/辍笔/时作时辍/日夜不辍。辍学 中途停止上学。

缀 zhuì，装饰：点缀。

刺刺不休（剌）

刺 cì，尖的东西进入或穿过物体：刺伤；暗杀：遇刺/被刺。刺刺不休 说话没完没了；唠叨。

剌 là，乖戾，乖张：剌谬/剌戾/乖剌。

打躬作揖（楫）

揖 yī，拱手行礼：揖让/一揖到底。打躬作揖 弯身作揖，形容恭顺恳求。

楫 jí，划船用的桨：舟楫/中流击楫。

大有裨益（稗）

裨 bì，益处：无裨于事。大有裨益 大有益处。

稗 bài，一年生草本植物，长在稻田里或低湿的地方，形状像稻，但叶片毛涩，颜色较浅，是稻田的害草：稗子/稗草/稗秕；微小的，琐碎的：稗史/稗官。

胆怯（祛　袪）

怯 qiè，胆小，没勇气：怯场/羞怯。胆怯 胆小，缺少勇气。

祛 qū，除去，驱逐：祛疑/祛暑/祛痰/祛湿/祛邪。

袪 qū，袖口；同“祛”。

当头棒喝（捧）

棒 bàng，棍子：棒子/棒槌/棍棒/炭精棒。当头棒喝 比喻促人醒悟的警告。

捧 pěng，两手托着：捧腹大笑/捧着一个坛子/捧着花生米/双手捧着孩子的脸；奉承人或代人吹嘘：捧场/大肆吹捧/你别再捧我了/硬把那个旦角捧红了。

点缀（掇　辍　惙）

缀 zhuì，用针线等使连起来：缀网/补缀。点缀 加以衬托或装饰，使原有事物更加美好；也用来指装点门面，应景，凑数。

掇 duō，拾取，采取：掇拾；用双手拿，搬（椅子、凳子等）：掇条凳子坐。

辍 chuò，中止，停止：辍学/辍止/辍笔/时作时辍/日夜不辍。

惙 chuò，忧愁，疲乏：忧心惙惙；（气）短，弱：气息惙然。

断壁颓垣（桓　洹）

垣 yuán，墙：城垣/断垣残壁。断壁颓垣 残缺不全的墙壁，形容房屋遭受破坏后的凄凉景象。

桓 huán，古代立在驿站、官署等建筑物旁的作为标志的木柱，后称华表。

洹 Huán，洹水，水名，在河南省。

对簿公堂（薄）

簿 bù，本子：账簿/练习簿/户口簿/意见簿/签字簿/发文簿/留言簿。对簿公堂 在公堂上受审问。

薄 báo，扁平物上下两面之间的距离小：薄板/薄片；（感情）冷淡，不深：待他的情分不薄。

薄 bó，不强健，不壮实：薄弱/单薄；不厚道，不庄重：薄待/刻薄/轻薄；看不起，轻视，慢待：菲薄/鄙薄/厚此薄彼/厚今薄古。

咄咄逼人（拙）

咄 duō，呵斥：厉声咄之；表示惊异或感叹：咄咄。咄咄逼人 形容气势汹汹，盛气凌人。

拙 zhuō，笨，不灵巧：拙涩/拙劣/手拙/眼拙/拙于言辞/勤能补拙/弄巧成拙/拙嘴笨舌。

烦冗拖沓（杳）

沓 tà，多而重复：杂沓/拖沓/纷至沓来。烦冗拖沓 多指文章烦琐冗长、拖拉。

杳 yǎo，远得看不见踪影：杳然/杳渺/杳如黄鹤/杳无音信/音容已杳。

凤毛麟角（鳞）

麟 lín，麒麟，古代传说中的一种动物，像鹿，比鹿大，有角。凤毛麟角 比喻稀少而可贵的人或事物。

鳞 lín，鱼类、爬行动物等身体表面长的由角质或骨质等构成的小薄片：鳞片/鳞爪；像鱼鳞的：鳞波/遍体鳞伤。

干扰（拢）

扰 rǎo，扰乱，搅扰，使混乱或不安：打扰/骚扰/扰动/扰乱。干扰 扰乱，打扰。

拢 lǒng，合上：合拢/他笑得连嘴都合不拢了；靠近，到达：拢岸/靠拢/围拢。

高亢（吭）

亢 kàng，高：高亢；高傲：不亢不卑；过度，极，很：亢旱/亢奋/亢进。高亢（声音）高而洪亮；（地势）高；高傲。

吭 háng，喉咙：引吭高歌。

吭 kēng，出声，说话：一声不吭。

宫阙（阕）

阙 què，古代皇宫大门前两边供瞭望的楼，泛指帝王的住所：宫阙/伏阙；神庙、陵墓前竖立的石雕。宫阙 指宫殿。

阕 què，歌曲或词一首叫一阕：弹琴一阕/填一阕词；一首词的一段叫一阕：上阕/下阕。

宫商角徵羽（微 徽）

徵 zhǐ，古代五音之一，相当于简谱的“5”：变徵之音。宫商角徵羽 即我国五声音阶上的五个级在古时的名称，相当于现行简谱上的1、2、3、5、6。

微 wēi，细小，轻微：微小/微风/微波/细微/谨小慎微/相差甚微/微笑；衰落：衰微；精深奥妙：微妙/精微/微言大义。

徽 huī，标志：徽章/国徽/团徽/校徽/帽徽；美好的：徽号/徽音/徽容。

蛊惑人心（盅）

蛊 gǔ，把许多毒虫放在器皿里使互相吞食，最后剩下不死的毒虫叫蛊，旧时传说用来毒害人：蛊毒。蛊惑人心 比喻用不正确的舆论或谣言来欺骗、迷惑、煽动群众。

盅 zhōng，没有把儿的小杯子：酒盅/茶盅/盅子。

乖舛（桀）

舛 chuǎn，差错：舛错/舛误/舛谬；不顺遂，不幸：命运多舛。乖舛谬误，差错，也指不顺遂。

桀 jié，夏朝末代君王，即癸，相传是个暴君：桀纣。

关关雎鸠（睢）

雎（jū）**鸠**，古书上说的一种鸟。也叫“王雎”。

睢 Suī，睢县，在河南；姓。

冠军（寇）

冠 guàn，居第一位：冠军/名冠全球/勇冠三军。冠军 体育运动等竞赛中的第一名。

寇 kòu，强盗或外来的侵略者（也指敌人）：寇仇/贼寇/敌寇/海寇；敌人来侵略：入寇/寇边。

鬼鬼祟祟（崇）

祟 suì，原指鬼怪或鬼怪害人（迷信），借指不正当的行为：作祟/鬼祟。鬼鬼祟祟 偷偷摸摸，不光明正大。

崇 chóng，高：崇高/崇山峻岭；/尊重：崇拜/崇敬/推崇/尊崇。

寒碜（掺）

碜 chěn，食物中杂有沙子：牙碜。寒碜 丑陋，难看；丢脸，不体面；讥笑，揭人短处，使失去体面。

搀 chān，把一种东西混合到另一种东西里去：搀兑/搀加/搀杂。

寒风凛冽（洌）

冽 liè，冷：凛冽/山高风冽。寒风凛冽 气温低，风吹到人身上感到刺骨的冷。

洌 liè，（水、酒）清：泉香而酒洌。

汗牛充栋（楝）

栋 dòng，脊檩，正梁：栋梁/雕梁画栋。汗牛充栋 形容书籍极多。

楝 liàn，落叶乔木，花淡紫色，果实椭圆形，种子、树皮都可入药。

悍然（捍）

悍 hàn，勇猛：强悍/剽悍；凶狠，蛮横：悍然不顾。悍然 蛮横的样子。

捍 hàn，保卫，防御：捍卫祖国/捍卫领空/捍卫主权/捍御边疆/捍御外侮。

怙恶不悛（俊）

悛 quān，悔改。怙恶不悛 坚持作恶，不肯悔改。

俊 jùn，才智过人的：俊杰/英俊/俊士；相貌清秀好看：俊秀/俊俏/那个小姑娘真俊/这个孩子长得好俊。

花蕊（芯）

蕊 ruǐ，花蕊，俗称花心，植物生殖器官的一部分，分雄蕊和雌蕊两种；花苞，未开的花。花蕊 花的雄蕊和雌蕊的统称。

芯 xīn，草木的中心部分；泛指某些物体的中心部分：岩芯/笔芯/机芯。

华胄（胃）

胄 zhòu，古代指帝王或贵族的后代，现指后代人：贵胄。华胄 贵族的后裔，也指华夏的后裔，即汉族。

胃 wèi，胃脏，人和某些动物消化器官的一部分，能分泌胃液，消化食物：胃液/胃酸/胃病/胃腺/胃溃疡；星宿名，二十八宿之一。

讳疾忌医（违）

讳 huì，因有顾忌而不敢说或不愿说：隐讳/忌讳/直言不讳。讳疾

忌医 比喻有了缺点、错误，生怕别人批评指出，不愿改正。

违 wéi，背，反，不遵照，不依从：违法/违背/违反/违约/违章/阳奉阴违；不见面，离别：久违。

缉捕（揖）

缉 jī，搜捕，捉拿：缉私/缉凶/缉拿/缉毒/通缉。缉捕 搜查捉拿（犯罪的人）。

揖 yī，拱手行礼：揖让/打躬作揖。

戛然（嘎）

戛 jiá，轻轻地敲打：戛击/戛玉敲金；形容鸟类清脆的叫声或物体碰撞的声音：戛然长鸣。戛然 形容声音突然中止。

嘎 gā，形容短促而响亮的声音：汽车嘎的一声刹住了。

缄口不言（箴）

缄 jiān，封闭（常用在信封上寄信人姓名后）：王缄/上海刘缄。缄口不言 闭着嘴不说话，指什么也不说。

箴 zhēn，劝告，劝诫：箴言/箴规/箴诫。

将功赎罪（渎 续）

赎 shú，用财物把抵押品换回：赎身/把东西赎回来；用行动抵消、弥补罪过（旧时特指用财物减免刑罚）。将功赎罪 拿功劳抵偿罪过。

渎 dú，轻慢，不敬：渎犯/烦渎/亵渎/有渎清神；沟渠，水道：沟渎。

续 xù，连接，连下去：续假/连续/陆续；接在原有的后头：续编/狗尾续貂；添，加：把茶续上/炉子该续煤了。

孑然一身（孓）

孑 jié，单独，孤单：孑立/孑身/茕茕孑立，形影相吊。孑然一身 形容孤独。

孑孓（jué），蚊子的幼虫，是蚊子的卵在水中孵化出来的，体细长，游泳时身体一屈一伸。

矜持（恃）

持 chí，拿着，握住：持笔/持枪/持刀动杖；遵守不变：持久/支持/坚持；主管，料理：勤俭持家。矜持 庄重，严肃；拘谨，拘束。

恃 shì，依赖，倚仗：有恃无恐/恃才傲物。

精湛（谌）

湛 zhàn，深：湛蓝；清澈：清湛。精湛 精深。

谌 chén，相信：天难谌，命靡常；的确，诚然：谌训。

迥然不同（回　迴）

迥 jiǒng，远：山高路迥；差得远：迥异/病前病后迥若两人。迥然不同 形容差别很大。

回 huí，走向原来的地方：回家/回归/回国/回乡；曲折，环绕，转弯：回旋/回廊/迂回。

迴，（回的繁体字）huí，曲折，环绕，旋转：回旋/巡回/迂回/回廊/低回/轮回/萦回/回形针/峰回路转。

酒靥（魇　黡）

靥 yè，酒窝儿，嘴两旁的小圆窝儿：脸上露出笑靥。酒靥 酒窝。

魇 yǎn，梦中由于恐惧而惊叫：梦魇/魇住了；说梦话。

黡 yǎn，黑色的痣。

橘黄（桔）

橘 jú，橘子树，常绿乔木，树枝细，通常有刺，叶子长卵圆形，果实球形稍扁，果皮红黄色，果肉多汁，味酸甜；这种植物的果实：蜜橘。橘黄 比黄色略深，像橘子皮的颜色。

桔 jié，桔槔：汲水的工具。桔梗：一种草本植物，根可人药。

桔 jú，橘的俗字。

矍铄（烁）

铄 shuò，熔化（金属）：铄金/众口铄金/铄石流金。矍铄 形容老年人很有精神的样子。

烁 shuò，光亮的样子：闪烁/天空闪烁着一颗颗明亮的星星。

可怜（邻　伶）

怜 lián，怜悯：怜惜/怜恤/同病相怜/怜贫惜老。可怜 值得怜悯，也指（数量少或质量坏到）不值得一提。

邻 lín，住处接近的人家：邻人/东邻/四邻/远亲不如近邻；邻近的，邻接的：邻国/邻家/邻县/邻座。

伶 líng，旧时指戏曲演员：伶人/名伶/坤伶/老伶工。

恪守（格）

恪 kè，谨慎而恭敬：恪遵/恪尽职守。恪守 严格遵守。

格 gé，划分成的空栏和框子：空格/表格/方格纸/四格的书架；阻碍，限制：格于成例；击，打：格斗/格杀。

铿锵有力（悭）

铿 kēng，拟声词，形容响亮的声音：铿然/铁轮大车走在石头路上铿铿地响。铿锵有力 形容有节奏、响亮而有气势。

悭 qiān，吝啬：悭吝；缺欠：缘悭一面（缺少一面之缘）。

苦心孤诣（脂）

诣 yì，到某人所在的地方；到某个地方去看人（多用于所尊敬的人）：诣前请教/诣烈士墓参谒。苦心孤诣 费尽心思钻研或经营（孤诣：别人所达不到的）。

脂 zhī，动植物所含的油质：脂肪/脂油/松脂；胭脂：脂粉。

褴褛（缕）

褴褛（lǚ）。褴褛（衣服）破烂。

缕 lǚ，线：一丝一缕/千丝万缕/细针密缕/不绝如缕；一条一条，详详细细：缕述/条分缕析。

滥竽充数（芋）

竽 yú，古乐器，形状像现在的笙：笙竽/竽瑟。滥竽充数 比喻没有真正的才干，而混在行家里面充数，或拿不好的东西混在好的东西里面充数。

芋 yù，泛指马铃薯、甘薯等植物：洋芋/山芋。

狼奔豕突（豸）

豕 shǐ，猪。狼奔豕突狼和猪东奔西跑，比喻成群的坏人乱窜乱撞。

豸 zhì，古书上指没有脚的虫子：虫豸。

良莠不齐（秀）

莠 yǒu，狗尾草，一年生草本植物，叶子细长，花序圆柱形，穗有毛，像狗的尾巴；比喻品质坏的人。良莠不齐 指好人坏人都有。

秀 xiù，植物吐穗开花（多指庄稼）：高粱秀穗了/六月六看谷秀；特别优异：秀异/秀挺/优秀；聪明，灵巧：内秀/心秀；特别优异的人才：新秀/后起之秀。

鹿茸（葺）

茸 róng，草初生纤细柔软的样子；指鹿茸：参茸。鹿茸 雄鹿的嫩角没有长成硬骨时，带茸毛，含血液，是一种贵重的中药。

葺 qì，用茅草覆盖房顶，今指修理房屋：修葺。

戮力同心（戳）

戮 lù，杀：屠戮；并，合：戮力。戮力同心 齐心合力，团结一致。

戳 chuō，用尖端触击：戳穿/一戳就破/用手指头戳了一下。

马弁（牟）

弁 biàn，旧时称低级武职：武弁。马弁 旧时军官的护兵。

牟 móu，牟取：牟利。

冒天下之大不韪（讳）

韪 wěi，是，对（常用于否定形式）：不韪。冒天之大不韪 不顾天下人的反对，公然做罪恶极大的事。

讳 huì，因有所顾忌而不敢说或不愿说，忌讳：讳言/讳忌/隐讳/直言不讳/讳疾忌医/讳莫如深；忌讳的事情：犯讳。

汨罗江（汩）

汨（mì）**罗江**。汨罗江 水名，发源于江西，流入湖南洞庭湖。

汩 gǔ，水流的样子（叠）：水车转动，河水汩汩地流人田里。

泯灭（抿）

泯 mǐn，消灭，丧失：泯没/良心未泯。泯灭（形迹、印象等）消灭。

抿 mǐn，用小刷子蘸水或油抹（头发等）：抿一抿头发；（嘴、翅膀等）稍稍合拢，收敛：抿着嘴笑/水鸟儿一抿翅膀，钻入水中；嘴唇轻轻地沾一下碗或杯子，略微喝一点：抿了一口酒。

模仿（摸）

模 mó，规范，标准：模型/楷模；仿效：模拟。模仿 照某种现成的样子学着做。

摸 mō，用手按触或轻轻抚摩：摸小孩儿的头；试着了解，试着做：摸底/我摸准了他的脾气了。

拟人（似）

拟 nǐ，模仿，效仿，仿照：拟态/拟古/拟作/模拟。拟人 修辞方式，把事物人格化，例如童话里的动物能说话。

似 sì，像，如同：相似/近似/类似/似是而非/骄阳似火；似乎：似属可行/似应从速办理。

蹑手蹑脚（摄）

蹑 niè，放轻（脚步）：他轻轻地站起来，蹑着脚走过去。蹑手蹑脚 形容走路时脚步放得很轻。

摄 shè，吸取：摄取/摄食/摄取养分；保养：摄生/摄护。

盘桓（恒）

桓 Huán，姓。盘桓 逗留，徘徊，也指曲折、盘曲或回环旋绕。

恒 héng，持久，永久：永恒/恒心；经常的，普通的：恒言/恒态/人之恒情。

庞然大物（宠）

庞 páng，大：庞大。庞然大物 外表上庞大的东西。

宠 chǒng，偏爱，过分地爱：宠爱/宠信/宠幸/宠用。

扑朔迷离（溯）

朔 shuò，农历每月初一时，月球运行到太阳和地球之间，跟太阳同时出没，地球上看不到月光，这种月相叫朔；北：朔风/朔方；朔日：朔望。扑朔迷离 比喻事物错综复杂，难于辨别。

溯 sù，逆着水流的方向走：溯源/上溯/溯流而上；往上推求或回想：回溯/追溯/推溯。

扑朔迷离（朴）

扑 pū，用力向前冲，使全身突然伏在物体上：孩子高兴得一下扑到我怀里来；向……袭来：反扑/春风扑面/香气扑鼻。扑朔迷离（同上）。

朴 pǔ，朴实，朴质：俭朴/诚朴/朴素/朴质/质朴/朴实无华。

乞丐（丏）

丐 gài，乞求：丐养/丐施；给，施与：沾丐后人。乞丐生活没有着落而专靠向人要饭要钱过活的人。

丏 miǎn 遮蔽，看不见。

杞人忧天（扰）

忧 yōu，担心，忧虑：忧愁/忧国忧民。杞人忧天 传说杞国有个人怕天塌下来，吃饭睡觉都感到不安，比喻不必要的忧虑。

扰 rǎo，扰乱，打搅，搅扰：扰动/干扰/打扰/骚扰。

千钧一发（钩）

钧 jūn，古代的重量单位，十五公斤为一钧。千钧一发 千钧重物吊在一根发丝上，比喻极其危险。

钩 gōu，悬挂或探取东西用的器具，形状弯曲，头端尖锐：秤钩儿/鱼钩儿/挂钩儿/火钩儿/用铁丝窝一个钩心。

迁徙（徒）

徙 xǐ，迁移：徙居。迁徙 迁移。

徒 tú，徒弟，学生：门徒/学徒/艺徒/尊师爱徒；指某种人（含贬义）：酒徒/赌徒/不法之徒/好事之徒。

悭吝（铿）

悭 qiān，吝啬，小气：悭吝鬼。悭吝 吝啬，小气。

铿 kēng，拟声词，形容响亮的声音：铁轮大车走在石头路上铿铿地响。

穷源溯流（朔）

溯 sù，逆着水流的方向走：溯河而上；往上推求或回想：回溯/追溯/推本溯源。穷源溯流追究事物的根源并探寻其发展的经过。

朔 shuò，农历每月初一：朔日/朔望；北：朔风/朔方。

茕茕孑立（荥　荦）

茕 qióng，孤独，孤单；忧愁。茕茕孑立 形容孤苦伶仃，无依无靠。

荥 Yíng，荥经，地名，在四川省。

荦 luò，明显：卓荦。

戎装（戌）

戎 róng，军队，军事：从戎/戎马/戎行。戎装 军装。

戌 xū，地支的第十一位：戌时（旧式计时法指晚上七点到九点）。

如虎添翼（冀）

翼 yì，翅膀或像翅膀的东西：鸟翼/机翼/双翼飞机/比翼齐飞。如虎添翼 比喻本领很大的人又增加新的助力，能力更大，也比喻凶恶的得到援助后更加凶恶。

冀 jì，希望，希图：希冀/冀求/冀盼/冀其成功。

如火如荼（茶）

荼 tú，古书上说的一种苦菜；古书上指茅草的白花。如火如荼 像火那样红，像荼那样白。原比喻军容之盛，现用来形容旺盛、热烈或激烈。

茶 chá，常绿灌木，叶子长椭圆形，花一般为白色，种子有硬壳，嫩叶加工后就是茶叶：绿茶；茶色：茶镜/茶晶。

色厉内荏（茬）

荏 rěn，软弱：荏弱。色厉内荏 形容外表强硬，内心怯懦。

茬 chá，庄稼收割后余留在地上的短根和茎：麦茬儿/豆茬儿；在同一块土地上庄稼种植或收割的次数：换茬/头茬/二茬。

杀戮（戳）

戮 lù，杀：屠戮。杀戮杀害（多指大量地）。

戳 chuō，用力使条形物体的顶端向前移动或穿过另一物体：戳指/戳点/一戳就破。

纱锭（绽）

锭 dìng，做成块状的金属或药物等：金锭/钢锭。纱锭纺纱机上的主要部件，用来把纤维捻成纱并把纱绕在筒管上成一定形状，通常用纱锭的数目来表示纱厂规模的大小。也叫纺锭、锭子。

绽 zhàn，裂开：破绽/开绽/皮开肉绽/花儿绽放。

赡养（瞻）

赡 shàn，供给人财物：赡养费/赡养父母/赡养老人。赡养 供给生活所需，特指子女对父母在物质上或生活上进行帮助。

瞻 zhān，往前或往上看：观瞻/高瞻远瞩。

身体羸弱（赢　嬴）

羸 léi，瘦：羸瘦。身体羸弱 身体瘦弱。

嬴 yíng，获利，赚钱：嬴利/嬴余；胜：甲队嬴了/这盘棋他一定嬴/嬴了三个球。

嬴 Yíng，姓。

神祇（祗）

祇 qí，地神。神祇“神”指天神，“祇”指地神，“神祇”泛指神。

祗 zhī，恭敬：祗仰/祗候光临。

市侩（刽）

侩 kuài，旧指以拉拢买卖、从中取利为职业的人：牙侩。市侩 唯利是图、庸俗可厌的人。

刽 guì，割断：刽子手。

舐犊情深（舔）

舐 shì，舔：老牛舐犊/吮痈舐痔。舐犊情深 比喻对子女关心、疼爱的感情非常深。

舔 tiǎn，用舌头接触东西或取东西：舔干净/舔盘子/猫舔爪子。

嗜酒成癖（僻）

癖 pǐ，对事物的偏爱成为习惯：癖好/癖性/烟癖/酒癖/洁癖。嗜酒成癖 喜好饮酒成为习惯。

僻 pì，不常见的：冷僻/生僻字；性情古怪，不合群：孤僻/怪僻；偏僻：僻巷/荒僻/僻处一隅。

瘦小（廋）

瘦 shòu，（人体）脂肪少，肉少（跟“胖”或“肥”相对）：面黄肌瘦/他近来瘦了。瘦小身瘦，个子小。

廋 shòu，隐藏，藏匿：廋辞（隐语，谜语）。

漱口洗脸（嗽）

漱 shù，含水荡洗口腔：漱口/用药水漱漱。漱口洗脸 含水荡洗口腔，用毛巾清洗脸面。

嗽 sòu，咳嗽：干嗽。

涮羊肉（刷）

涮 shuàn，把肉片等放在开水里烫一下取出来蘸作料吃：涮锅子。涮羊肉 把羊肉片放在开水里烫一下取出来蘸作料吃。

刷 shuā，刷子：牙刷/板刷；用刷子清除或涂抹：刷牙/刷鞋/刷锅/用石灰浆刷墙。

水獭（濑）

獭 tǎ，水獭、旱獭、海獭的通称，通常指水獭。水獭 哺乳动物，头部宽而扁，尾巴长，四肢短粗，趾间有蹼，毛褐色，密而柔软，有光泽，穴居在河边，昼伏夜出，善于游泳和潜水，吃鱼类和青蛙、水鸟等。

濑 lài，流得很急的水：浅濑。

肆无忌惮（肄）

肆 sì，不顾一切，任意妄为：放肆/肆意妄为/大肆攻击。肆无忌惮 任意妄为，毫无顾忌。

肄 yì，学习：肄习（学习）/肄业①修业，学习（课程）；②（学生）没有达到毕业年限或程度而离校停学：肄业生/高中肄业。

夙兴夜寐（凤）

夙 sù，早：夙夜。夙兴夜寐 早起晚睡，形容勤劳。

凤 fèng，传说中的鸟王，又说雄的叫“凤”，雌的叫“凰”，通常单称作“凤”：凤冠/凤眼/凤毛麟角。

素昧平生（味）

昧 mèi，糊涂，不明白：蒙昧/愚昧。素昧平生 一向不认识。

味 wèi，物质所具有的能使舌头得到某种味觉的特性：苦味/鲜味/味道/滋味/五味/带甜味儿；体会，辨别：体味/寻味/吟味/细味其言。

誊写（誉）

誊 téng，抄写：誊录/誊清/誊文稿/誊笔记/这稿子太乱，要誊一遍。誊写照底稿抄写。

誉 yù，名声：名誉/声誉/信誉/荣誉/誉满全国；称赞：称誉/赞誉/过誉/毁誉/誉不绝口。

恬不知耻（括　聒）

恬 tián，满不在乎，坦然：恬然/恬不为怪。恬不知耻 做了坏事满不在乎，不以为耻。

括 kuò，扎，束：括发/括约肌；包括：总括/概括/囊括。

聒 guā，［挺括］：（衣服、布料、纸张等）较硬而平。

聒 guō，声音嘈杂，使人厌烦：聒耳/聒噪。

投笔从戎（戍）

戎 róng，军队，军事：戎装/戎马生涯。投笔从戎 比喻弃文就武。

戍 shù，（军队）防守：戍边/卫戍。

瓦砾（铄）

砾 lì，小石块，碎石：沙砾/瓦砾/砾石/砾岩。瓦砾 破碎的砖头瓦片。

铄 shuò，耗损，削弱；熔化（金属）：铄金/铄石流金。

万事亨通（享）

亨 hēng，通达，顺利：亨通/官运亨通。万事亨通 指一切事情都很顺利。

享 xiǎng，享受，受用：享福/坐享其成/每个公民都享有选举权。

慰藉（籍）

藉 jiè，垫在下面的东西：以稻草为藉；垫，衬：枕藉。慰藉 安慰，抚慰。

籍 jí，书籍，册子：古籍/史籍/典籍；籍贯：原籍/祖籍；代表个人对国家、组织的隶属关系：党籍/学籍/国籍。

斡旋（幹）

斡 wò，旋转。斡旋 调解。

幹 gàn，“干”的繁体字。

龌龊（龃龉）

龌龊 wò chuò。龌龊 不干净，脏；比喻人品质恶劣；形容气量狭小，拘于小节。

龃龉 jǔ yǔ，上下牙齿不齐，比喻意见不合：双方发生龃龉。

翕动（翁）

翕 xī，收敛：翕张。翕动（嘴唇等）一张一合地动。

翁 wēng，老头：渔翁/老翁/卖炭翁/不倒翁/田舍翁；父亲：令翁/尊翁；丈夫的父亲：翁姑（公公和婆婆）；妻子的父亲：翁婿（岳父和女婿）。

檄文（缴）

檄 xí，用檄文晓谕或声讨：檄告天下。檄文古代用于晓谕、征召、声讨等的文书，特指声讨敌人或叛逆的文书。

缴 jiǎo，交纳，交付：缴费/缴款/上缴/缴公粮；迫使交出：缴了敌人的枪。

享受（亨）

享 xiǎng，受用：享用/有福同享/坐享其成。享受 物质上或精神上得到满足。

亨 hēng，顺利：亨通/亨达/万事亨通。

向隅而泣（偶）

隅 yú，角落：墙隅/城隅/一隅之地。向隅而泣 面对着房子的一个角落小声哭，比喻非常孤立或得不到机会而失望。

偶 ǒu，偶然，偶尔：中途偶遇/偶一为之/偶感风寒；双数，成对的（跟“奇（jī）”相对）：偶数/偶蹄类/无独有偶；配偶：佳偶天成。

孝悌（涕）

悌 tì，敬爱哥哥。孝悌 孝敬父母，敬爱哥哥。

涕 tì，眼泪：痛哭流涕/破涕为笑/感激涕零；鼻涕，鼻子里分泌的液体：涕泪/涕零。

亵渎（赎）

渎 dú，轻慢，不敬：渎犯/烦渎/有渎清神。亵渎 轻慢，不尊敬。

赎 shú，用财物把抵押品换回：赎当/赎金/赎身/把东西赎回来；抵消，弥补（罪过）：赎罪。

心怀叵测（巨）

叵 pǒ，不可：居心叵测。心怀叵测 怀着难以窥测的恶意。

巨 jù，大，很大：巨款/巨轮/巨幅画像/为数甚巨。

心劳日拙（绌）

拙 zhuō，笨：眼拙/手拙/弄巧成拙/勤能补拙/拙于言辞。心劳日拙 费尽心机，不但没有得到好处，反而处境越来越糟。

绌 chù，不足，不够：经费支绌/相形见绌/心余力绌。

揠苗助长（偃）

揠 yà，拔。揠苗助长 比喻违反事物的发展规律，急于求成，反而坏事。

偃 yǎn，仰面倒下，放倒：偃卧/偃旗息鼓；停止：偃武修文。

烟囱（卤）

囱 cōng，炉灶、锅炉出烟的通路。烟囱 烟筒。

卤 lǔ，制盐时剩下的黑色汁液，是氯化镁、硫酸镁、溴化镁及氯化钠的混合物，味苦，有毒，供制豆腐用；饮料的浓汁：茶卤；用盐水加五香或酱油等浓汁煮：卤鸡/卤鸭/卤肉。

腌卤（囟）

卤 lǔ，用盐水加五香或酱油等浓汁煮：卤味/卤鹅/卤鸭。腌卤 用腌和卤的方法制作鱼、肉、蔬菜等食品，也指用这种方法制成的食品。

囟 xìn，囟门，婴儿头顶骨未合缝的地方，在头顶的前部中央。

赝品（膺）

赝 yàn，假的，伪造的：赝本/赝币/赝鼎。赝品 伪造的文物或艺术品。

膺 yīng，胸：义愤填膺/抚膺长叹；承受，承当：膺选/膺命/荣膺劳动英雄称号；讨伐，打击：膺惩。

杳无音信（沓）

杳 yǎo，远得看不见踪影：杳然/杳如黄鹤/杳无踪迹。杳无音信 形容一直得不到对方的信息。

沓 tà，多而重复：拖沓/杂沓/纷至沓来。

谒见（竭）

谒 yè，拜见：拜谒/进谒/谒黄帝陵。谒见 进见（地位或辈分高的人）。

竭 jié，尽，用尽：竭力/竭诚/声嘶力竭/取之不尽，用之不竭；干涸：枯竭/山崩川竭。

抑扬顿挫（仰）

抑 yì，向下按，压制：抑制/抑郁/压抑/抑强扶弱/抑恶扬善。抑扬顿挫（声音）高低起伏和停顿转折。

仰 yǎng，脸向上（跟“俯”相对）：仰视/仰望/仰面/仰起头来/仰天大笑/人仰马翻；敬慕：久仰/敬仰/仰慕；依赖，依靠：仰承/仰赖/仰仗/仰人鼻息。

肄业（肆）

肄 yì，学习：肄习。肄业修业，学习（课程），也指没有达到毕业年限或程度而离校停学。

肆 sì，不顾一切，任意妄为：放肆/大肆攻击/肆意妄为。

意义深奥（粤）

奥 ào，含义深，不容易理解：奥妙/奥博/奥秘/深奥。

粤 yuè，广东省的别称：粤剧/粤菜；指广东、广西：两粤。

饮鸩止渴（鸠）

鸩 zhèn，传说中的一种毒鸟；用鸩的羽毛泡成的毒酒。饮鸩止渴用毒酒解渴，比喻只求解决目前困难而不顾严重后果。

鸠 jiū，外形像鸽子的一类鸟，常见的有山鸠、斑鸠等。

隐蔽（稳）

隐 yǐn，隐藏不露：隐士/隐藏/隐蔽/隐身/隐居；潜伏的，藏在深处的：隐语/隐痛/隐情/隐患。隐蔽 借旁边的事物来遮掩，也指被别的事物遮住不易被发现。

稳 wěn，稳固，平稳：稳当/稳固/脚要站稳/时局不稳；稳妥：工稳/牢稳/十拿九稳/稳扎稳打。

油漆未干（添）

漆 qī，各种黏液状涂料的统称，分为天然漆和人造漆两大类：喷漆/底漆/油漆工。油漆未干 油类和漆类涂料未干。

添 tiān，增加：添人/添水/锦上添花/添枝加叶/如虎添翼/添砖加瓦/添油加醋。

鱼鲜荤腥（晕）

荤 hūn，鸡鸭鱼肉等食物：荤素/荤菜/不吃荤/三荤一素。鱼鲜荤腥泛指鱼虾等水产食物和鸡鸭等肉类食物。

晕 yūn，昏迷：晕倒/晕厥；头脑发昏，周围物体好像在旋转，有要跌倒的感觉：头晕/晕头晕脑/晕头转向。

晕 yùn，光影、色彩四周模糊的部分：红晕/灯光黄而有晕。

雨声淅沥（浙）

淅 xī，淘米。雨声淅沥 形容轻微的风声、雨声等。

浙 Zhè，浙江，古水名，即今钱塘江，是浙江省第一大河流；指浙江省。

眨眼工夫（贬）

眨 zhǎ，（眼睛）闭上立刻又睁开：眨眼/眼睛也不眨一眨。眨眼工夫 形容时间很短。

贬 biǎn，指出缺点，给予不好的评价（跟“褒”相对）：贬低别人/一字之贬；减低，降低：贬价/贬值/贬职。

沾沾自喜（玷）

沾 zhān，浸湿：泪流沾襟；因发生关系而得到（好处）：沾光/利益均沾。沾沾自喜 形容自以为很好而得意的样子。

玷 diàn，白玉上面的污点：白圭之玷；使有污点：玷污/玷辱。

粘连（拈）

粘 zhān，黏的东西附着在物体上或互相连接：麦芽糖粘在一块儿了；用黏的东西使物件连接起来：粘信封。粘连（物体与物体）粘在一起，也比喻联系，牵连。

拈 niān，用两三个手指头夹取（东西），捏：拈弓搭箭/从罐子里拈出一块糖。

针灸疗法（炙）

灸 jiǔ，烧，多指用艾叶等烧灼或熏烤身体一定穴位的治疗方法。针灸疗法 针法和灸法治疗方法的合称。

炙 zhì，烤：炙肉/烈日炙人/炙手可热；烤熟的肉：脍炙人口/残羹冷炙。

斟酌（勘）

斟 zhēn，往杯子或碗里倒（酒、茶）：斟酒/斟茶/自斟自饮。斟酌 考虑事情、文字等是否可行或是否适当。

勘 kān，校对，核对：勘误/校勘；实地查看，探测：勘探/勘检/勘测/勘查/勘验。

整饬（饰）

饬 chì，整顿，整治：整饬朝纲。整饬 使有条理，整顿；也指整齐，有条理。

饰 shì，修饰，装饰，装点得好看：修饰/润饰/涂饰/油饰门窗；掩饰：饰词/文过饰非；装饰用的东西：衣饰/首饰/窗饰；装扮，扮演角色：他在京剧《空城计》里饰诸葛亮。

执拗（扭　窈）

拗 niù，固执，不随和，不驯顺：脾气很拗。执拗 固执任性，不听从别人的意见。

扭 niǔ，转动，掉转：扭过脸来/扭转身子；扳转，转变情势：扭转局面；揪住：扭打/两人扭在一起。

窈 yǎo，深远：窈远；美好：窈窕。

抵掌而谈（抵）

抵 zhǐ，侧手击。抵掌而谈形容谈得很投机，很高兴。

抵 dǐ，支撑：抵住门别让风刮开；抵挡，抵抗：抵制；相当，能代替：一个抵俩。

炙手可热（灸）

炙 zhì，烤：烈日炙人；烤熟的肉：残羹冷炙。炙手可热 手一挨近就感觉热，比喻气焰很盛，权势很大。

灸 jiǔ，烤，多指用艾叶等烧灼或熏烤身体一定的穴位的治疗方法：针灸。

竹篙（蒿）

篙 gāo，用竹竿或杉木等做成的撑船的器具：篙子。竹篙 撑船用的竹竿。

蒿 hāo，一类草本植物，叶如羽状分裂，有特殊的气味，花小，可入药：蒿子。

缀字成文（掇　辍）

缀 zhuì，组合字句篇章：缀辑/连缀。缀字成文 组合字句篇章，形成文章。

掇 duō，拾取，采取：掇拾；用双手拿（椅子、凳子等），用手端：掇条凳子坐。

辍 chuò，中止，停止：辍学/辍笔/时作时辍/日夜不辍。

惴惴不安（揣）

惴 zhuì，又忧愁，又恐惧：惴栗。惴惴不安 形容因为害怕或担心而不安定的样子。

揣 chuǎi，估量，忖度：揣测/揣度/揣想/不揣冒昧/不揣浅陋/我揣测他不会来。

自己（巳 已）

己 jǐ，自己，本身：己方/知己知彼/舍己为人/身不由己/严于律己/克己奉公。天干的第六位，用作顺序的第六。自己 人称代词，复指前头的名词或代词（多强调不由于外力）；也指说话者本人这方面（用在名词前面，表示关系密切）。

巳 sì，地支的第六位；巳时，旧式计时法指上午九点钟到十一点钟的时间。

干支：天干和地支的合称。拿十干的“甲、丙、戊、庚、壬”和十二支的“子、寅、辰、午、申、戌”相配，十干的“乙、丁、己、辛、癸”和十二支的“丑、卯、巳、未、酉、亥”相配，共配成六十组，用来表示年、月、日的次序，周而复始，循环使用。干支最初是用来纪日的，后来多用来纪年，现农历的年份仍用干支。

已 yǐ，停止：争论不已/有加无已/死而后已；已经（跟“未”相对）：时间已过/木已成舟/方寸已乱/早已完工；后来，过了一会儿：已而/已忽不见；太，过：不为已甚。

自缢（谥）

缢 yì，用绳子勒死，吊死：缢杀。自缢 上吊自杀。

谥 shì，我国古代，在最高统治者或其他有地位的人死后，依其生前事迹给予的称号，也叫谥号，如“武”帝、“哀”公等；称（做），叫（做）：谥之为保守主义。

纵横捭阖（裨）

捭 bǎi，分开。纵横捭阖 指在政治上、外交上运用手段使联合或分化。

裨 bì，益处：无裨于事/对工作大有裨益。

诅咒（咀）

诅 zǔ，盟誓，发誓。诅咒原指祈鬼神加祸于所恨的人，今指咒骂。

咀 jǔ，嚼：含英咀华。

坐享其成（亨）

享 xiǎng，享受，受用：享用/有福同享/每个公民都享有选举权。

坐享其成 自己不出力而享受别人劳动的成果。

亨 hēng，通达，顺利：亨达/万事亨通。

厄运（卮）

厄 è，灾难，困苦：困厄/受厄/遭厄。厄运 困苦的遭遇，不幸的命运。

卮 zhī，古代盛酒的器皿：卮酒/玉卮/漏卮。

自出机杼（抒 纾）

杼 zhù，织布机上的筘，古代也指梭：杼轴（杼和轴，旧式织布机上管经纬线的两个部件，比喻文章的组织构思。自出机杼 比喻诗文、书画的构思和布局别出心裁，独创新意（机杼：织布机和梭子）。

抒 shū，表达，发表：抒发/抒怀/抒情/抒写/抒情诗/各抒已见/直抒胸臆。

纾 shū，解除：毁家纾难；宽裕：岁丰人纾；延缓。

纨绔（胯）

绔 kù，同"裤"，用于"纨绔"。纨绔（纨袴）细绢做的裤子，泛指富家子弟穿的华美衣着，也借指富家子弟。

胯 kuà，腰的两侧和大腿之间的部分：下胯/胯骨/胯裆。

人影憧憧（幢幢）

憧憧 chōngchōng，形容往来不定或摇曳不定：树影憧憧/灯影憧憧/人影憧憧。人影憧憧 人影往来不定摇曳不定。

幢幢 zhuàngzhuàng。幢，量词，用于房子，房屋一座叫一幢：一幢楼/幢幢高楼平地起。

未来（耒）

来 lái，未来的，将来的：将来/来年/来日方长/来日不多/继往开来。未来就要到来的（指时间）；现在以后的时间。

耒 lěi，古代的一种农具，形状像杈；古代农具耒耜上的木柄。

稳定（隐）

稳 wěn，稳固，平稳：稳当/安稳/放稳/站稳/四平八稳/把桌子放稳。稳定稳固安定；使稳定；指物质不易被酸、碱、强氧化剂等腐蚀，或不易受光和热的作用而改变性能。

隐 yǐn，藏而不露：隐藏/隐匿/隐居/隐蔽/隐身/隐士/退隐/归隐/

若隐若现/直言不隐。

窗棂（棣）

棂 líng，旧式窗户的窗格子：窗棂 窗子上构成窗格子的木条或铁条，窗格。

棣 dì，植物名：棣棠；棠棣，古书上说的一种植物；弟：贤棣。

惴惴不安（揣）

惴 zhuì，形容又发愁又害怕的样子：惴栗/惴惴不安。惴惴不安 惴惴：忧虑恐惧的样子。形容因害怕或担心而不安。

揣 chuǎi，（估计，忖度：揣测/揣度/揣想/不揣冒昧。

蜿蜒（蜓）

蜒 yán，［蜿蜒］蛇类爬行的样子；（山脉、河流、道路等）弯弯曲曲地延伸的样子。

蜓 tíng，［蜻蜓］昆虫，身体细长，胸部的背面有两对膜状的翅，常在水边捕食蚊子等小飞虫，能高飞，是益虫。

戛然（嘎）

戛 jiá，打，击：戛齿（上下齿叩击）/戛击/戛玉敲金；象声词，形容鸟类清脆的叫声或物体的碰撞的声音。戛然 形容鸟类清脆的叫声；形容声音突然中止。

戛 gā，戛纳（Gānà），法国地名。

嘎 gā，拟声词，形容短促而响亮的声音：汽车嘎的一声刹住了。

深邃（遽）

邃 suì，（时间、空间）深远：邃古。深邃幽深、深远；深奥。

遽 jù，急，匆忙：匆遽/急遽；忽然，猝然：遽闻/遽然生变；害怕：惶遽。

仓库（仑）

仓 cāng，收藏谷物的建筑物：粮仓/米仓/谷仓/仓廪/粮食满仓/颗粒归仓。仓库储藏大批粮食或其他物资的建筑物。

仑 lún，条理，伦次。

嵇康（稽）

嵇 jī，姓。嵇康（223—262 年）魏晋时代文学家，文学史上“竹林七贤”之一。官至中散大夫。因不满当时的黑暗政治，为司马昭所杀。著有《嵇康集》。

稽 jī，查考，考核：稽查/稽核/稽考/无稽之谈/有案可稽；停留，拖延：稽留/稽延；计较，责难：反昏相稽。

兖州（衮）

兖 yǎn，兖州，地名，在山东省。

衮 gǔn，古代君王等的礼服：衮服/衮冕（衮服和冕旒）/衮衮诸公（称众多居高位而无所作为的官僚）。

亳州（毫）

亳 bó，亳州，地名，在安徽省。

毫 háo，长而尖细的毛：毫发/羊毫/兔毫/狼毫/兼毫/紫毫/羊毫笔/狼毫笔。

裸婚（稞）

裸 luǒ，露出，没有遮盖：裸露/裸体/裸眼/裸视/半裸/赤裸裸/裸子植物/裸着身子。裸婚 男女双方都没有存款、车房等财产而结婚。

稞 kē，青稞，大麦的一种，产在西藏、青海等地，可做糌粑（zān bā），也可酿酒：请喝一杯青稞酒。

消弭（洱）

弭 mǐ，平息，消灭：弭谤/弭除/弭乱/弭患/弭兵/弭战。消弭 消除（坏事）。

洱 ěr，洱海，湖名，在云南。

床笫之私（第）

笫 zǐ，竹篾编的席：床笫/床笫之言/辗转床笫。床笫之私 男女私情。

第 dì，封建社会官僚的住宅：府第/宅第/门第/进士第。

骁勇善战（饶）

骁 xiāo，勇猛：骁将/骁悍/骁骑。骁勇善战 勇猛，会打仗。

饶 ráo，丰富，多：富饶/饶裕/丰饶/饶有风趣。

（二）音同（近）字

班门弄斧（搬）

班 bān，为了工作或学习等目的而编成的组织：大班/进修班；指一天之内的一段工作时间：上班/值班；按排定的时间开行的：班车/班机。班门弄斧 在鲁班（古代有名的木匠）门前摆弄斧子，比喻在行家面前卖弄本领。

搬 bān，移动物体的位置（多指笨重的或较大的）：搬运/把这块石头搬开；迁移：搬迁/搬家。

半身不遂（随）

遂 suí，顺，如意遂心/遂愿。半身不遂 偏瘫。

随 suí，顺从：随顺/随风转舵/只要你们做得对，我都随着。

帮忙（邦）

帮 bāng，辅助：帮助/帮扶/帮办/帮你做/帮人一把；用于人，是“群、伙”的意思：一帮小朋友。帮忙 帮助别人做事，泛指在别人有困难的时候给予帮助。

邦 bāng，国：邦交/邦国/邦联/邻邦/友邦/盟邦。

“帮”不能简化为“邦”。

本职工作（质）

职 zhí，职务，分内应做的事：尽职/职分/天职/有职无权；职位，机关或团体中执行一定职务的位置：调职/在职。本职工作 指自己担任的职务分内应干的工作。

质 zhì，性质，本质：实质/变质；朴素，单纯：质朴；询问，责问：质疑。

筚路蓝缕（毕）

筚 bì，用荆条、竹子等编成的篱笆或其他遮拦物。筚路蓝缕 驾着柴车，穿着破旧的衣服去开辟山林，形容创业的艰苦（筚路：柴车；蓝缕：破衣服）。

毕 bì，完结，完成：礼毕/毕其功于一役；全，完全：毕生/毕力/群贤毕至。

惨绝人寰（环）

寰 huán，广大的地域：寰宇/寰海/寰球/尘寰/人寰。惨绝人寰 人世上还没有过的悲惨，形容悲惨到了极点。

环 huán，圆圈形的东西：耳环/花环/铁环；围绕：环绕/环城铁路。

持之以恒（衡）

恒 héng，永久，持久：永恒；恒心：有恒。持之以恒 长久地坚持下去。

衡 héng，衡量：衡情度理；平，不倾斜：平衡/均衡/抗衡。

除恶务尽（勿）

务 wù，事情：事务/任务；务必，必须，一定：务须/务求/务请准时出席/你务必去一趟。除恶务尽 清除坏人坏事或邪恶势力必须彻底。

勿 wù，副词，表示禁止或劝阻，相当于“不要”：切勿上当/请勿入内/请勿吸烟/勿折花木。

大显身手（现）

显 xiǎn，表现，露出：显示/显微镜/各显其能。大显身手 形容充分显露自己的本领。

现 xiàn，现在，此刻：现状/现任/现行；显露：出现/现原形/现出本相。

代替（带）

代 dài，历史的分期，时代：古代/近代；替：代办/代称/代词/代课/代笔/代换/代销。代替 以甲换乙，起乙的作用。

带 dài，捎，顺便做，连着一起做：上街带包茶叶回来/把门带上。

带动（代）

带 dài，带动：以点带面/他这样一来带得大家都勤快了。带动 引导着前行，带头并使别人跟着做。

代 dài，代替：代课/代销/代称/代笔/代换/代办；代理：代局长；世系的辈分：第二代。

耽搁（眈）

耽 dān，延误，迟延：耽误。耽搁 停留，拖延，耽误。

眈 dān，眈眈，形容眼睛注视：眈眈相向/虎视眈眈。

耽误（担）

耽 dān，延误，迟延：耽搁；沉溺，入迷：耽玩。耽于酒色。耽误 因拖延或错过时机而误事。

担 dān，用肩膀挑：担水/担柴；担任，担负，承当：承担/分担/负担/担当/担风险/担责任。

担 dàn，担子，扁担和挂在两头的东西，比喻担负的责任；用于成担的东西：一担水。

殚见洽闻（箪）

殚 dān，尽，竭尽：殚力/殚技/殚竭/殚心/殚思极虑。殚见洽闻 该见的都见过了，该听的都听过了，形容学问极为渊博。

箪 dān，古代盛饭用的圆形竹器：箪食瓢饮/箪食壶浆。

捣蛋（倒）

捣 dǎo，搅乱：捣乱/捣鬼。捣蛋 借端生事，无理取闹。

倒 dǎo，（人或竖立的东西）横躺下来：摔倒；（事业）失败，垮台：倒闭/倒台。

倒 dào，上下或前后颠倒：倒序/倒置/倒影/倒为因果/这几本书次序放倒了。

道歉（倒）

道 dào，用话表示情意：道贺/道谢/道喜。道歉 表示歉意，特指认错。

倒 dào，倾倒：倒菜/倒垃圾/倾肠倒腹。

典型（形）

型 xíng，铸造器物用的模子：模型/纸型/铸型/砂型；类型：体型/血型/大型/流线型。典型 具有代表性的人物或事件；文艺作品中用艺术概括的手法，创造出的艺术形象，它既具有一定的社会特征，同时又具有鲜明的个性特征。

形 xíng，形状，物体或图形由外部的面或线条组合而呈现的外表：圆形/地形/形式/方形/图形；形体，实体：有形/形影不离。

貂蝉（婵）

蝉 chán，昆虫，种类很多，雄的腹部有发音器，能连续不断发出尖锐的声音，幼虫生活在土里，吸食植物根的汁液，成虫刺吸植物的汁。貂蝉 人名，古时四大美女之一。美女“貂婵”实为“貂蝉”。三国演义中貂蝉出现在汉代，当时人认为“貂”与“蝉”都是美好的事物，因此用来作美女的名字。

婵（chán）**娟**：（姿态）美好，多用来形容女子；指月亮：千里共婵娟。

跌宕（迭）

跌 diē，（物体）落下：跌下/跌落。跌宕 音调抑扬顿挫或文章富于变化；性格洒脱，不拘束。也作“跌荡”。

迭 dié，交换，轮流：更迭/迭为宾主；屡次：迭次/迭起/迭出/迭挫强敌/迭有新发现。

独出心裁（新）

心 xīn，人和高等动物身体内推动血液循环的器官；通常也指思想的器官和思想、感情等：心思/心得/用心/谈心/一心一意/你的心到哪里去了？独出心裁 原指诗文的构思、安排等有独到之处，后指独自想出一套办法来，或形容想出的办法与众不同。

新 xīn，刚出现的或刚经历到的（跟“旧、老”相对）：新风气/新品种/新的工作岗位；性质上改变得更好的（跟“旧”相对）：新社会/新文艺/粉刷一新。

锻炼（练）

炼 liàn，用加热等办法使物质纯净或坚韧：炼铁/炼钢/炼焦/提炼精品/猪油炼过了。锻炼 锻造或冶炼；也指通过体育运动使身体强壮；也指通过生产劳动、社会斗争和工作实践，使觉悟、工作能力等提高。

练 liàn，练习，训练：练兵/练本领/练功夫/反复操练/练毛笔字。

范畴（筹）

畴 chóu，种类，类别：物各有畴/草木畴生。范畴 人的思维对客观事物的普遍本质的概括和反映；类型，范围。

筹 chóu，筹划，筹措：统筹/筹饷/自筹资金/筹了一笔款；计策，办法：一筹莫展/运筹帷幄。

风雨如晦（诲）

晦 huì，昏暗，不明显：晦涩/隐晦；隐藏：晦迹。风雨如晦比喻社会黑暗混乱。

诲 huì，教导，诱导：教诲/诲人不倦/谆谆教诲。

封妻荫子（阴）

荫 yìn，封建时代由于父祖有功而给予子孙入学或任官的权利；没有阳光，又凉又潮：南屋太荫了，这边坐吧。封妻荫子 君主时代功臣的妻子得到封号，子孙世袭官职。

阴 yīn，阴险，不光明：阴谋/阴毒；背面：碑阴；隐藏的，不露在外面的：阴沟/阳奉阴违。

幅度（辐）

幅 fú，泛指宽度：幅面/幅员/振幅。幅度 物体振动或摇摆所展开的宽度，比喻事物变动的大小。

辐 fú，辐条，即车轮中连接车毂和轮辋的一条条直棍儿，也叫车条：辐辏。

付讫（迄）

讫 qì，（事情）完结：收讫/验讫/付讫；截止：起讫。付讫 交清（多指款项）。

迄 qì，到：迄今未至；始终，一直（用于“未”或“无”前）：迄未见效/迄无音信。

负面（副）

负 fù，担负：负责任；遭受：负伤/负屈；失败（跟“胜”相对）：胜负。负面坏的、消极的一面，反面。

副 fù，附带的，伴随出现的：副性征/副产品/副作用；居第二位的，辅助的（区别于“正”或“主”）：副手/副官/副队长/副主席/副班长。

改弦更张（章）

张 zhāng，使合拢的东西分开或使紧缩的东西放开：张嘴；扩大，夸张：虚张声势；看，望：东张西望；商店开业：开张。改弦更张 琴声不和谐，换了琴弦，重新安上，比喻改革制度或变更方法。

章 zhāng，歌曲诗文的段落：乐章/篇章/章节/断章取义；章程，法规：典章/规章/团章/简章/党章/规章制度。

亘古未有（更）

亘 gèn，（空间上或时间上）延续不断：横亘/绵亘/连亘/盘亘。亘古未有 形容自古到今从来没有。

更 gēng，改变，改换：变更/更衣；经历：少不更事。

更 gèng，更加：更其/更且/更为/天更冷了/更好地工作；再，又：更上一层楼/百尺竿头，更进一步。

勾勒（钩）

勾 gōu，用线条画出形象的边缘，描画：勾画/勾描/勾轮廓/勾图样；招引，引：勾引/勾起了回忆。勾勒用线条画出轮廓或指用简单的笔墨描写事物的大致情况。

钩 gōu，悬挂或探取东西用的器具，形状弯曲，头端尖锐：钩子/衣钩/秤钩/渔钩；用钩状物搭、挂或探取：钩住高枝采桑叶/把掉在井里头的东西钩上来/杂技演员用脚钩住绳索倒挂在空中。

辜负好意（姑）

辜 gū，背弃，违背：辜负/辜恩背义。辜负好意对不住别人的好意。

姑 gū，暂时，暂且：姑且/姑置勿论/姑妄听之；姑母，父亲的姐妹：大姑/姑妈。

海带（代）

带 dài，带子或像带子的长条物：皮带/鞋带/传送带；地区，区域：温带。海带藻类的一种，生长在海底的岩石上，形状像带子，含有大量的碘质，可用来提制碘、钾等供食用，也可入药。

代 dài，代替：代理/代办/代课/代笔/代销/取代。

涵养（函）

涵 hán，包容，包含：包涵/内涵/海涵/涵容。涵养 能控制情绪的功夫，修养；也指蓄积并保持（水分等）。

函 hán，匣，套子：石函/镜函；信件：函件/公函/便函/来函/致函/电函/函授/发函致谢。

汗流浃背（夹）

浃 jiā，湿透，遍及。汗流浃背汗水湿透了背上的衣服，形容汗出得很多。

夹 jiā，处在两者之间：手指间夹着雪茄；胳膊向胁部用力，使腋下放着的东西不掉下：夹着书包/夹起铺盖卷；夹杂，掺杂：夹在人群里/风声夹着雨声/白话夹文言，念起来不顺口。

汗青（汉）

汗 hàn，人和高等动物从皮肤排泄出来的液体：出汗/冷汗/血汗/汗水/大汗淋漓。汗青 古时在竹简上记事，采来青色的竹子，要用火烤得竹板冒出水分才容易书写，因此后世把著作完成叫做汗青；也指史册。

汉 hàn，男子：老汉/好汉/男子汉/英雄汉/彪形大汉；汉族：汉人/汉语。

浩气长存（成）

存 cún，在，活着：存在/存亡/生存/残存/父母俱存。浩气长存 正气永存。

成 chéng，完成，成功（跟“败”相对）：成事/成败/大功告成/一事无成。

和睦（合）

和 hé，相安，谐调：和衷共济/兄弟不和。和睦 相处融洽友爱，不争吵。

合 hé，结合到一起，凑到一起，共同（跟“分”相对）：合力/同心合力。

恍如隔世（晃）

恍 huǎng，仿佛（与“如、若”等连用）：恍如梦境/恍若置身其间。恍如隔世 好像隔了一世，多用来形容对时代的变迁、事物的巨大变化的感慨。

晃 huǎng，（光芒）闪耀：灯光晃眼/太阳晃得眼睛睁不开；很快地闪过：虚晃一刀/窗外有个人影儿一晃就不见了。

晃 huàng，摇动，摆动：摇头晃脑；闲逛，无所事事：他在河边晃了一天。

幌子（晃）

幌 huǎng，帷幔。幌子商店门外表明所卖商品的标志，比喻进行某种活动时所假借的名义。

晃 huǎng，明亮：明晃晃的刺刀；很快地闪过：一晃就不见了/虚晃一枪，落荒而逃。

讳莫如深（悔）

讳 huì，避忌，有顾忌不敢说或不愿说：忌讳/讳言/隐讳/讳忌/讳疾忌医/直言不讳。讳莫如深 隐讳之深，无与相比，形容瞒得很紧，唯恐别人知道，或指没有比这一事情或问题更犯忌的了。

悔 huǐ，后悔，懊悔：悔悟/追悔/忏悔/悔恨/悔过/悔之已晚/悔不当初。

浑身是胆（横）

浑 hún，全，满：浑然/浑如/浑似。浑身是胆 全身都是胆，形容胆量极大，无所畏惧。

横 héng，跟地面平行的（跟“竖、直”相对）：横额；从左到右或从右到左的（跟“竖、直、纵”相对）：横队。

横 hèng，粗暴，凶暴：横暴/蛮横/强横/这个人说话很横。

饥肠辘辘（漉　轱轳）

辘（lù）**辘**，拟声词，模拟车轮等滚动的声音：风车辘辘而动/牛车发出笨重的辘辘声。饥肠辘辘 形容非常饥饿。

漉 lù，液体往下渗，滤：漉网/漉酒。

轱轳（**轱辘**）gū lù，车轮子，滚动：车轱辘磨坏了/球轱辘远了/珠子轱辘到桌子底下去了。

艰苦（坚）

艰 jiān，困难：艰辛/艰深/艰险/艰难/艰危/艰巨/物力维艰/文字艰深。艰苦 艰难困苦。

坚 jiān，硬，坚固：坚实/坚冰/坚城/坚强/坚不可破/坚如磐石。

交头接耳（结）

接 jiē，接触，挨近：邻接/接近/接头/待人接物。交头接耳 头挨着头，这个人的嘴紧对着那个人的耳朵，形容两个人靠得很近，低声说话。

结 jiē，长出（果实或种子）：开花结果/树上结了许多苹果。

结 jié，条状物打成的疙瘩：打结/死结；结束，了结：结账；凝聚，凝结：结晶/湖面结了一层冰。

金瓯无缺（殴）

瓯 ōu，小盆、盂、杯一类的瓦器：茶瓯/酒瓯。金瓯无缺 比喻国土完整。

殴 ōu，打（人）：斗殴/殴伤/殴打/群殴。

筋疲力尽（皮）

疲 pí，疲乏，劳累：疲惫/疲劳/疲倦/疲于奔命。筋疲力尽 形容非常疲劳，一点力气也没有了。

皮 pí，人或生物体表面的一层组织：皮肤/皮层/皮肉/牛皮/荞麦皮/碰掉了一块皮。

经纶（伦）

纶 lún，青丝带子；钓鱼用的丝线：垂纶。经纶 整理蚕丝，比喻规划、管理政治的才能。

伦 lún，人伦，封建礼教所规定的人与人之间的关系，特指尊卑长幼之间的关系，如君臣、父子、夫妇、兄弟、朋友的关系：伦常/伦理/天伦；条理，次序：语无伦次；同类，同等：不伦不类/比拟不伦/英勇绝伦。

犒劳（搞）

犒 kào，犒劳：犒赏/犒师。犒劳 用酒食等慰劳；慰劳的酒食等。

搞 gǎo，做，干，办，从事：搞鬼/搞垮/搞工作/搞建设。

刻苦（克）

刻 kè，形容程度极深：深刻/刻意。刻苦肯下苦工夫，很能吃苦；也指俭朴。

克 kè，能：克勤克俭/不克分身/克尽厥职；克服，克制：克己/以柔克刚；严格限定（期限）：克期/克日完成；攻下据点，战胜：克复/克敌/攻克/攻无不克。

坑害好人（吭）

坑 kēng，坑害，设计使人受到损害：坑人/坑蒙拐骗/她被人坑了；地洞，地道：坑道/矿坑。坑害好人 用狡诈、狠毒的手段使好人受到损害。

吭 kēng，出声，说话：一声不吭/有什么需要帮忙的事，你就吭一声。

口是心非（事）

是 shì，对，正确（跟“非”相对）：明辨是非/一无是处/自以为是/实事求是/惹是生非。口是心非 嘴上说的是一套，心里想的又是一套，指心口不一致。

事 shì，事情，指自然界和社会中的一切现象和活动：事件/办事/婚事/处事/往事/民事/料事如神/就事论事/童年趣事/陈年旧事。

匮乏（馈　篑）

匮 kuì，缺乏：匮竭/匮缺。匮乏（物资）缺乏，贫乏。

馈 kuì，赠送：馈送/馈以鲜果/馈赠礼物。

篑 kuì，古时盛土的筐子：功亏一篑。

兰草（蓝）

兰 lán，植物名：兰草/兰花。兰草 古书上指泽兰；也指兰花，是多年生草本植物，叶子卵形，边缘有锯齿，开花有香气，可供观赏，可制芳香油，可入中药。

蓝 lán，蓼蓝，一年生草本植物，茎红紫色，叶子长椭圆形，干时暗蓝色，花小，淡红色，瘦果黑褐色，从叶子提制的靛青可做染料；用靛青染成的、像晴天天空的颜色：蔚蓝。

蓝图（兰）

蓝 lán，像晴天天空的颜色：蔚蓝/碧蓝/天蓝/湛蓝/蓝布。蓝图 比喻建设计划；用感光后变成蓝色（或其他颜色）的感光纸制成的图纸。

兰 lán，植物名：兰花/兰草。

“蓝”不能简化为“兰”。

灵柩（棂）

灵 líng，灵活，灵巧：灵敏/机件失灵；精神，灵魂：心灵/英灵；神仙或关于神仙的：灵怪/神灵。灵柩 死者已经入殓的棺材。

棂 líng，旧式窗户的窗格子：窗棂。

凌霄花（宵）

霄 xiāo，云，天空：霄汉/霄壤/重霄/云霄/九霄云外。凌霄花 落叶藤本植物，攀缘茎，羽状复叶，小叶卵形，边缘有锯齿，花鲜红色，花冠漏斗形，结蒴果。花、茎、叶都可入药。

宵 xiāo，夜：夜宵/元宵/春宵/通宵达旦/宵衣旰食。

零件（另）

零 líng，零碎，小数目的（跟“整”相对）：零钱/零用/零售/打零工/化整为零。零件 可以用来装配成机器、部件等的单个工件。

另 lìng，另外，别的，此外：另册/另议/另类/另外一个/另一件事/另有任务/另找门路/另纸抄寄/另买一个/去了另一条路。

“零”不能简化为“另”。

满不在乎（再）

在 zài，在于，决定于：事在人为/贵在坚持/问题在你自己/穿着不在乎华丽，而在乎合体。满不在乎 不在意，不介意，完全不放在心上。

再 zài，表示又一次（有时专指第二次）：再版/再接再厉/一而再，再而三/学习，学习，再学习。

满腹经纶（论）

纶 lún，青丝带子。满腹经纶 比喻人很有政治才能，也比喻很有才学。

论 lùn，分析和说明事理的话或文章：立论/社论/舆论；学说：相对论/唯物论/进化论。

茫无涯际（芒）

茫 máng，形容水或其他事物没有边际，看不清楚：渺茫/茫无头绪/大海茫茫。茫无涯际 形容相当宽阔，望不到头。

芒 máng，多年生草本植物，秋天开花，黄褐色，叶细长有尖，可以造纸、编鞋：芒草。

秘诀（决　袂）

诀 jué，诀窍，高明的方法：秘诀/妙诀/诀要。秘诀 能解决问题的不公开的巧妙办法。

决 jué，决定，拿定主意：决心/决策/表决/判决/裁决/坚决/决一雌雄/迟疑不决。

袂 mèi，袖子：分袂/联袂主演/联袂而往/奋袂而起。

勉励（免）

勉 miǎn，鼓励，使人努力：互勉/自勉/奋勉/共勉/慰勉/劝勉。勉励劝人努力，鼓励。

免 miǎn，去掉，除掉：免费/免职/免除/免票/免税/任免名单/俗礼都免了。

勉强（免）

勉 miǎn，力量不够而尽力做：勉为其难。勉强 能力不够，还尽力做；也指使人做他自己不愿意做的事；还有牵强、将就、凑合的意思。

免 miǎn，去掉，除掉：免单；避免：难免/幸免/以免/免疫；不可，不要：免开尊口/闲人免进。

面面俱到（具）

俱 jù，全，都：俱全/与时俱进/万事俱备/百废俱兴。面面俱到 各个方面都注意或照顾到了，没有遗漏，有时也指虽然照顾到各方面，但重点不突出。

具 jù，用具：农具/文具/家具/工具/灯具/茶具/雨具/卧具；备，备有，拥有：具备/具有/初具规模/略具轮廓/别具一格。

苗垄（陇）

垄 lǒng，在耕地上培成的一行一行的土埂，在上面种植农作物：垄沟。苗垄 培养作物幼苗的垄。

陇 lǒng，陇山，山名，位于陕甘两省交界地方；甘肃的别称。

名落孙山（深）

孙 sūn，孙子，儿子的儿子：子孙；孙子以后的各代：玄孙。名落孙山 宋代人孙山考中了末一名回家，有人向他打听自己的儿子考中了没有，孙山说："解名尽处是孙山，贤郎更在孙山外。"后用来婉言应考不中或选拔时落选。

深 shēn，从上到下或从外到里的距离大（跟"浅"相对）：深耕/深山/这院子很深。

莫衷一是（中）

衷 zhōng，内心：衷心/衷肠/衷曲/衷情/初衷/言不由衷/无动于衷。莫衷一是 不能得出一致的结论。

中 zhōng，跟四周的距离相等，中心：中央/中间/华中/居中。

拇指（姆）

拇 mǔ，拇指。拇指 手和脚的第一个指头，也叫大拇指。

姆 mǔ，保姆，保育员的旧称，也指负责照管儿童或料理家务的女工。

难道（到）

道 dào，说：道白/能说会道/一语道破。难道 副词，加强反问的语气。

到 dào，达于某一点，达到，到达：到期/迟到/到北京/坚持到底/火车到站了/从星期三到星期五。

年龄（令）

龄 líng，岁数：学龄/芳龄/高龄。年龄 人或动植物已经生存的年数。

令 lìng，命令，上级对下级的指示：指令/军令/口令/赦令/戒严令/上级有令/遵守法令。

“龄”不能简化为“令”。

孽根祸种（蘖）

孽 niè，邪恶：妖孽；罪恶：造孽/余孽/罪孽/作孽；不忠或不孝：孽臣/孽子。孽根祸种 罪恶、祸事的根源。

蘖 niè，树枝砍去后又长出来的新芽，泛指植物由茎的基部长出的分枝：分蘖。

披肝沥胆（历）

沥 lì，液体一滴一滴地落下：呕心沥血；一滴一滴落下的液体：余沥。披肝沥胆 比喻开诚相见，也比喻对人对事非常忠诚。

历 lì，经历，经过：来历/历程/历险/历时半年/历尽艰辛/身历其境。

贫瘠（脊）

瘠 jí，（身体）瘦弱；土地不肥沃：瘠土/瘠田/把贫瘠的土地变成良田。贫瘠（土地）薄，不肥沃。

脊 jǐ，人和动物背上中间的骨头，脊柱：脊骨/脊背/脊梁；物体上形状像脊柱的部分：屋脊/山脊/书脊。

顷刻之间（倾）

顷 qǐng，极短的时间：顷刻/俄顷/少顷；不久以前，刚才：顷闻/顷接来信；左右（指时间）：光绪二十年顷。顷刻之间 极短的时间。

倾 qīng，歪，斜：倾身/脑袋向前倾着；倾向：左倾/右倾；使器物反转或歪斜，尽数倒出里面的东西：倾箱倒箧/倾盆大雨；用尽（力量）：倾听/倾诉/倾全力把工作做好；压倒：权倾朝野。

神采奕奕（弈）

奕 yì，盛大。神采奕奕 精神饱满的样子。

弈 yì，围棋：博弈；下棋：对弈/弈棋。

师傅（付）

傅 fù，负责教导或传授技艺的人：师傅；辅助，教导：傅弼/傅御/傅之以德义；涂抹，搽：傅粉。师傅 工、商、戏剧等行业中传授技艺的人；对有技艺人的尊称。

付 fù，交给：付印/托付/付表决/付诸实施/付之一炬/尽付东流/付出了辛勤的劳动；给（钱）：付款/支付。

"傅"不能简化为"付"。

拾人牙慧（秽　惠）

慧 huì，聪明：慧眼/慧心/智慧/聪慧/颖慧/明慧/慧黠/慧根/秀外慧中/发挥工人的智慧。拾人牙慧　拾取人家的只言片语当做自己的话。

秽 huì，肮脏：秽土/秽气/秽物/污秽；丑恶的，下流的，丑陋的：秽行/秽闻/秽迹/自惭形秽。

惠 huì，给予的或受到的好处，恩惠：小恩小惠/施惠于人/受惠无穷。

拭目以待（试）

拭 shì，擦，用布、手巾等摩擦使干净：拭汗/拭泪/拂拭。拭目以待 擦亮眼睛等待着，形容殷切期望或密切关注事态的动向及结果。

试 shì，按照预定想法 非正式地做：试用/试行/试航/试制/跃跃欲试。

瘦骨伶仃（丁）

伶仃（dīng），孤独，没有依靠；也形容瘦弱或细长。瘦骨伶仃 形容瘦弱或细长。

丁 dīng，成年男子：成丁/壮丁；从事某种劳动的人：园丁。

虽死犹生（尤）

犹 yóu，如同：过犹不及/战士的意志犹如钢铁；还：记忆犹新。虽死犹生 纵然死去，也如同活着一样；形容死得有价值，值得人们永远纪念。

尤 yóu，尤其，更，格外：尤甚/尤妙/尤佳/尤其精良。

淘米（掏）

淘 táo，用器物盛颗粒状的东西，加水搅动，或放在水里簸动，使除去杂质：淘金；耗费：淘神；从深的地方舀出污水、泥沙、粪便等：淘井/淘缸。淘米 用水冲洗米，除去杂质。

掏 tāo，用手或工具伸进物体的口，把东西弄出来：掏钱/掏耳朵/掏口袋/从兜里掏出钥匙；挖：在墙上掏了一个洞。

甜言蜜语（密）

蜜 mì，甜美：甜蜜/蜜桃/口蜜腹剑。甜言蜜语 像蜜糖一样的话，指为了讨人喜欢或骗人而说的好听的话。

密 mì，事物和事物间距离近，空隙小：密集/密布/紧密/严密/密不透风；秘密：密电/密件/密谋/密谈；关系近，感情好：密友/亲密/密切。

捅娄子（漏）

娄 lóu，（身体）虚弱：他动不动就病，身子可娄啦；二十八宿之一。捅娄子引起纠纷，惹祸。

漏 lòu，物体有孔或缝，东西能滴下、透出或掉出：漏勺/锅漏了/漏网之鱼/漏洞百出/那间房子漏雨。

万变不离其宗（中）

宗 zōng，主要的意思和目的：宗旨/开宗明义；派别，宗派：正宗/禅宗。万变不离其宗 形式上变化很多，本质上还是没有变化。

中 zhōng，和四方、上下或两端距离相等的位置：中间/中央/中心/路中；范围内，内部：空中/水中/房中/心中/山中/队伍中。

微乎其微（忽）

乎 hū，形容词或副词后缀：巍巍乎/郁郁乎/迥乎不同/确乎重要。

微乎其微 形容非常小或非常少。

忽 hū，不注意，不重视：忽略/忽视/轻忽；计量单位名称，10 忽为 1 丝，10 丝为 1 毫。

娓娓动听（尾）

娓（wěi）**娓**，形容谈论不倦或说话动听：娓娓道来/娓娓不倦/娓娓而谈。娓娓动听 形容善于说话，说起来很生动，使人爱听。

尾 wěi，鸟、鱼、虫、兽等身体末端突出的部分：猪尾/马尾/兔尾/长尾猴。

闻名遐迩（暇）

遐 xiá，远：遐迩/遐方/遐想。闻名遐迩 远近都能听到名声，形容名声很大。

暇 xiá，没有事的时候，空闲：闲暇/得暇/无暇/自顾不暇/无暇兼顾。

乌烟瘴气（障）

瘴 zhàng，瘴气，热带或亚热带山林中的湿热空气。乌烟瘴气 形容环境嘈杂，秩序混乱或社会黑暗。

障 zhàng，阻隔，遮挡：障蔽/障碍；用来遮蔽、阻碍的东西：路障/屏障。

无稽之谈（机）

稽 jī，考核，考查：稽查/稽核/稽考/有案可稽。无稽之谈 无从查考、毫无根据的话。

机 jī，事物发展、变化的枢纽，有重要关系的环节：生机/事机/转机/危机；灵巧，能迅速适应事物变化的：机巧/事机/转机/机智/机灵。

无所适从（是）

适 shì，往，去，到：无所适从；适合，符合：适用/适宜/适意/适龄/适当；恰好：适得其反/适可而止/适逢其会/适逢今日；舒服：不适/舒适/安适/稍觉不适。无所适从 不知道依从谁好，不知按哪个办法做才好。

是 shì，表示存在：满身是汗/比比皆是/回头是岸/山上全是树；对，合理（跟“非”相对）：懂得是非/自以为是/实事求是。

舞台（午）

舞 wǔ，舞蹈：舞伴/舞姿/跳舞/芭蕾舞；做出舞蹈动作：手舞足蹈/载歌载舞。舞台 供演员表演的台。

午 wǔ，日中的时候，白天十二点：上午/午睡/中午/午饭/下午/晌午/午后；地支的第七位。

“舞”不能简化为“午”。

狭隘（碍）

隘 ài，狭窄，狭小：林深路隘；险要的地方：关隘。狭隘 宽度小；范围小；喻指（心胸、气量、见识等）局限在一个小范围里，不宽广，不宏大。

碍 ài，妨碍，阻碍：碍事/障碍/有碍观瞻/碍手碍脚。

瑕瑜互见（遐　暇）

瑕 xiá，玉上面的斑点，比喻缺点：瑕玷/瑕疵/瑕不掩瑜/纯洁无瑕。瑕瑜互见 比喻有缺点也有优点。

遐 xiá，远：遐迩/遐思/遐想；长久：遐龄/遐年/遐福。

暇 xiá，空闲，没有事的时候：得暇/无暇/闲暇/余暇/空暇/目不暇接/日不暇给/席不暇暖/应接不暇/自顾不暇（连自己都顾不过来）。

星罗棋布（旗）

棋 qí，文娱用品名，有象棋、围棋等；棋子：举棋不定/落棋无悔/棋逢对手。星罗棋布 像星星那样罗列，像棋子那样分布，形容多而密集。

旗 qí，用布、纸、绸子或其他材料做成的标志，多半是长方形、方形或三角形：国旗/红旗/挂旗/旗手/旗开得胜。

言简意赅（该）

赅 gāi，完备，全：赅备/赅博/赅括；兼，包括：举一赅百/以偏赅全。言简意赅 言语简练，意思完备而深刻，形容说话、写文章简明扼要。

该 gāi，应当，理应如此：活该/该死/应该/该说的一定要说/你累了，该休息一下了。

耶稣（苏　酥）

耶稣（sū）。耶稣 基督教徒所信奉的救世主，即基督。

苏 sū，假死后再活过来：苏醒/死而复苏（“苏”虽同“稣”，但JESUS，按新华通讯社译名室《世界人名翻译大辞典》，应译作“耶稣”，不作“耶苏”）；指须状下垂物：流苏；指江苏苏州：苏绣/苏白；指苏联。

酥 sū，（食物）松而易碎：酥脆/酥松；面粉和油加糖制成的松而易碎的点心：桃酥/杏仁酥/一口酥；（肢体）软弱无力：酥麻/酥软无力/骨软筋酥。

贻笑大方（遗）

贻 yí，遗留：贻害/贻患/贻训/贻误；赠送：贻赠/馈贻。贻笑大方 让内行笑话。

遗 yí，留下：遗憾/遗恨/遗存/遗址/遗迹/不遗余力；遗失的东西：路不拾遗；遗漏，应该列入或提到的因疏忽而没有列入或提到：补遗。

遗 wèi，赠与，送给：遗之千金。

月明星稀（希）

稀 xī，事物之间距离远，空隙大（跟“密”相对）：稀疏/地广人稀；事物出现得少：稀少/稀罕/人烟稀少。月明星稀 月色明朗，星星稀少。

希 xī，希望，盼望：敬希指正/尚希笑纳/希准时出席/希望你快点回来。

芸芸众生（云）

芸 yún，芸香，多年生草本植物，茎直立，叶子羽状分裂，花黄色，结蒴果，全草有香气，可入药。芸芸众生 佛教指一切有生命的东西，一般也用来指众多的平常人。

云 yún，说：人云亦云/不知所云；在空中悬浮的由水滴、冰晶聚集形成的物体：云朵/云彩。

皓首穷经（鹄）

皓 hào，白，洁白：皓发/明眸皓齿。皓首穷经 钻研经典到老。

鹄 hú，天鹅：鹄立/鹄望。

置之度外（肚）

度 dù，计算长短：度量衡；程度：极度/知名度；限度：劳累过度；

对人对事宽容的程度：度量/气度；过（指时间）：欢度春节。置之度外 不（把生死、利害等）放在心上。

肚 dù，腹部，胸下腿上的部分：肚子/肚肠/肚皮/肚脐。

咨询（资）

咨 zī，跟别人商量：咨议/咨政。咨询 询问，征求意见。

资 zī，费用，财物，钱财：川资/合资/物资/工资/资财/投资；提供：以资参考/可资借鉴。

坐标（座）

坐 zuò，坐着：请坐/坐井观天/咱们坐下来谈；乘，搭：坐船/坐火车。坐标 能够确定一个点在空间的位置的一个或一组数，叫做这个点的坐标。

座 zuò，座位：座次/满座/雅座/宝座/座无虚席；量词，多用于较大或固定的物体：一座山/一座高楼。

坐享其成（座）

坐 zuò，把臀部放在椅子等物体上以支持身体重量：席地而坐/坐凳子。坐享其成 自己不出力而享受别人的劳动成果。

座 zuò，座位：入座/满座；星座：狮子座。

（三）形似音同（近）字

安分守己（纪）

己 jǐ，自己，本身：己方/利己/异己/知己/己见/己任/知己知彼/严于律己/舍己为人/反求诸己。安分守己 规矩老实，不做超出本分事。

纪 jì，纪律，法度：军纪/政纪/风纪/法纪/违法乱纪。

安详（祥）

详 xiáng，详细，周密完备（跟“略”相对）：详谈/详情/详尽描述/详细说明/不厌其详；（事情）清楚：生卒年不详。安详 从容不迫，稳重。

祥 xiáng，指吉利：吉祥/祥瑞/不祥/祥云/祥和/发祥/慈祥/吉祥物。

谙练（暗）

谙 ān，熟悉：谙达/谙练/谙熟/不谙水性/素谙针灸之术。谙练熟练，有经验，熟悉。

暗 àn，不亮，没有光或光线不足（跟“明”相对）：暗处/昏暗/黑暗/暗室/暗中摸索/这间屋子太暗。

白头偕老（谐）

偕 xié，共同，在一块：偕老/偕行/偕同/相偕出游/偕同贵宾参观。白头偕老 夫妻共同生活到老。

谐 xié，和谐：谐音/谐调/创建和谐社会；诙谐：谐谈/谐趣/谐谑/谐戏/亦庄亦谐。

斑斓（班）

斑 bān。一种颜色中夹杂着别种颜色的点子或条纹：斑点/斑纹/斑痕/斑驳/斑马/斑竹/斑白/斑鸠。斑斓 灿烂多彩。

班 bān，工作或学习的组织：班级/班次/班组/学习班/机修班/大班/作业班/进修班。

抱歉（谦　欠）

歉 qiàn，对不住人的心情：歉疚/歉然/歉意/道歉/深致歉意；收成不好：歉收。抱歉 心里不安，觉得对不住别人。

谦 qiān，虚心，不自高自大：谦恭/谦让/自谦/谦虚/谦卑/谦辞/谦逊/满招损，谦受益。

欠 qiàn，借别人的财物等没有还或应当给人的事物还没有给：欠债/赊账/亏欠/拖欠/欠情/打个欠款/欠着一笔钱没还；不够，缺乏：欠佳/欠妥/欠火/欠考虑/文章欠通/身体欠佳/万事俱备，吹东风。

悲怆（伧）

怆 chuàng，悲伤：怆痛/怆然/凄怆/怆然泪下。悲怆悲伤。

伧 cāng，古代讥人粗俗，鄙贱，粗野：伧鄙/伧父/伧俗。

碑帖临摹（摩）

摹 mó，照着样子写或画，特指用薄纸蒙在原字或原画上写或画：描摹/摹写/摹本/摹绘/摹刻/摹效/把这个字摹下来。碑帖临摹 模仿碑帖。

摩 mó，抚摩，用手轻轻按着并来回移动：按摩；研究切磋：观摩/揣摩。

碑帖临摹（贴）

帖 tiē，服从，顺从：服帖；妥当，稳当：妥帖。

帖 tiè，学习写字或绘画时临摹的样本：碑帖/字帖/画帖/临帖/法帖。碑帖临摹（同上）。

贴 tiē，把一种薄片状的东西粘在另一种东西上：剪贴/粘贴/张贴/招贴/贴金/贴布告/贴邮票；紧挨：贴身/贴着墙走；贴补：哥哥每月贴他零用钱。

弊病（蔽）

弊 bì，害处，毛病（跟“利”相对）：弊害/弊端/弊政/时弊/流弊/兴利除弊。弊病弊端，毛病或缺点。

蔽 bì，遮，挡：掩蔽/遮蔽/旌旗蔽日/衣不蔽体/浮云蔽日；概括：一言以蔽之。

编纂词典（篡　撰）

纂 zuǎn，编辑，搜集材料编书：纂集/纂修/纂辑。编纂词典编辑词典。

篡 cuàn，夺取，多指篡位：篡权/篡夺/篡政/王莽篡汉。

撰 zhuàn，写文章，著书：撰述/撰文/撰稿/撰写/编撰。

“编纂”意思是编辑，多指资料较多，篇幅较大的著作，如各种工具书、年鉴、法典、专业志、地方志等，它强调的是对已有材料的汇集、重新整理编排。“编撰”意思是编辑撰著，它强调原则性，必须有主观创作在里。

辨析（辩）

辨 biàn，辨别，分析：辨别/辨认/辨明/明辨是非/不辨真伪/辨认笔迹。辨析辨别分析。

辩 biàn，说明是非或真假，争论：辩驳/辩白/辩才/辩称/辩学/辩手/辩护/争辩/真理愈辩愈明。

彪炳（柄）

炳 bǐng，光明，显著：炳蔚。彪炳 文采焕发，照耀。

柄 bǐng，器物的把儿：刀柄/勺柄/斧柄/柄端；比喻在言行上被人抓住的材料：话柄/笑柄。

憋气（蹩）

憋 biē，抑制或堵住不让出来：憋着一口气/劲头儿憋足了/他正憋着一肚子话没处说呢；闷，呼吸不畅：心里憋得慌/气压低，憋得人透不过气来。憋气 由于外界氧气不足或呼吸系统发生障碍等原因而引起呼吸困难；有委屈或烦恼而不能发泄。

蹩 bié，脚腕子或手腕子扭伤：走路不小心，蹩痛了脚。

博闻强识（搏）

博 bó，多，丰富：博大/博学/博览/博识/博物/渊博/地大物博/博而不精。博闻强识 见闻广博，记忆力强。

搏 bó，对打：搏斗/搏击/肉搏/拼搏；跳动：脉搏。

博弈（奕）

弈 yì，下棋：对弈/弈棋。博弈 古代指下围棋，也指赌博；比喻为谋取利益而竞争。

奕 yì，盛大：奕奕（精神饱满的样子）。

不辨菽麦（黍）

菽 shū，豆类的总称：布帛菽粟。不辨菽麦 分不清豆子和麦子，形容缺乏实际知识。

黍 shǔ，黍子，一年生草本植物，子实去皮后叫黄米，性黏，可酿酒、做糕等。

苍茫（沧）

苍 cāng，指天或天空：上苍/苍穹。苍茫 空阔辽远，没有边际。

沧 cāng，（水）青绿色：沧海/沧浪/沧海一粟。

苍穹（仓）

苍 cāng，指天或天空：上苍；青色（包括蓝和绿）：苍松翠柏；灰白色：苍白。苍穹 天空。

仓 cāng，仓房，仓库，储藏大批粮食或其他物资的建筑物：粮仓/货仓/米仓/谷仓/粮食满仓/颗粒归仓。

恻隐之心（测 侧）

恻 cè，悲伤：凄恻/悱恻/恻然。恻隐之心 指对遭受苦难的人表示同情的心情。

测 cè，测量，度量：测定/测试/测绘/目测/观测/勘测/深不可测；推测，推想：猜测/揣测/臆测/预测/变幻莫测。

侧 cè，旁边（跟“正”相对）：侧面/两侧/左侧/旁敲侧击/公路两侧种着杨树。

插科打诨（浑）

诨 hùn，诙谐逗趣的话：打诨/诨名/诨号。插科打诨 指戏曲演员在演出中穿插些滑稽的谈话和动作来引人发笑。

浑 hún，糊涂，不明事理：浑人/浑话/浑蛋/浑浑噩噩；全，满：浑身/浑似。

车篷（蓬）

篷 péng，张盖在上面，遮蔽日光、风、雨的设备，用竹篾、苇席、布等做成：船篷/帐篷/斗篷/篷窗/把篷撑起来。车篷 车上遮蔽日光、风雨等的装置，用铁、木等做架，上盖布、皮等。

蓬 péng，飞蓬，多年生草本植物，开白花，叶子像柳叶，子实有毛：蓬蒿/蓬门/蓬荜生辉；散乱，蓬松，使蓬松：蓬乱/乱蓬蓬/蓬蓬茸茸/蓬头散发。

沉湎（缅）

湎 miǎn，沉迷（酒色之类）。沉湎 沉溺。

缅 miǎn，遥远：缅怀/缅想。

崇山峻岭（竣）

峻 jùn，（山）高大：险峻/峻峭/陵峻/高峻。崇山峻岭 高而险峻的山岭。

竣 jùn，完毕：完竣/告竣/竣工/竣事/大工告竣。

出类拔萃（跋）

拔 bá，超出，高出：海拔/拔俗。出类拔萃 形容超出同类。

跋 bá，在山上行走：跋涉/跋山涉水；写在文章、书籍等后面的短文，内容多是评介、鉴定、考释之类：跋文/题跋/序跋语/本书的跋写得很精彩。

春意阑珊（姗）

珊 shān，珊瑚，许多珊瑚虫的石灰质骨骼聚集而成的东西，形状有盘状、块状等，有红、白、黑等颜色，可供玩赏，也用作装饰品。春意阑珊 春天就要过去。

姗（shān）**姗**，形容走路缓慢从容的姿态：姗姗来迟。

摩挲（娑）

挲 sā。摩挲（māsā）用手轻轻按着并一下一下地移动。

挲 suō。摩挲（mósuō）用手抚摩。

娑 suō，婆娑，盘旋舞动的样子：婆娑起舞；枝叶扶疏的样子：杨柳婆娑；眼泪下滴的样子：泪眼婆娑。

粗犷（旷）

犷 guǎng，粗野：犷悍。粗犷 粗野，粗鲁；也指粗豪，豪放。

旷 kuàng，空而宽阔：空旷/宽旷/旷远/旷荡/旷野/地旷人稀；心境开阔：旷达/心旷神怡。

催眠（摧）

催 cuī，使事物的产生和变化加快：催化/催促/催产/催发/催生/催肥。催眠 对人或动物用刺激视觉、听觉或触觉来引起睡眠状态，对人还可以用言语的暗示引起。

摧 cuī，折断，破坏：摧折/摧残/摧毁/摧枯拉朽/坚不可摧/无坚不摧。

蹉跎岁月（磋）

蹉 cuō，差误；（经某地）通过。蹉跎岁月 指虚度光阴。

磋 cuō，把象牙加工成器物：切磋/磋磨/如切如磋，如琢如磨；商量讨论：磋商。

殚精竭虑（惮）

殚 dān，尽，竭尽：殚力/殚心/殚竭/殚技/殚思极虑。殚精竭虑 用尽精力，费尽心思。

惮 dàn，怕，畏惧：肆无忌惮。

悼念（掉　吊）

悼 dào，悲伤，（因亲友等死去）怀念：追悼/哀悼/悼亡/恸悼/悼词。悼念 怀念死者，表示哀痛。

掉 diào，落：掉头发/掉眼泪/掉在水里/笔掉在地上；回，转：掉转/掉头/掉过来。

吊 diào，祭奠死者或对遭到丧事的人家、团体给予慰问：吊孝/吊丧/吊唁/哀吊/凭吊/陪吊。

掂量（惦）

掂 diān，用手托着东西上下晃动来估量轻重：掂一掂/掂着不轻。掂量 掂；也指斟酌。

惦 diàn，牵挂，挂念：惦记/十分惦念/请勿惦念/心里老惦着工作。

电键（健）

键 jiàn，计算机、打字机、某些乐器或其他机器上使用时按动的部分：琴键/键盘。电键 使电路开合或改变线路的装置，种类很多。

健 jiàn，强健：健美/健旺/刚健/矫健/保健/健康/体操健儿/身轻体健。

雕虫小技（凋）

雕 diāo，在竹木、玉石、金属等上面刻画：雕版/雕漆/雕花/雕塑/雕琢/木雕泥塑。雕虫小技 比喻微不足道的技能（多指文字技巧）。

凋 diāo，衰落：凋落/凋萎/凋零/凋谢/凋败/松柏后凋。

喋喋不休（谍）

喋 dié，啰唆，言语烦琐：喋喋。喋喋不休 唠唠叨叨，没完没了地说话。

谍 dié，秘密刺探敌方的军事、政治及经济等方面的情报：谍报/谍报员/谍报机关。

顶礼膜拜（模）

膜 mó，人和动植物体内像薄皮的组织：鼓膜/腹膜/黏膜/脑膜。顶礼膜拜 原是佛教中两种最敬重的礼节，跪着，两手伏地，用头叩拜在佛的脚下，后比喻对人特别崇敬，今多用于贬义。

模 mó，法式，规范，标准：模型/模式/楷模；仿效：模仿/模拟/儿童常常模仿成人的举止动作；模范：劳模/英模/评模。

定期会晤（悟）

晤 wù，见面：晤谈/晤面/会晤/晤见/晤商/有暇请来一晤。定期会晤 按约定时间会面。

悟 wù，了解，领会，觉醒：领悟/感悟/悔悟/觉悟/恍然大悟/执迷不悟。

读书札记（扎）

札 zhá，古代写字用的小而薄的木片：笔札；信件：书札/信札。读书札记 读书时摘记的要点和心得。

扎 zā，捆，束：扎彩/扎把/捆扎/绑扎/包扎/结扎/扎裤脚/腰里扎着一条皮带。

扎 zhā，刺：扎手/扎刺；驻扎：扎营。

渎职（牍　赎）

渎 dú，轻慢，对人不恭敬：亵渎/渎犯/烦渎/有渎清神。渎职 不尽职，在执行任务时犯严重过失。

牍 dú，古代写字用的木片：连篇累牍；文件，书信：文牍/案牍/尺牍。

赎 shú，用财物把抵押品换回：赎金/赎身/把东西赎回来；抵消，弥补（罪过）：赎罪。

耳濡目染（儒）

濡 rú，沾湿，沾上：濡笔/濡湿。耳濡目染形容见得多听得多了之后，无形之中受到影响。

儒 rú，旧时指读书人：腐儒/儒医/大儒/名儒/儒将/儒商；指儒家：儒术/儒生。

砝码（珐）

砝码 fǎ mǎ，天平上作为质量标准的物体，通常为金属块或金属片，可以称量较精确的质量。

珐琅 fà láng，用石英、长石、硝石和碳酸钠等加上铅和锡的氧化物烧制成的像釉子的物质。涂在铜质或银质器物上，经过烧制，能形成不同颜色的釉质表面，用来制造景泰蓝、证章、纪念章等。

繁文缛节（褥）

缛 rù，烦琐，繁复：缛礼。繁文缛节 烦琐而不必要的礼节，也比喻其他烦琐多余的事项。

褥 rù，装着棉絮铺在床上的东西：被褥/褥单。

妨碍（防）

妨 fáng，妨害，阻碍：何妨/不妨事/这样做倒无妨/开会太多反而妨害生产。妨碍 使事情不能顺利进行；阻碍。

防 fáng，防备：预防/防涝/防洪/防火/以防万一/谨防假冒；防守，防御：国防/边防/海防/布防。

飞扬跋扈（拔）

跋 bá，在山上行走：跋涉/跋山涉水。飞扬跋扈 骄横放肆（跋扈：专横暴戾，欺上压下）。

拔 bá，抽，拉出，连根拽（zhuài）出：拔刺/拔剑/拔草/拔牙/一毛不拔；高出，超出：海拔/出类拔萃。

坟茔（莹）

茔 yíng，坟地：祖茔/茔地。坟茔 坟墓，坟地。

莹 yíng，光洁像玉的石头：琼莹；光洁，透明：晶莹/莹洁/莹润。

风雨如晦（诲）

晦 huì，夜晚：晦明。风雨如晦 刮风下雨，天色昏暗，比喻黑暗时代动荡不安。

诲 huì，教导，诱导：教诲/劝诲/诲人不倦。

干燥（躁）

燥 zào，干：燥热/燥火。干燥 没有水分或水分很少。

躁 zào，性急，不冷静：烦躁/暴躁/急躁/焦躁/躁动/戒骄戒躁/性情暴躁。

岗位（冈）

岗 gǎng，守卫的位置：站岗/门岗/布岗；职位：在岗/设岗/上岗/

下岗。岗位 守卫、值勤的地方，也指职位。

冈 gāng，较低而平的山脊：山冈/景阳冈/井冈山。

高瞻远瞩（嘱）

瞩 zhǔ，注视：瞩目/瞩望。高瞻远瞩 站得高，看得远，形容眼光远大。

嘱 zhǔ，吩咐，托付：嘱咐/嘱托/叮嘱/医嘱/遗嘱/以事相嘱。

膏粱（梁）

粱 liáng，精美的主食：粱肉。膏粱 肥肉和细粮，泛指美味的饭菜。

梁 liáng，房梁，架在墙上或柱子上支撑房顶的横木：上梁。

功亏一篑（匮 蒉）

篑 kuì，古时盛土的筐子。功亏一篑 伪古文《尚书·旅獒》："为山九仞，功亏一篑。"堆九仞高的土山，只差一筐土而不能完成。比喻一件大事只差最后一点人力或物力而不能成功（含惋惜意）。

匮 kuì，缺乏：匮乏/匮竭/匮缺。

蒉 kuì，古时用草编的盛土或谷物的筐子。

诟骂（垢）

诟 gòu，辱骂：诟病/诟詈。诟骂 辱骂。

垢 gòu，污秽，脏东西：蓬头垢面/油垢/牙垢/藏污纳垢；耻辱：含垢忍辱。

乖蹇（謇）

蹇 jiǎn，不顺利：命运多蹇/时乖命蹇。乖蹇（命运）不好。

謇 jiǎn，口吃，言辞不顺畅；正直：謇直。

管理（菅）

管 guǎn，管理，看管，负责：管家管事/管账/管图书/她能同时管十台机器。管理 负责某项工作使顺利进行；保管和料理；照管并约束（人或动物）。

菅 jiān，多年生草本植物，叶子细长，根很坚韧，可做刷子等：草菅人命。

哈密瓜（蜜）

密 mì，关系近，感情好：密友/密切/亲密。哈密瓜 甜瓜的一大类，品种很多，果实较大，果肉香甜，多栽培于新疆哈密一带。

蜜 mì，蜂蜜，蜜蜂采取花的甜汁酿成的东西：酿蜜/蜜饯/蜜色/蜜枣/割蜜。

海市蜃楼（辰）

蜃 shèn，大蛤蜊。海市蜃楼 由于不同密度的大气层对于光线的折射作用，把远处景物反映在天空或地面而形成的幻景，在沿海或沙漠地带有时能看到，古人误认为是大蜃吐气而成，所以叫蜃景，通称海市蜃楼。

辰 chén，日、月、星的统称：星辰；时光，日子：诞辰/寿辰/良辰美景。

害臊（躁）

臊 sào，羞：臊得脸通红/不知羞臊。害臊 害羞。

躁 zào，性急，不冷静：烦躁/急躁/性子躁/不骄不躁/性情暴躁/戒骄戒躁。

和蔼（霭）

蔼 ǎi，和气，态度好：蔼然可亲。和蔼态度温和，容易接近。

霭 ǎi，云气：烟霭/云霭/暮霭/雾霭。

侯门如海（候）

侯 hóu，泛指达官贵人：侯门/王侯之家。侯门如海 豪门贵族的门庭像海一样深，形容旧时统治阶级的门禁森严，老百姓不能进入。

候 hòu，问候，问好：致候/敬候起居。

候车室（侯）

候 hòu，等待：等候/听候/恭候/守候/候车/你稍候一会儿，他马上就来。候车室 等候乘车的屋子。

侯 hóu，封建五等爵位的第二等：侯爵；泛指达官贵人：侯门似海/王侯之家。

虎视眈眈（耽）

眈 dān，看，视：眈眈。虎视眈眈 形容贪婪而凶狠地注视。

耽 dān，延误，迟延：耽搁/耽误；沉溺，入迷：耽玩/耽乐/耽于幻想/耽于酒色。

黄粱美梦（梁）

粱 liáng，谷子的优良品种的统称：粱肉。黄粱美梦 比喻想要实现的好事落得一场空。

梁 liáng，架在墙上或柱子上支撑房顶的横木：房梁/屋梁/栋梁/正梁/梁上君子。

灰烬（尽）

烬 jìn，物体燃烧后剩下的东西：余烬/烛烬。灰烬 物品燃烧后的灰和烧剩下的东西。

尽 jìn，完：穷尽/耗尽/取之不尽/说不尽的好处；全部用出：尽心/尽力/仁至义尽/尽其所有/竭尽全力/鞠躬尽瘁/人尽其才，物尽其用。

辉煌（湟）

煌 huáng，明亮：煌煌。辉煌 光辉灿烂；（成绩等）显著，卓著。

湟 Huáng，湟水，水名，发源于青海，流入甘肃。

彗星（慧　惠）

彗 huì，扫帚。彗星 绕着太阳旋转的一种星体，通常在背着太阳的一面拖着一条扫帚状的长尾巴，体积很大，密度很小，俗称扫帚星。

慧 huì，聪明：智慧/聪慧/颖慧/慧眼/慧根/慧心。

惠 huì，给予的或受到的好处：恩惠/小恩小惠/施惠于人/受惠无穷。

荤菜（晕）

荤 hūn，鸡鸭鱼肉等食物（跟“素”相对）：荤素/荤腥/吃荤。荤菜 用鸡鸭鱼肉等做菜。

晕 yūn，昏迷：晕倒/晕厥/他晕过去了。

晕 yùn，日光或月光通过云层时因折射作用而在太阳或月亮周围形成的光圈：日晕/月晕；头脑发昏：晕车/眼晕/他一坐船就晕。

诨名（浑）

诨 hùn，诙谐逗趣的话：诨号/打诨。诨名 外号。

浑 hún，水不清，污浊：浑水坑；糊涂，不明事理：浑人/浑话/浑蛋/浑浑噩噩；全，满：浑似/浑身是汗；天然的：浑朴/浑厚/浑金璞玉。

羁縻（糜）

縻 mí，系（jì），捆，拴。羁縻 笼络（藩属等）；羁留，停留。

糜 mí，粥：乳糜（用乳汁或酥油调制的粥）/肉糜；烂，烂到难以收拾：糜烂不堪；浪费：奢糜/糜费钱财。

佶屈聱牙（骜）

聱 áo，文句念着不顺。佶屈聱牙（文章）读起来不顺口（佶屈：曲折；聱牙：拗口）。也作诘屈聱牙。

骜 ào，骏马；马不驯良，比喻傲慢，不驯顺：桀骜不驯。

集腋成裘（掖）

腋 yè，夹（gā）肢窝，上肢和肩膀相连处靠里凹入的部分：腋臭/腋毛。集腋成裘 狐狸腋下的皮虽然很小，但是聚集起来就能缝成一件皮袍，比喻积少成多。

掖 yè，用手扶着别人的胳膊，借指扶助或提拔：扶掖/奖掖。

既然（即）

既 jì，既然：既来之，则安之/问题既然提到眼前，就需要解决/既要做，就一定要做好；已经：既成事实/既得利益。既然 用在上半句话里，下半句话里往往用副词“就、也、还”跟它呼应，表示先提出前提，而后加以推论。

即 jí，就是：荷花即莲花/番茄即西红柿；便，就：一触即发/招之即来/闻过即改/用毕即行奉还。

俭朴（仆）

朴 pǔ，朴实，朴质：诚朴/朴素/淳朴/古朴/浑朴/简朴。俭朴 俭省朴素。

仆 pū，向前跌倒：前仆后继。

仆 pú，旧指受雇做家务、供驱使的人（跟“主”相对）：男仆/女仆/仆从/奴仆。

饯行（贱）

饯 jiàn，拿酒食请客送行。饯行 设酒食送行。

贱 jiàn，地位低下（跟“贵”相对）：贫贱/卑贱/低贱/轻贱/安贫乐贱。

践踏（贱）

践 jiàn，踩，踏：作践。践踏踩，比喻摧残。

贱 jiàn，（价钱）低（跟“贵”相对）：贱卖/贱价/贱敛贵出/这布真贱。

僭越（憯）

僭 jiàn，超越本分，古时指地位在下的人冒用地位在上的人的名义或礼仪、器物：僭号（冒用帝王的称号）。僭越 超越本分，冒用在上的人的名义或物品。

憯 cǎn，同“惨”，悲惨，凄惨；惨死/惨痛程度严重，厉害；惨祸/惨重/惨败；凶恶，狠毒、惨无人道。

娇柔（矫）

娇 jiāo，（女子、小孩、花朵等）柔嫩、美丽可爱：娇娆/嫩红娇绿/娇小玲珑。娇柔娇媚温柔。

矫 jiǎo，纠正，把弯曲的弄直：矫形/矫正/矫枉过正/矫揉造作；强健，勇武：矫捷/矫健/矫若游龙。

娇生惯养（贯）

惯 guàn，纵容（子女等）养成不良习惯或作风：惯纵/不能惯着孩子。娇生惯养 从小被宠爱纵容。

贯 guàn，穿，贯通：贯穿/贯彻/贯注/横贯/融会贯通/如雷贯耳/学贯古今；连贯：鱼贯而入/累累如贯珠。

兢兢业业（竞　競）

兢（jīng）**兢**，小心谨慎：战战兢兢。兢兢业业 小心谨慎，认真负责。

竞 jìng，比赛，互相争胜：竞走/竞渡/竞猜/竞聘/竞赛/竞选/竞争上岗；强劲有力：南风不竞。

競 jìng，“竞”字的繁体字。

痉挛（孪）

挛 luán，蜷曲不能伸直：挛缩/拘挛。痉挛 肌肉紧张，不自主地收缩。

孪 luán，孪生，（两人）同一胎出生：孪子/孪兄弟。

鞠躬尽瘁（粹）

瘁 cuì，过度劳累：瘁心/心力交瘁。鞠躬尽瘁 小心谨慎，贡献出全部精力。

粹 cuì，不杂：纯粹/粹白/粹而不杂；精华：国粹/精粹。

鞠躬尽瘁（掬）

鞠 jū，抚养，抚育：鞠养。鞠躬尽瘁（同上）。

掬 jū，两手捧（东西）：以手掬水/笑容可掬（笑容露出来，好像可以用手捧住，形容笑得明显）/憨态可掬。

举箸（著）

箸 zhù，筷子：象牙箸。举箸 拿起筷子。

著 zhù，著作，写出来的文章或书：新著/译著/著述/著者/名著/大著/鲁迅先生的著作。

倔犟（崛）

倔 jué，性子直，态度生硬。倔犟（性情）刚强不屈，固执。也作“倔强”。

崛 jué，高高挺起，兴起：崛起。

军事部署（暑）

署 shǔ，布置：部署。军事部署 行军作战上的安排、部署（人力、任务等）。

暑 shǔ，热（跟“寒”相对）：中暑/暑天/暑假/暑热/寒来暑往/盛夏酷暑。

竣工（峻）

竣 jùn，完毕：完竣/告竣/竣事。竣工 工程完成。

峻 jùn，山高而陡：高峻/陡峻/险峻/高山峻岭；严厉：严峻/严刑峻法/高风峻节。

戡乱（勘）

戡 kān，用武力平定（叛乱）：戡定/戡平。戡乱 平定叛乱。

勘 kān，校订，核对，复看核定：勘正/勘问/校勘/勘误；实地查看，探测：勘探/勘查/勘测/勘验。

康庄大道（桩）

庄 zhuāng，村庄：庄户/农庄/王家庄。康庄大道 宽阔平坦的大路，比喻光明美好的前途。

桩 zhuāng，一头插入地里的木棍或石柱：木桩/桥桩/打桩/牲口桩子。

瞌睡（磕）

瞌 kē，瞌睡 由于困倦而进人睡眠或半睡眠状态，想睡觉。

磕 kē，碰在硬东西上：碗边儿磕掉一块/脸上磕破一块皮；磕打，碰撞：磕头/磕头碰脑/磕烟袋锅子/磕掉鞋底的泥。

嗑瓜子（磕）

嗑 kè，用上下门牙咬有壳的或硬的东西：嗑瓜子/老鼠把箱子嗑破了。嗑瓜子 用上下门牙咬瓜子。

磕 kē，碰在硬东西上：门牙磕掉了一颗/碗磕掉一块/脸上磕破了皮；磕打，碰撞：磕烟袋/磕头碰脑。

苦恼（脑）

恼 nǎo，烦闷，心里不痛快：烦恼/懊恼。苦恼 痛苦烦恼。

脑 nǎo，人体中管全身知觉、运动和思维、记忆等活动的器官，是神经系统的主要部分：大脑/小脑/脑干/脑膜。

脍炙人口（烩）

脍 kuài，切得很细的鱼或肉：金盘脍鲤鱼。脍炙人口美味人人都爱吃，比喻好的诗文或事物，人们都称赞（炙：烤熟的肉）。

烩 huì，加浓汁或多种食物混在一起烹煮：烩豆腐/烩饭/杂烩/烩饼；炒菜后加少量的水和芡粉：烩虾仁/烩什锦。

旷课（矿　邝）

旷 kuàng，耽误，荒废：旷工/旷废/旷费/旷日持久。旷课（学生）不请假而缺课。

矿 kuàng，指矿石：矿车/精矿/安全采矿/拉来一车矿；开采矿石的场所：矿山/矿区/下矿/矿井/矿坑/露天矿。

邝 Kuàng，姓。

旷野（矿）

旷 kuàng，空阔：空旷/宽旷/旷远/旷荡/地旷人稀。旷野 空阔的原野。

矿 kuàng，矿床。

蓝本（篮）

蓝 lán，像晴天天空的颜色：蔚蓝/碧蓝/天蓝/湛蓝/蓝布。蓝本 著作所根据的底本。

篮 lán，篮子：竹篮/网篮/编花篮。

雷厉风行（励　历）

厉 lì，严肃，猛烈：严厉/厉色/声色俱厉。雷厉风行 像雷一样猛烈，像风一样快，形容执行政策、法令等严格而迅速。

励 lì，劝勉：奖励/勉励/鼓励/激励；振奋，振作：励志/励精图治。

历 lì，经历，经过：来历/历险/历程/历时半年/身历其境/历尽艰辛。

嶙峋（恂）

嶙峋 xún。嶙峋 形容山石等突兀、重叠；形容人消瘦露骨；也形容人刚正有骨气。

恂 xún，诚实，恭顺：恂谨；恐惧：恂然。

玲珑（笼）

玲珑（lóng）。玲珑（东西）精巧细致；（人）灵活敏捷。

笼 lóng，笼子：鸟笼/鸡笼/蝈蝈笼/竹笼；用竹、木等材料制成的有盖的蒸东西的器具：蒸笼/笼屉/小笼包子/馒头刚上笼。

笼 lǒng，笼罩，像笼子似地罩在上面：暮色笼住了大地。

孪生（挛）

孪 luán，双生，一胎两个：孪生子/孪生兄弟。孪生（两人）同一胎出生的。

挛 luán，（手脚）蜷曲不能伸直：挛缩/拘挛/痉挛。

略见一斑（班　般）

斑 bān，一种颜色中夹杂着别种颜色的点子或条纹：红斑/黑斑/雀斑/斑痕/斑马/斑鸠/斑竹。略见一斑 大致看到了事物的某一方面。

班 bān，为了工作或学习等目的而编成的组织：班级/班次/班组/大班/作业班/进修班。

般 bān，种，样：一般/这般/百般安慰/万般无奈/十八般武艺。

萝卜（罗）

萝 luó，通常指某些能爬蔓的植物：松萝/女萝/藤萝/茑萝。萝卜二年生草本植物，种类很多，块根也叫萝卜，可吃，种子可入药。

罗 luó，捕鸟的网：罗网；轻软有稀孔的丝织品：罗衣/罗扇/轻罗/绫罗绸缎。

“萝”不能简化为“罗”。

摩挲（娑）

挲 sā，摩挲（māsa）用手轻轻按着并一下一下地移动。

挲 suō，摩挲（mó suō）用手抚摩。

娑 suō ，婆娑，盘旋舞动的样子：婆娑起舞；枝叶扶疏的样子：杨柳婆娑；眼泪下滴的样子：泪眼婆娑。

买椟还珠（牍）

椟 dú，匣子：椟玉。买椟还珠 楚国人到郑国去卖珍珠，把珍珠装在匣子里，匣子装饰得很华贵，郑国人就买下匣子，把珍珠退还给楚国人（见《韩非子·外储说左上》）。比喻没有眼光，取舍不当。

牍 dú，古代写字用的木片：连篇累牍。

脉搏（博　膊）

搏 bó，跳动：搏动。脉搏 心脏收缩时，由于输出血液的冲击引起动脉的跳动；比喻社会、生活等发展、变化的情况或趋势。

博 bó，多，丰富：渊博/博大/博识/博物/广博/博学/博览/博而不精；大：宽衣博带。

膊 bó，胳膊，肩膀以下手腕以上的部分：赤膊。

迷惘（罔）

惘 wǎng，失意，精神恍惚：怅惘/惘然。迷惘 由于分辨不清而困惑，不知怎么办。

罔 wǎng，蒙蔽：欺罔/罔民；无，没有：药石罔效/置若罔闻。

缅怀（湎）

缅 miǎn，遥远：缅想。缅怀 追想（已往的人或事）；深情地怀念。

湎 miǎn，沉迷（酒色之类）：沉湎。

民生凋敝（蔽）

敝 bì，衰败：经久不敝；破旧，破烂：敝衣。民生凋敝 社会经济萧条，人民生活困苦。

蔽 bì，遮盖，挡住：掩蔽/遮蔽/隐蔽/衣不蔽体/浮云蔽日。

泯灭（珉　岷　抿）

泯 mǐn，消灭，丧失：泯没/良心未泯。泯灭（形迹、印象等）消灭。

珉 mín，像玉的石头。

岷 mín，岷江，水名，在四川。

抿 mǐn，收敛：抿着嘴笔/水鸟一抿翅，一头扎进水里。

蓦然回首（募　慕）

蓦 mò，突然，忽然：蓦然/他蓦地站起来。蓦然回首 突然回头。

募 mù，多方积聚，广泛征集：募兵/招募/募捐/募了一笔款。

慕 mù，敬仰，仰慕：景慕/慕名；依恋，思恋：爱慕/思慕。

讴歌（呕）

讴 ōu，歌唱：讴吟。讴歌 歌颂，赞美。

呕 ǒu，吐：呕血。

呕吐（沤）

呕 ǒu，吐：呕血/令人作呕/刚喝下的药，全呕出来了。呕吐 膈、腹部肌肉突然收缩，胃内的食物被压迫经食管、口腔而排出体外。

沤 òu，长时间地浸泡，使起变化：沤麻/沤粪。

叛徒（判）

叛 pàn，背叛：叛国/叛贼/叛匪/叛乱/反叛/叛逃/众叛亲离。叛徒 有背叛行为的人，特指背叛祖国或背叛革命的人。

判 pàn，分开，分辨：判别/判断/判明；判决：判案/审判/公判/判处徒刑。

蓬荜生辉（篷）

蓬 péng，多年生草本植物，叶子像柳叶，边缘有锯齿，秋天开花，花外围白色，中心黄色：蓬蒿/蓬门/飞蓬。蓬荜生辉 谦辞，表示由于别人到自己家里来或张挂别人给自己题赠的字画等而使自己非常光荣（蓬荜：蓬门荜户的略写）。

篷 péng，遮蔽日光、风、雨的设备，用竹篾、苇席、帆布等做成：船篷/篷窗（帆船窗户）/斗篷/帐篷；船帆：扯起篷来/趁势落篷。

纰漏（批　砒　疵）

纰 pī，布帛丝缕等破坏，散开：线纰了。纰漏 因粗心而产生的差错、小事故或漏洞。

批 pī，附注的意见或注意之点：眉批/在文后加了一条小批儿；批评，批判：批示/批准/批驳/批改作文。

砒 pī，砷的旧称；砒霜：红砒/白砒。

疵 cī，缺点，毛病：疵点/疵品/疵瑕/吹毛求疵/大醇小疵/索垢寻疵。

偏僻（辟）

僻 pì，性情古怪，跟一般人合不来：怪僻；偏僻：僻静/僻巷/荒僻/穷乡僻壤/僻处一隅。偏僻 离城市或中心区远，交通不便。

辟 pì，开辟，从无到有地开发建设：开天辟地/这一带将辟为新的旅游区。

翩跹（迁）

翩跹（xiān）。翩跹 形容舞姿轻快飘逸。

迁 qiān，迁移，离开原来的所在地而另换地点：迁居/迁都/迁葬/拆迁；转变：变迁/见异思迁/事过境迁/迁善改过。

剽悍（捍）

悍 hàn，勇猛，勇敢：精悍/骁悍/强悍/一员悍将。剽悍 敏捷而勇猛。也作慓悍。

捍 hàn，保卫，抵御：捍卫/捍御。

拼凑（揍）

凑 còu，聚合：凑集/凑合/凑钱/凑数/凑足了人数/凑在一起。拼凑 把零碎的或分散的合在一起；也指按某一标准勉强组接。

揍 zòu，打人：挨揍/揍他一顿/孩子被揍了一顿；打碎：把碗给揍了/小心别把玻璃揍了。

气冲霄汉（宵）

霄 xiāo，云，天空：重霄/九霄/云霄/霄壤。气冲霄汉 形容大无畏的精神和气概。

宵 xiāo，夜：通宵/春宵/元宵/宵禁/宵衣旰食。

恰如其分（洽）

恰 qià，正巧，刚刚：恰巧/恰到好处/恰好他来了。恰如其分 办事或说话正合分寸。

洽 qià，跟人联系，商量（事情）：接洽/洽借/面洽/洽谈/商洽；谐和：感情融洽/意见不洽。

强弩之末（驽）

弩 nǔ，弩弓，古代兵器，一种利用机械力量射箭的弓：弩箭/万弩齐发/剑拔弩张。强弩之末 强弩射出的箭，到最后力量弱了，连鲁缟（薄绸子）都穿不透，比喻起初很强的力量后来变得很微弱。

驽 nú，劣等马：驽马；比喻人没有能力：驽钝/驽才。

琴声琤琤（铮）

琤（chēng）**琤**，形容玉器相击声、琴声或流水声：泉水琤琤。琴声琤琤，形容琴声。

铮 zhēng，形容金属撞击所发出的响亮声音，也用于比喻刚正不阿、不屈不挠：铮铮悦耳/铁中铮铮/铮铮硬汉。

清澈（沏）

澈 chè ：水清：明澈/澈亮/澄澈。清澈 清而透明。

沏 qī ，（用开水）冲，泡：沏茶/用开水把糖沏开。

罄竹难书（磬）

罄 qìng，空，尽，用尽：告罄/售罄。罄竹难书 把竹子用完了都写不完，比喻事实（多指罪恶）很多，难以说完。古人写字用竹简，竹子是制竹简的材料。

磬 qìng，古代打击乐器，用玉或石做成，悬在架上，形略如曲尺；和尚敲的铜铁铸的钵状物。

穷兵黩武（渎　牍　赎）

黩 dú，轻率，轻举妄动：黩武。穷兵黩武 使用全部武力，任意发动侵略战争。

渎 dú，轻慢，不敬：渎犯/渎职/亵渎/烦渎/有渎清神。

牍 dú，古代写字用的木片：连篇累牍；文件，书信：文牍/案牍/尺牍。

赎 shú ，用财物把抵押品换回：赎身/把东西赎回来；抵消或弥补（罪过）：立功赎罪。

诠释（铨）

诠 quán，解释说明：诠注/诠解/诠说；事理，真理：真诠。诠释说明，解释。

铨 quán，衡量轻重；旧时称量才授官，选拔官吏：铨选。

热烘烘（哄）

烘 hōng，用水或蒸汽使身体暖和或者使东西变熟、变热或干燥：烘手；衬托：烘托。热烘烘 形容很热。

哄 hōng，形容许多人大笑声或喧哗声：哄闹/哄笑；许多人同时发出声音：哄然/哄堂大笑。

哄 hǒng，哄骗，用假话或手段骗人：你这番话分明是在哄人的，谁信你。

哄 hòng，吵闹，开玩笑：起哄。

人言啧啧（责）

啧 zé，形容咂嘴声：啧啧/啧啧称羡。人言啧啧 人们不满地纷纷议论。

责 zé，要求做成某件事或行事达到一定标准：责成/责令/责求/求全责备/责己严于责人；指责过失，责备：责罚/斥责；质问，诘问：责问/责难/责骂。

融洽（恰）

洽 qià，和睦，相互协调一致：感情融洽/意见不洽。融洽 彼此感情好，没有抵触。

恰 qià，正巧，刚刚：恰巧/恰好/恰合时宜/恰到好处/恰如其分；合适：恰当/措辞不恰。

如愿以偿（尝）

偿 cháng，归还，抵补：偿还/得不偿失。如愿以偿 愿望实现。

尝 cháng，吃一点儿试试，辨别滋味：品尝/尝鲜/尝酒/卧薪尝胆/尝鼎一脔/尝尝咸淡。

孺子可教（懦）

孺 rú，小孩子，幼儿：孺子/妇孺。孺子可教 指年轻人有出息，可以把本事传授给他。

懦 nuò，怯懦，软弱无能：懦弱/懦夫。

孺子牛（儒）

孺 rú，小孩子，幼儿：孺子/妇孺。孺子牛 春秋时，齐景公与儿子嬉戏，景公叼着绳子当牛，让儿子牵着走；后来用“孺子牛”比喻甘愿为人民大众服务的人。

儒 rú，旧时指读书的人：儒生/腐儒/儒医/大儒/名儒/儒将/儒商。

溽暑（褥）

溽 rù，湿润：溽热。溽暑 夏天潮湿而闷热的气候。

褥 rù，装着棉絮铺在床上的东西：被褥/褥单/褥套。

偌大（若　诺）

偌 ruò，这么，那么（多见于早期白话）：偌大年纪/偌大的京城。偌大 这么大，那么大。

若 ruò，如果，假如：假若/如若/倘若/若是/若不努力学习，就要落后；如，像：若有若无/安之若素/欣喜若狂/若隐若现/旁若无人/若无其事；你：若翁/若辈。

诺 nuò，答应的声音，表示同意（叠）：唯唯诺诺/诺诺连声；应允：诺言/慨诺/承诺/许诺。

商洽（恰）

洽 qià，商量，接洽：洽商/洽借/洽妥/面洽/洽谈生意。商洽 接洽商谈。

恰 qià，合适，适当：恰当/措辞不恰。

生灵涂炭（途）

涂 tú，泥：涂炭；使油漆、颜色、脂粉、药物等附着在物体上：涂抹/涂饰；抹去：涂改。生灵涂炭 形容政治混乱时期人民处在极端困苦的环境中。涂炭：烂泥和炭火，比喻极困苦的境遇。

途 tú，道路：征途/路途/长途/通途/旅途/坦途/道听途说/半途而废。

式样新颖（颍）

颖 yǐng，指某些小而细长的东西的尖端：短颖羊毫/脱颖而出。式样新颖 式样新鲜而别致。

颍 yǐng，颍河，发源于河南省登封，流至安徽省注入淮河。

书写潦草（缭）

潦（liǎo）**草**，（字）不工整，（做事）不认真：字迹潦草。书写潦草 书写不工整。

缭 liáo，缝纫方法，用针斜着缝：缭缝/缭贴边；缠绕：缭乱/炊烟缭绕。

输赢（羸）

赢 yíng，胜（跟“输”相对）：赢家/赢面/官司打赢了/那个篮球队赢了/赢了三个球；获利：赢利。输赢胜负，也指赌博时输赢的钱数。

羸 yíng，姓：秦皇羸政。

树梢（稍）

梢 shāo，条状物的较细的一头：鞭梢/树梢/眉梢/辫梢。树梢 树枝的顶端。

稍 shāo，略微：稍稍/稍微/稍许/稍纵即逝/稍有不同/衣服稍长了一点/你稍等一等。

睡眼惺忪（腥）

惺 xīng，清醒：惺忪。睡眼惺忪 要睡或刚睡醒时眼睛模糊不清的样子。

腥 xīng，鱼虾等的难闻的气味：血腥/腥膻（shān）/腥味/腥气；鱼、肉一类的食品：腥腐/荤腥。

思忖（衬）

忖 cǔn，揣度，思量：忖量/忖摸/忖度/自忖。思忖 思量，考虑。

衬 chèn，在里面或下面托上一层：衬上一张纸；衬在里面的：衬衫/衬裙；陪衬，衬托：反衬/烘衬/映衬/红花衬着绿叶。

碎琼乱玉（粹）

碎 suì，零星，不完整：碎布/碎屑/零碎/杂碎/支离破碎/事情琐碎。碎琼乱玉 破碎的琼瑶，散乱的玉屑，比喻雪花洁白散碎。

粹 cuì，不杂：纯粹/粹白/粹而不杂；精华：国粹/民粹/精粹。

袒护（坦）

袒 tǎn，脱去或敞开上衣，露出（身体的一部分）：袒露/袒胸露臂。袒护 对错误的思想行为无原则地支持或保护。

坦 tǎn，平而宽：坦途/坦荡/平坦；坦白，坦率：坦诚/坦承坦言；心里安定：舒坦/坦然。

袒胸露臂（坦）

袒 tǎn，脱去或敞开上衣，露出（身体的一部分）：袒露。袒胸露臂脱去上衣，露出胳臂，指脱衣露体，没有修养和礼貌。

坦 tǎn，宽而平：坦荡/平坦/坦途；心里安定：舒坦/坦然；坦白，坦率：坦承/坦陈/坦言/坦诚。

韬光养晦（滔）

韬 tāo，隐蔽深藏：韬晦/兵法：韬略/六韬。韬光养晦 比喻隐藏才能，不外露。

滔 tāo，大水弥漫，引申为极大：滔滔/滔天/滔滔江水。

天涯海角（崖）

涯 yá，水边，泛指边际，极限：天涯/一望无涯/漫无涯际/咫尺天涯。天涯海角 指极远的地方或形容彼此相隔极远。

崖 yá，高地或山石的陡立的侧面：陡崖/崖画/崖刻/山崖/悬崖勒马。

跳梁小丑（粱）

梁 liáng，房梁，架在墙上或柱子上支撑房顶的横木：上梁/正梁/栋梁/屋梁/房梁/梁上君子。跳梁小丑 指上蹿下跳、兴风作浪的卑劣小人。

粱 liáng，谷子的优良品种的统称；精美的主食：膏粱/粱肉。

通牒（谍）

牒 dié，文书，证件：牒文/度牒。通牒 一个国家通知另一个国家并要求答复的文书。

谍 dié，秘密探察军事、政治及经济等方面的消息：谍报/谍报机关；从事谍报活动的人：间谍/防谍。

通宵达旦（霄）

宵 xiāo，夜：夜宵/元宵/宵旰/宵禁/良宵/春宵。通宵达旦 从天黑到天亮。

霄 xiāo，云，天空：云霄/霄汉/重霄/九霄/霄壤。

陀螺（柁　砣）

陀（tuó）**螺**。陀螺 一种儿童玩具，圆锥形，用绳绕上然后拉，或用鞭抽打，可以在地上旋转。

柁 tuó，房柁，木结构房架前后两个柱子之间的大横梁。

砣 tuó，秤锤：秤砣。

蜿蜒（婉）

蜿（wān）**蜒**。蜿蜒 蛇类爬行的样子；（山脉、河流、道路等）弯弯曲曲地延伸的样子。

婉 wǎn，柔顺：婉顺。

完璧归赵（壁）

璧 bì，古代玉器，扁平圆形，中间有孔：璧还/璧谢/白璧无瑕。完璧归赵 比喻原物完整无损地归还本人。

壁 bì，墙：四壁/壁报/壁纸/壁灯/家徒四壁；像墙那样直立的山石：绝壁/陡壁/峭壁；壁垒，军营的围墙：坚壁清野。

惋惜（婉）

惋 wǎn，叹惜，惊叹：叹惋/惋伤。惋惜 对人的不幸遭遇或事物的意外变化表示同情、可惜。

婉 wǎn，柔顺：婉顺；美好：婉丽。

妄想（忘）

妄 wàng，荒谬不合理：妄人/狂妄/妄念；非分地，胡乱地：妄动/妄求/妄加猜疑/妄作主张/胆大妄为。妄想 狂妄地打算，也指不能实现的打算。

忘 wàng，不记得：忘记/忘怀/忘掉/健忘/难忘/喝水不忘掘井人/别忘了拿书/这件事我一辈子也忘不了。

唯唯诺诺（惟　维）

唯 wéi，单单，只：唯一无二；只是：他学习很好，唯身体差。

唯 wěi，表示答应：唯唯否否。唯唯诺诺 形容一味顺从别人的意见。唯诺：表示同意的答应声。

惟 wéi，用在年、月、日之前，有加强语气的作用：惟二月既望。

维 wéi，连接：维系。

为国捐躯（驱）

躯 qū，身体：躯干/躯壳/躯体/身躯/七尺之躯。为国捐躯 为保卫国家利益献出生命。

驱 qū，赶（牲口）：驱马前进；快跑：并驾齐驱/长驱直入；赶走：驱逐/驱除/驱虫剂/驱散围观人员。

为虎作伥（怅）

伥 chāng，古时迷信传说被老虎咬死的人变成鬼，这个鬼不敢离开老虎，反而助虎伤人。为（wèi）虎作伥 比喻做恶人的帮凶，帮助恶人做坏事。

怅 chàng，不如意：怅然/怅惘/惆怅/怅惋/怅恨/怅怅。

未雨绸缪（谬）

绸缪 móu，缠绵：情意绸缪。未雨绸缪 趁着天没下雨，先修缮房屋门窗，比喻事先做好准备。

谬 miù，错误，差错：荒谬/谬论/谬误/谬种/悖谬/大谬不然/差之毫厘，谬以千里。

味同嚼蜡（腊）

蜡 là，动物、植物或矿物所产生的某些油质，具有可塑性，能燃烧，易熔化，不溶于水，如蜂蜡、白蜡、石蜡等：蜡像/蜡染图案；蜡烛：点上一支蜡烛。味同嚼蜡 形容没有味道，多指文章或讲话枯燥无味。

腊 là，冬天（多在腊月）腌制后风干或熏干的（鱼、肉、鸡、鸭等）：腊肠/腊肉/腊鱼/腊味。

蔚蓝（尉）

蔚 wèi，茂盛，盛大：蔚然/蔚然成风/蔚为大观。蔚蓝 像晴朗的天空的颜色。

尉 wèi，古官名：太尉；军衔名：上尉/中尉/少尉。

蔚为大观（尉）

蔚 wèi，（云气）弥漫：云蒸霞蔚。蔚为大观 丰富多彩，成为盛大的景象（多指文物等）。

尉 wèi，古官名：太尉；军衔名：上尉/中尉/少尉。

无坚不摧（催）

摧 cuī，破坏，折断：摧毁/摧残/摧折/坚不可摧/摧枯拉朽。无坚不摧 能够摧毁任何坚固的东西，形容力量强大。

催 cuī，催促，使赶快行动：催办/催他早点动身；使事物的产生和变化加快：催逼/催肥/催命/催化/催眠/催生/催化剂/催眠术。

瑕不掩瑜（暇）

瑕 xiá，玉上面的斑点，比喻缺点：瑕瑜互见/纯洁无瑕。瑕不掩瑜 比喻缺点掩盖不了优点，优点是主要的，缺点是次要的。

暇 xiá，空闲，没有事的时候：得暇/无暇/空暇/余暇/自顾不暇/无暇兼顾/应接不暇/席不暇暖。

现金付讫（迄）

讫 qì，完结，终了：收讫/付讫/验讫。现金付讫 现金交清。

迄 qì，到：迄今为止/迄今未至；始终，一直（用“未”或“无”前）：迄未成功/迄未见效/迄无音信/迄无成就。

羡慕（幕）

慕 mù，敬仰，仰慕：景慕/慕名；依恋，思恋：爱慕/思慕。羡慕 看见别人有某种长处、好处或有利条件而希望自己也有。

幕 mù，挂着的大块的布、绸、丝绒等（演戏或放电影、幻灯所用的）：开幕/闭幕/银幕/字幕/报幕；戏剧的较完整的段落：序幕/第二幕/独幕剧。

相濡以沫（嚅）

濡 rú，沾湿，沾上：濡染/濡笔/濡湿/耳濡目染。相濡以沫 泉水干涸，鱼靠在一起以唾沫相互湿润，比喻同处困境，相互救助。

嗫嚅 rú，形容想说话而又吞吞吐吐不敢说出来的样子。

逍遥法外（消）

逍（xiāo）**遥**，自由自在，无拘无束：逍遥自在/乐得逍遥。逍遥法外 指犯了法的人没有受到法律制裁，仍旧自由自在。

消 xiāo，消遣，把时间度过去：消夜/消夏/消闲/消磨。

消弭（洱）

弭 mǐ，平息，消灭：弭谤/弭除/弭乱/弭患/弭战。消弭 消除（坏事）。

洱 Ěr，洱海，湖名，在云南省，是著名的风景区。

萧然（潇）

萧 xiāo，冷落，没有生气：萧飒/萧疏/萧索/萧条/萧瑟。萧然 形容寂寞冷落；也形容空荡荡的，空虚。

潇 xiāo，水深而清；形容小雨飘洒的样子：春雨潇潇。

心旷神怡（贻）

怡 yí，快乐，愉快：怡目/怡心/怡然自得。心旷神怡 心情舒畅，精神愉快。

贻 yí，赠给：贻赠/馈贻；遗留：贻害/贻患/贻训/贻误/贻人口实/贻笑大方。

欣赏（尝）

赏 shǎng，欣赏，观赏：赏玩/鉴赏/赏月/赏花/雅俗共赏。欣赏享受美好的事物，领略其中的情趣；广人为好，喜欢。

尝 cháng，吃一点儿试试，辨别滋味：品尝/尝鲜/尝酒/卧薪尝胆/尝尝咸淡/经历，体验：尝试/尝受/浅尝/饱尝/艰苦备尝/尝到了体育锻炼的甜头；曾经：未尝/何尝。

信札（扎）

札 zhá，信件：书札/手札/束札。信札 书信。

扎 zā，捆，束：捆扎/绑扎/包扎/结扎/扎腿/扎把/扎辫子/腰里扎着一条皮带；量词，用于捆起来的东西：一扎线/一扎干草。

性格粗犷（旷）

犷 guǎng，粗野：粗犷/犷悍。性格粗犷 性格粗豪、豪放。

旷 kuàng，空阔：空旷/宽旷/旷远/旷荡/旷野/地旷人稀；心境开阔：旷达/心旷神怡。

虚无缥缈（漂）

缥（piāo）**缈**，形容隐隐约约，若有若无：云雾缥缈/山在虚无缥缈间。也作飘渺。虚无缥缈 形容非常空虚渺茫。

漂 piāo，停留在液体表面不沉下去：树叶在水上漂着；浮在液体表面顺着液体流动或风吹动的方向移动：漂流/漂游/远远漂过来一只小船。

漂 piǎo，漂白，使本色或带颜色的纤维、织品等变成白色，通常使用过氧化氢、漂白粉等，漂过的布特别白。

漂 piào，（事情、账目等）落空；漂亮，好看，出色。

栩栩如生（诩）

栩（xǔ）**栩**，形容生动活泼的样子：栩栩欲飞。栩栩如生 形容文学、艺术作品对人和其他生物的形象，表现得非常逼真，好像活的一样。

诩 xǔ，夸耀：自诩。

宣泄（渲）

宣 xuān，公开说出来，传播、散布出去：宣传/宣布/宣誓/宣讲文件/心照不宣；疏导：宣泄；指宣纸：生宣/熟宣/虎皮宣/玉版宣。宣泄 使积水流出去；舒散，吐露（心中的积郁）；泄露。

渲（xuàn）染，国画的一种画法，用水墨或淡的色彩涂抹画面，以加强艺术效果；比喻夸大地形容。

悬崖绝壁（璧）

壁 bì，陡峭的山石：绝壁/峭壁。悬崖绝壁 形容山势险峻。

璧 bì，古代玉器，平圆形，中间有孔：璧还/璧谢/白璧无瑕。

循规蹈矩（距）

矩 jǔ，法度，规则：规矩/矩矱。循规蹈矩 原指遵守规矩；现多指拘泥于旧的准则，不敢稍作变通。

距 jù，雄鸡爪后面突出像脚趾的部分；距离：差距/株距/焦距/等距/相距数里/距今已数年。

徇私（恂）

徇 xùn，依从，曲从：徇情。徇私 为了私情而做不合法的事。

恂 xún，诚实，恭顺：恂谨；恐惧：恂然。

言谈诙谐（恢）

诙 huī，诙谐，戏谑。言谈诙谐 说话风趣，引人发笑。

恢 huī，广大，宽广：恢弘/恢廓/天网恢恢。

眼花缭乱（潦　燎　瞭）

缭 liáo，缠绕：缭乱/炊烟缭绕。眼花缭乱 眼睛看见复杂纷繁的东西而感到迷乱。

潦（liǎo）草，（字）不工整：字迹潦草；（做事）不仔细，不认真：浮皮潦草。

燎 liáo，延烧，烧：燎原。

瞭 liào，从高处往远处看：瞭望/瞭哨/瞭望台。

演绎（译）

绎 yì，抽出或理出事物的头绪来：寻绎/抽绎。演绎 一种推理方法，由一般原理推出关于特殊情况下的结论。

译 yì，把一种语言文字依照原义改变成另一种语言文字：翻译/译文/口译/笔译/直译/译文/译著/译了一篇英文小说。

一蹶不振（厥　澱）

蹶 jué，跌倒，比喻挫折或失败：一蹶不振 比喻一遭到挫折就再也振作不起来。

厥 jué，气闭，昏倒：晕厥/痰厥/昏厥。

澱 jué，澱水，水名，在湖北。

隐晦（诲）

晦 huì，昏暗，不明显：晦暝/晦涩/晦暗。隐晦（意思）模糊，不明显。

诲 huì，教导，诱导：教诲/诲人不倦/谆谆教诲。

英镑（磅）

英镑 bàng。英镑 英国、埃及等国的本位货币。

磅 bàng，英美制质量或重量单位，1 磅等于 16 盎司，合 0．4536 千克；磅秤：过磅/搁在磅上称一称；用磅秤称轻重：磅体重/磅行李。

磅 páng，磅礴：气势宏大：大气磅礴；（气势）充满，节/节：磅礴于全世界。

永诀（决）

诀 jué，分别（多指不再相见的离别）：诀别；诀窍，关键性的方法：秘诀/妙诀。永诀 永别。

决 jué，决定，拿定主意：坚决/果决/决策/裁决/表决/决心/迟疑不决/悬而未决；决定最后胜负：决赛/决战/决胜/决斗。

忧心忡忡（冲　肿）

忡 chōng，忧虑不安：忡忡。忧心忡忡 忧愁得心情不能安静。

冲 chōng，快速向前闯，突破障碍：冲锋/冲入敌阵/横冲直撞/直冲云霄。

肿 zhǒng，皮肉浮肿或突起：肿瘤/肿胀/肿痛/肿块/红肿/肺气肿。

运筹帷幄（握）

幄 wò，帐幕：帷幄。运筹帷幄 指在后方决定作战策略，泛指筹划决策。

握 wò，用手拿或攥：握手/把握/握笔/握别/握力。

杂糅（揉）

糅 róu，混杂：糅合。杂糅 指不同的事物混杂在一起。

揉 róu，用手来回擦或搓：揉眼睛/把纸都揉碎了；团弄：揉面/把泥揉成小球；使东西弯曲：矫揉造作/揉木为耒。

噪音（躁）

噪 zào，虫或鸟叫：蝉噪/鹊噪；大声叫嚷：聒噪；（名声）广为传播：名噪一时。噪音 音高和音强变化混乱、听起来不谐和的声音；也指在一定环境中不应有而有的声音，泛指嘈杂、刺耳的声音。

躁 zào，性急，不冷静：性情暴躁/戒骄戒躁。

昭然若揭（招）

昭 zhāo，明显，显著：昭示/昭彰/昭著/罪恶昭彰。昭然若揭 形容真相大白，所有一切都已显现了出来。

招 zhāo，承认自己的罪状：招供/招认/不打自招。

蛰居（蜇）

蛰 zhé，蛰伏，动物冬眠，藏起来不食不动：入蛰/惊蛰/蛰如冬蛇/久蛰乡间。蛰居 像动物冬眠一样长期躲在一个地方，不出头露面。

蜇 zhē，有毒腺的虫子刺人或牲畜：被蝎子蜇了；某些东西刺激皮肤或器官使感不适：切洋葱蜇眼睛/这种气味蜇嗓子。

针砭时弊（蔽　敝）

弊 bì，害处，毛病（跟“利”相对）：弊病/弊害/弊端/流弊/兴利除弊/权衡利弊。针砭时弊 发现或指出现实生活中的错误以求改正。

蔽 bì，遮盖，挡：掩蔽/遮蔽/隐蔽/衣不蔽体/旌旗蔽日；概括：一言以蔽之。

敝 bì，衰败：凋敝/经久不敝。

真谛（缔）

谛 dì，佛教指真实而正确的道理，泛指道理：妙谛。真谛 真实的意义或道理。

缔 dì，结合，订立：缔交/缔约/缔盟/缔造。

纸浆（桨）

浆 jiāng，较浓的液体：豆浆/泥浆。纸浆 芦苇、稻草、竹子、木材等经过化学或机械方法处理，除去杂质后剩下的纤维素，是造纸的原料。

桨 jiǎng，划船的用具，多为木制，上半圆柱形，下半扁平而略宽，常装置在船的两旁：船桨。

置若罔闻（网 惘）

罔 wǎng，无，没有：药石罔效。置若罔闻 放在一边不管，好像没听见一样。

网 wǎng，用绳线等结成的捕鱼捉鸟的器具：结网/撒网/张网/网目/网丝/网眼/渔网；用网捕捉：网鱼/网鸟。

惘 wǎng，失意，精神恍惚：怅惘/迷惘/惘然若失。

中流砥柱（抵）

砥 dǐ，细的磨刀石：砥石。中流砥柱 比喻坚强的、能起支柱作用的人或集体，就像立在黄河激流中的砥柱山一样。

抵 dǐ，挡，拒，支撑：抵挡/抵抗/抵制/抵触/抵御/抵住门别让风刮开；牛、羊等有角的兽用角顶、触。

众口铄金（烁）

铄 shuò，熔化（金属）：铄金/铄石流金。众口铄金 原来比喻舆论的力量大，后来形容人多口杂，能混淆是非（语出《战国策·魏策一》）。

烁 shuò，光亮的样子：闪烁/烁烁。

众目睽睽（暌）

睽 kuí，违背，不合：睽异。众目睽睽 大家的眼睛都注视着。

暌 kuí，（人跟人或跟地方）隔开：暌别/暌隔/暌违。

诸侯（候）

侯 hóu，封建五等爵位（公、侯、伯、子、男）的第二等：侯爵/公侯/封侯；泛指达官贵人：侯门似海/王侯之家。诸侯 古代帝王统辖下的列国君主的统称。

候 hòu，等待：等候/听候/恭候/守候/候车室；问候，问好：致候/敬候起居；时节：时候/气候/候风/候鸟；事物在变化中的情况：症候/火候。

助纣为虐（肘）

纣 zhòu，商（殷）朝末代君王，相传是个暴君。助纣为虐 比喻帮助坏人做坏事。

肘 zhǒu，上臂和前臂相接处向外面突起的部分：. 肘窝/肘腋/肘腋之患。

装帧（祯　桢）

帧 zhēn，幅（用于字画、照片等）：一帧彩画。装帧 书画、书刊的装潢设计（书刊的装帧包括封面、版面、插图、装订形式等设计）。

祯 zhēn，吉祥：祯祥。

桢 zhēn，古时筑墙所立的柱子：桢干；坚硬的木头。

姿态（恣）

姿 zī，容貌：姿容/姿色/天姿国色；姿势，身体呈现的样子：雄姿/英姿/舞姿。姿态 姿势，样儿；也指态度或气度。

恣 zì，放纵，无拘束：恣意/恣情/恣肆/恣睢；舒服，自在：恣得很。

恣意妄为（姿）

恣 zì，舒服，自在：恣得很；放纵，无拘无束：恣情/恣意/恣肆/恣睢。恣意妄为任意地胡作非为。

姿 zī，姿势：姿态/舞姿/英姿/雄姿；容貌：姿容/风姿/姿色/天姿国色。

黄浦江（埔）

浦 pǔ，水边或河流入海的地方（多用于地名）：乍浦（在浙江）/浦口（在江苏）。黄浦江 大河名，干流黄浦江从西南向东北入海，纵贯上海市。

埔 pǔ，地名用字：黄埔（在广东省广州市）。

华佗（陀）

佗 tuó，负荷：佗负。华佗 东汉末名医。

陀 tuó，山冈：侧身登陀；倾斜，不平，回旋曲折：盘陀。

兖州（衮）

兖 yǎn，用于地名，如兖州县（在山东省）。

衮 gǔn，古代帝王穿的礼服：衮服/衮服加身。

法郎（朗）

郎 láng，对年轻男子的称呼：儿郎/少年郎/郎才女貌；女子称情人或丈夫：情郎/郎君；对某种人的称呼：货郎/女郎/放牛郎；旧时称别人的儿子：大郎/令郎；古代官名：侍郎/尚书郎/员外郎。法郎 法国等国的旧本位货币；瑞士等国的本位货币。

朗 lǎng，光线充足，明亮：爽朗/清朗/晴朗/开朗/月朗星稀/天朗气清/豁然开朗/神清气朗；声音清晰响亮：朗诵/朗读/笑声朗朗。

扬州（杨）

扬 yáng，扬州的简称：扬剧。扬州 江苏扬州。

杨 yáng，杨树，落叶乔木，叶子卵形或卵状披针形，种类很多，有银白杨、毛白杨、大叶杨、小叶杨等，有的树可制器物。

莆仙戏（蒲）

莆 pú，莆田，地名，在福建省。莆仙戏 福建地方戏曲剧种之一，流行于莆田、仙游一带。也叫兴化戏。

蒲 pú，香蒲，草本植物，生长在浅水或池沼中，叶长而尖。可用来编席、蒲包和扇子，根茎可以吃：蒲棒/蒲草/蒲扇/蒲包。

阮籍（藉）

籍 Jí，姓。阮籍（210—263 年）陈留尉氏（今河南省开封市）人。魏晋时代诗人。因做过步兵校尉，人称阮步兵。他蔑视封建“礼法”，作品表现了对封建正统思想的不满，但也存在着浓厚的消极思想。著有《阮步兵集》。

藉 Jí，姓。

（四）形似意思易混字

爱屋及乌（鸟）

乌 wū，乌鸦，鸟名，俗称“老鸹（guā）”或“老鸦”：乌合之众/乌飞兔走/月落乌啼。爱屋及乌《尚书大传·大战篇》：“爱人者，兼爱屋上之乌。”比喻爱一个人而连带关心到跟他有关系的人或物。

鸟 niǎo，脊椎动物的一类，温血，卵生，用肺呼吸，全身有羽毛，后肢能行走，前肢变为翅，一般能飞：鸟瞰/鸟兽散/鸟尽弓藏/鸟枪换炮/鸟语花香。

百战不殆（怠）

殆 dài，危险：危殆/知己知彼，百战不殆。百战不殆 每次作战都不失败，形容善于作战。

怠 dài，懒惰，松懈：怠惰/懈怠/懒怠；轻慢，不恭敬：怠慢。

舶来品（泊）

舶 bó，航海大船：船舶/巨舶/海舶。舶来品 旧时指进口的货物。

泊 bó，船靠岸，停船：停泊/泊位/船泊港外。

不卑不亢（伉　抗　吭）

亢 kàng，高傲：高亢。不卑不亢 既不自卑，也不高傲，形容待人态度得体，分寸恰当。也说不亢不卑。

伉 kàng，对等，相称（指配偶）：伉俪；强壮，高大；正直：伉直。

抗 kàng，抵挡，抵御：反抗/抗战/顽抗/抗灾/抗癌/抗洪/抗旱/抗日战争；拒绝，抗拒：抗议/抗粮/抗租/抗命/抗税/抗争；相当，对等：抗衡/分庭抗礼。

吭 kēng，出声，说话：不吭声/一声也不吭。

掺和（渗）

掺 chān，把一种东西混合到另一种东西里去：掺杂/掺兑/掺假。掺和 掺杂混合在一起；参加进去（多指搅乱、添麻烦）。

渗 shèn，液体慢慢地透过或漏出：渗水/渗流/渗入/渗透/包扎伤口的绷带上渗出了血/雨水都渗到地里去了。

城郭（廓）

郭 guō，城外围着城的墙：东郭。城郭 城墙（城指内城的墙，郭指外城的墙），泛指城市。

廓 kuò，物体的外缘：轮廓/耳廓；广阔：寥廓/廓落；清除，澄清：廓除/郭清。

玷污（沾）

玷 diàn，白玉上面的斑点：白圭之玷。玷污 弄脏，使有污点（多用于比喻）。

沾 zhān，浸湿：沾湿/泪流沾襟/汗出沾背；因接触而被东西附着上：沾水/沾泥/沾染；稍微碰上或挨上：沾边儿/沾亲带故/脚不沾地。

豆蔻年华（寇）

蔻 kòu，豆蔻，多年生草本植物，形似芭蕉，初夏开淡黄色花，果实扁球形，种子有香味，可入药。豆蔻年华 唐代杜牧《赠别》诗："娉娉袅袅十三余，豆蔻梢头二月初。"后来称女子十三四岁的年纪为豆蔻年华。

寇 kòu，强盗或外来的侵略者（也指敌人）：寇仇/海寇/贼寇/草寇/敌寇/日寇/外寇；敌人入侵、进犯：入寇/寇边。

方枘圆凿（柄）

枘 ruì，榫（sǔn）子，榫头，竹、木、石制器物或构件上利用凹凸方式相接处凸出的部分。方枘圆凿 方榫头和圆卯眼，两下合不起来，形容格格不入。也说圆凿方枘。

柄 bǐng，器物的把儿：刀柄/斧柄/柄端/勺柄。

腐化堕落（坠）

堕 duò，落，掉下来：堕落/堕地/堕入海中；使掉下来：堕胎。腐化堕落 思想行为变坏（多指过分贪图享受）。

坠 zhuì，落：坠楼/坠马/摇摇欲坠/天花乱坠；（重物）下沉，垂在下边：石榴把树枝坠得弯弯的/他的心里像坠上了千斤的石头。

"坠落"即落，掉如"陨星坠落"。"堕"字单独解释有落下，掉下之义，同"坠落"，但组词成"堕落"时，词义就变成了（思想、行为）往坏里变；道德方面下落至可耻或鄙的程度。"堕落"和"坠落"

是不能混用的。

刚愎自用（腹）

愎 bì，任性，执拗。<u>刚愎自用</u> 倔犟固执，自以为是。

腹 fù，肚子，在胸部的下面：腹部/果腹/空腹/满腹/剖腹/大腹便便/捧腹大笑/腹背受敌；指内心：腹案/腹稿/腹诽/腹议。

呱呱坠地（堕）

坠 zhuì，落：坠楼/坠马/天花乱坠/摇摇欲坠。<u>呱呱坠地</u> 指婴儿出生。

堕 duò，落，掉下来：堕落/堕地/堕入海中。

沽名钓誉（钩）

钓 diào，用饵诱鱼或其他水生动物上钩：垂钓/钓鱼。<u>沽名钓誉</u> 故意做作或用某种手段谋取名誉。

钩 gōu，用钩状物搭、挂或探取：把床底下那本书钩出来/钩住高枝采桑叶/杂技演员用脚钩住绳索倒挂在空中。

国籍（藉）

籍 jí，代表个人对国家、组织的隶属关系：户籍/党籍/学籍。<u>国籍</u> 指个人具有的属于某个国家的身份；也指飞机、船只等属于某个国家的关系。

藉 jiè，凭借，利用，依靠：藉手（假手）/藉助/藉着光看书；垫在下面的东西：以稻草为藉；垫，衬：枕藉/死者相藉。

“**藉**”，读“jiè”，用于凭借、假托等意义时，是“借”的繁体字，读“jiè”用于以上意义和读“jí”用于践踏、杂乱等意义时，仍是规范字，不能简化为“借”。

烘云托月（拱）

烘 hōng，衬托：烘衬/烘托。<u>烘云托月</u> 比喻从侧面加以点染以烘托所描绘的事物。

拱 gǒng，环绕：众星拱月；顶动，向上或向前推：拱芽/虫子拱土/猪用嘴拱地/用身子拱开了大门。

火中取栗（粟）

栗 lì，栗子树的果实；发抖，哆嗦：不寒而栗。<u>火中取栗</u> 一只猴子和一只猫看见炉火中烤着栗子，猴子叫猫去偷，猫用爪子从火中取出几个栗子，自己脚上的毛被烧掉，栗子却都被猴子给吃了，比喻冒危险给别人出力，自己却上了大当，一无所得。

粟 sù，谷子，一年生草本植物，花小而密集，子实去皮后就是小米，是我国北方的粮食作物。

皎洁（姣）

皎 jiǎo，白而亮：皎月/皎皎。皎洁（月亮等）明亮而洁白。

姣 jiāo，相貌美：姣好/姣美/面容姣好。

苦心孤诣（旨）

诣 yì，（学业、技术等）所达到的程度：造诣。苦心孤诣 费尽心思钻研或经营（孤诣：别人所达不到的）。

旨 zhǐ，意义，用意，目的：要旨/旨趣/宗旨/旨意/主旨明确。

模糊（漠　膜）

模 mó，法式，规范，标准：模型/模范/模式/楷模。模糊 不分明，不清楚；也指混淆。

漠 mò，地面为沙覆盖，缺乏流水，气候干燥，植物稀少的地区：大漠/漠北/荒漠/沙漠；冷淡地，不经心地：漠视/漠然/冷漠/淡漠/漠不关心。

膜 mó，人和动植物体内像薄皮的组织：黏膜/脑膜/鼓膜/腹膜/结膜；像膜的薄皮：面膜/橡皮膜/纸浆表面结成薄膜。

弄巧成拙（绌）

拙 zhuō，笨：拙劣/手拙/眼拙/笨嘴拙舌/勤能补拙。弄巧成拙 想要巧妙的手段，结果反而坏了事。

绌 chù，不足，不够：经费支绌/相形见绌/心余力绌。

怦然心动（砰）

怦 pēng，形容心跳的声音：吓得心里怦怦直跳。怦然心动 形容由于紧张、兴奋而心跳。

砰 pēng，形容撞击或重物落地的声音：砰的一声，木板倒了/砰的一声，门关上了。

青稞（棵）

稞 kē，青稞。青稞 大麦的一种，粒大，皮薄；这种植物的子实。青稞也叫稞麦或裸大麦。

棵 kē，株，多用于植物：一棵树/一棵草/一棵牡丹树。

惹草拈花（沾）

拈 niān，用两三个手指头夹取（东西），捏：拈香/拈须/拈花/拈阄/拈弓搭箭。惹草拈花 指男子乱搞男女关系或狎妓。也说拈花惹草。

沾 zhān，稍微碰上或接触上：沾边儿/脚不沾地。

潸然泪下（潜）

潸 shān，形容流泪：潸然/热泪潸潸/不禁潸潸。潸然泪下 流泪的样子。

潜 qián，隐藏，不露在表面：潜伏/潜流/潜移默化/挖掘潜力；秘密地，不声张：潜行/潜逃/潜入。

渗透（掺）

渗 shèn，液体慢慢地透过或漏出：水渗到土里去了/汗渗透了衣服。渗透 液体从物体的细小空隙中透过，比喻一种事物或势力逐渐进入到其他方面（多用于抽象事物）。

掺 chān，把一种东西混合到另一种东西里去：掺兑/掺假/掺和/掺杂。

史无前例（列）

例 lì，从前有过，后来可以仿效或依据的事情：成例/先例/援例。史无前例 历史上从来没有过，前所未有。

列 liè，行列：前列/出列；量词，用于成行列的事物：一列火车/一列队伍。

收敛（捡）

敛 liǎn，收起，收住：敛容/敛足/敛手；约束：敛迹；收集，征收：敛财/敛钱/横征暴敛/把工具敛起来。收敛（笑容、光线等）减弱或消失；减轻放纵的程度（指言行）；引起机体组织收缩，减少腺体分泌。

捡 jiǎn，拾取：捡柴/把铅笔捡起来/捡了芝麻，丢了西瓜。

天崩地坼（拆）

坼 chè，裂开：龟坼/坼裂/天寒地坼。天崩地坼 形容声响强烈或变化巨大，像天塌下、地裂开一样。

拆 chāi，把合在一起的东西打开，卸下来：拆洗/拆散/拆除/拆迁/

拆信/拆卸机器。

条分缕析（拆）

析 xī，分开：分崩离析；分析：剖析。条分缕析 形容分析得细密而有条理。

拆 chāi，拆毁：拆墙/把旧房子拆了。

停车处（仃）

停 tíng，停放：一辆汽车停在门口；停止，不再进行：雨停了。停车处 停放车辆的地方。

伶仃（dīng），孤独，没有依靠：孤苦伶仃；瘦弱：瘦骨伶仃。

“停”不能简化为“仃”。

细大不捐（涓）

捐 juān，舍弃，抛弃：捐弃/捐生/捐躯。细大不捐 小的大的都不抛弃。

涓 juān，细小的水流：涓埃/涓滴/涓涓。

怏然（秧）

怏 yàng，不满意，不高兴：怏怏/怏怏不乐/怏然不悦/怏怏不得志。怏然 形容不高兴的样子；也形容自大的样子。

秧 yāng，植物的幼苗：树秧儿/白菜秧儿/黄瓜秧儿；特指水稻的幼苗：秧田/插秧；某些植物的茎或蔓：瓜秧/豆秧/白薯秧；某些饲养的幼小动物：鱼秧/鸡秧/猪秧；栽培，畜养：秧儿棵树/秧了一池鱼。

一抔黄土（杯）

抔 póu，把，捧：一抔土；用手捧东西。一抔黄土 一把黄土。

杯 bēi，盛酒、水、茶等的器皿：酒杯/茶杯/玻璃杯/杯水车薪/杯盘狼藉/举杯痛饮。

一一列举（例）

列 liè，排列：列队/罗列/姓名列后/开列账目/按清单上列的一项一项地清点。一一列举 一个一个地摆出来。

例 lì，用来帮助说明或证明某种情况或说法的事物：例证/例句/例题/实例/示例/举例/事例/前例。

蕴藉（籍）

藉 jiè，垫在下面的东西：以稻草为藉；垫，衬：枕藉/死者相藉。蕴藉（言语、文字、神情等）含蓄而不显露。

籍 jí，书籍，册子：古籍/史籍/典籍。

直言不讳（韪）

讳 huì，避忌，有顾忌不敢说或不愿说：隐讳/讳言/忌讳。直言不讳 毫无顾忌地直接说出来。

韪 wěi，是，对（常和否定词连用）：冒天下之大不韪。

煮豆燃萁（箕）

萁 qí，豆茎：豆萁。煮豆燃萁 相传魏文帝曹丕叫他弟弟曹植做诗，限他在走完七步之前做成，否则就要杀他。曹植立刻就做了一首诗："煮豆持作羹，漉豉以为汁。萁在釜下燃，豆在釜中泣。本是同根生，相煎何太急。"比喻兄弟间自相残害。

箕 jī，簸箕，用竹篾、树条或铁皮等制成的扬去糠麸或清除垃圾的器具：箕踞。

熟稔（捻）

稔 rěn，熟悉（多指对人）：素稔/稔知/稔悉。熟稔 很熟悉。

捻 niǎn，用手指搓：捻线/捻条绳子；用线、纸/布条等搓成的像绳一样的东西：纸捻/灯捻。

荫庇（阴）

荫 yìn，封建时代由于父祖有功而给予子孙入学或任官的权利：荫授/封妻荫子。荫庇 大树枝叶遮蔽阳光，宜于人们休息，比喻尊长照顾晚辈或祖宗保佑子孙。

阴 yīn，不见阳光的地方：树阴/背阴/林阴道。

缜密（慎）

缜 zhěn，细致，精密：缜密的思考。缜密 周密，细致（多指思想）。

慎 shèn，谨慎，小心：不慎/慎重/慎独/谦虚谨慎/谨小慎微/谨言慎行。

不愧不怍（作）

怍 zuò，惭愧：惭怍/愧怍/俯不怍于人。不愧不怍 不感到羞愧。

作 zuò，从事某种活动：操作/耕作/工作/合作/协作/作报告/打躬作揖/自作自受。

篝火狐鸣（鸣）

鸣 míng，（鸟兽或昆虫）叫：鸟鸣/蝉鸣/鸡鸣/虫鸣/一鸣惊人。篝火狐鸣 用竹笼罩住火，使它若隐若现，并用狐狸一样的叫声话语。指密谋策划起义。

呜 wū，形容哭声、风声、汽笛声等：呜的一声，一辆汽车飞驰而过/轮船上的汽笛呜呜直叫。

觥筹交错（觚）

觥 gōng，古代用兽角做的酒器，泛指酒杯。觥筹交错 酒杯和酒筹交相错杂。形容许多人相聚饮酒的热闹场面。

觚 gū，古代一种盛酒的器具；古代写字用的木板：操觚（写文章）/率尔操觚。

瑕疵（纰）

疵 cī，缺点，毛病：疵点/疵品/疵瑕/吹毛求疵/大醇小疵/索垢寻疵。瑕疵 微小的缺点。

纰 pī，布帛、丝缕等破坏、散开：线纰了/纰缪/纰漏。

命运多舛（桀）

舛 chuǎn，不幸，不顺利：命途多舛。命运多舛 命运多不幸、不顺利。

桀 jié，凶暴：桀黠/桀骜不驯。

奇葩（芭）

葩 pā，花：奇葩异草。奇葩 奇花。

芭 bā，古书上说的一种香草：成礼兮会鼓，传芭兮代舞（《楚辞·九歌·礼魂》）；芭蕉：芭叶。

无色无臭（嗅）

臭 xiù，气味：无声无臭。无色无臭 没有颜色没有气味。

嗅 xiù，闻，用鼻子辨别气味：嗅觉/嗅神经/嗅觉灵敏/小狗在他腿上嗅来嗅去。

狙击手（阻）

狙 jū，窥伺：狙伺/狙击。狙击手 原指埋伏在隐蔽地点伺机袭击敌人的人，现在人们常常把经过特殊训练，掌握精确射击、伪装和侦察技能的射手称为狙击手。

阻 zǔ，拦挡：阻止/阻挡/阻碍/阻遏/阻隔/阻击/阻截/阻拦/阻塞/梗阻。

伺候熊猫（侍）

伺 cì，［伺候］照料，侍奉：伺候病人/伺候主子/伺候花花草草。伺候熊猫 照料熊猫。

侍 shì，服侍，伺候，在旁边陪着：侍奉/侍从/侍候/侍养/侍者/侍立/侍女/服侍/服侍老人/侍奉父母。

“侍候”指服侍，通常用于对长辈或地位比较高的人，也指在人身边供人使唤，或照料饮食起居，其对象一般是人。“伺候”不分地位高低，既可以用于人，也可以用于动物、花草等有生命的事物。

不郎不秀（莠）

秀 xiù，无明时代官僚、贵族的子弟称“秀”（平民的子弟称“郎”）。不郎不秀 不像郎也不像秀，形容不成材或没出息。

莠 yǒu，狗尾草，草本植物，略像谷子，穗上有毛，像狗的尾巴；比喻品质坏的，不好的人：莠民/良莠不齐。

稳操胜券（卷）

券 quàn，票据或作为凭证的纸片：奖券/债券/证券/国库券/入场券/公债券。稳操胜券比喻有胜利的把握。

卷 juàn，考试写答案的纸：试卷/闭卷/发卷/交卷/白卷/问卷/课卷/考卷/答卷/历史卷子。

纨绔子弟（胯）

绔 kù，同“裤”，用于“纨绔”。古指套裤。纨绔子弟 指专讲吃喝玩乐的富家子弟（纨绔：细绢做的裤子，泛指富家子弟穿的华美衣着，也借指富家子弟）。

胯 kuà，腰和大腿之间的外侧部分：胯骨/胯下/胯裆。

绰绰有余（卓）

绰 chuò，宽余：宽绰/绰有余裕；（体态）柔美：绰丽。绰绰有余 形容人力、财力宽裕，用不完。

卓 zhuó，高而直：卓立/卓尔不群；高明，杰出，不平凡：卓见/卓越贡献/卓越的成绩。

脍炙人口（烩）

脍 kuài，切得很细的鱼或肉：金盘脍鲤鱼。脍炙人口 美味人人都爱吃，比喻好的诗文或事物，人人都称赞（炙：烤熟的肉）。

烩 huì，加浓汁或多种食物混在一起烹煮：烩豆腐/烩饭/杂烩/烩饼；炒菜后加少量的水和芡粉：烩虾仁/烩什锦。

蓦然回首（募　慕）

蓦 mò，突然，忽然：蓦然/他蓦地站起来。蓦然回首 突然回头。

募 mù，多方积聚，广泛征集：募兵/招募/募捐/募了一笔款。

慕 mù，敬仰，仰慕：羡慕/慕名；依恋，思恋：爱慕/思慕。

翩跹（迁）

翩跹（xiān）。翩跹 形容舞姿轻快飘逸。

迁 qiān，迁移，离开原来的所在地而另换地点：迁居/迁都/迁葬/拆迁；转变：变迁/见异思迁/事过境迁/迁善改过。

拼凑（揍）

凑 còu，聚合：凑集/凑合/凑钱/凑数/凑足了人数/凑在一起。拼凑 把零碎的或分散的合在一起；也指按某一标准勉强组接。

揍 zòu，打人：挨揍/揍他一顿/孩子被揍了一顿；打碎：把碗给揍了/小心别把玻璃揍了。

绮丽（漪）

绮 qǐ，有花纹或图案的丝织品：绮罗。绮丽 鲜艳美丽（多用来形容风景）。

漪 yī，水波纹：清漪/漪澜/涟漪/碧漪荡漾。

琴声琤琤（铮铮）

琤琤，形容玉器相击声、琴声或水流声：泉水铮铮。琴声铮铮形容琴声。

铮（zhēng）**铮**，形容金属撞击所发出的响亮声音，也用于比喻刚正不阿、不屈不挠：铮铮悦耳/铁中铮铮（比喻胜过一般的人）/铮铮硬汉/铮铮铁骨。

清澈（沏）

澈 chè，水清：明澈/澈亮/澄澈。清澈 清而透明。

沏 qī，（用开水）冲，泡：沏茶/用开水把糖沏开。

孺子可教（懦）

孺 rú，小孩子，幼儿：孺子/妇孺。孺子可教 指年轻人有出息，可以把本事传授给他。

懦 nuò，怯懦，软弱无能：懦弱/懦夫。

欣赏（尝）

赏 shǎng，欣赏，观赏：赏玩/鉴皆/赏月/赏花/雅俗共赏。欣赏 享受美好的事物，领略其中的情趣；也用指喜欢，认为好。

尝 cháng，吃一点儿试试，辨别滋味：品尝/尝鲜/尝新/尝酒/卧薪尝胆/尝尝咸淡；经历，体验：尝试/尝受/艰苦备尝/尝到了体育锻炼的甜头；曾经：未尝/何尝。

性格粗犷（旷）

犷 guǎng，粗野：粗犷/犷悍。性格粗犷 性格粗豪、豪放。

旷 kuàng，空阔：空旷/宽旷/旷远/旷荡/旷野/地旷人稀；心境开阔：旷达/心旷神怡。

意见簿（薄）

簿 bù，本子：账簿/簿册/簿籍/签字簿/户口簿/发文簿/练习簿/记录簿。意见簿 提意见的本子。

薄 báo，厚度小的（跟“厚”相对）：薄片/薄饼/薄纸/薄板/薄被；（感情）冷淡：待他的情分不薄；（味道）淡：酒味很薄；（土地）不肥沃：土地瘠薄。

瞻仰（赡）

瞻 zhān，往上或往前看：瞻顾/瞻礼/瞻念/瞻望/观瞻/瞻仰/高瞻远瞩/瞻前顾后。瞻仰 恭敬地看。

赡 shàn，供给人财物：赡养老人；富足，足够：丰赡/宏赡/力不赡。

谆谆教导（淳）

谆 zhūn，恳切：谆嘱/谆教。淳淳，形容恳切教导：谆谆告诫/谆谆嘱咐/言者谆谆，听者藐藐（说的人很诚恳贼喊捉贼的人却不放在心上）。谆谆教导 恳切耐心地教导。

淳 chún，朴实，淳厚：淳朴。

风声鹤唳（戾　泪　淚）

唳 lì，（鹤、鸿雁等）鸣叫。风声鹤唳 前秦苻坚领兵进攻东晋，大败而逃，溃兵听到风声和鹤叫，都疑心是追兵（见于《晋书·谢玄传》）。形容惊慌疑惧。

戾 lì，罪过：罪戾；乖张：暴戾/乖戾。

泪 lèi，眼泪，泪液：泪痕/泪花/挥泪/热泪/泪如雨下。

淚 lèi，同“泪”。

呱呱坠地（堕）

坠 zhuì，落：坠马/摇摇欲坠/天花乱坠。呱呱坠地 形容婴儿出世的样子。指婴儿出生。

堕 duò，落，掉：堕落/堕地/堕入海中/如堕烟海/如堕五里雾中。

怂恿（纵）

怂 sǒng，惊惧。怂恿鼓动别人去做（某事）。

纵 zòng，放任，不约束：骄纵/娇纵/放纵/纵情/纵欲/不能纵着孩子。

披星戴月（载）

戴 dài，把东西放在头、面、颈、胸、臂、手等处：穿戴/佩戴/戴花/戴帽子/戴眼镜/戴红领巾/戴手套。披星戴月 形容早出晚归，辛勤劳动，或昼夜赶路，旅途劳顿。

载 zài，用交通工具装：载客/载货/转载/运载/装载/承载/超载/满载而归。

入场券（卷）

券 quàn，票据或作凭证的纸片：奖券/债券/证券/公债券/国库券。入场券 进入场地的票据或作凭证的纸片，也比喻参加某种赛事或活动的资格。

卷 juǎn，把东西弯转裹成圆筒形：卷起袖子/烙饼卷大葱；卷子，一种面食：花卷；量词，用于成卷儿的东西：一卷纸。

卷 juàn，考试写答案的纸：闭卷/发卷/白卷/考卷/答卷/问卷/试卷/课卷。

有恃无恐（持　势）

恃 shì，依赖，倚仗：恃才傲物。有恃无恐 因有所依仗而不害怕。

持 chí，拿着，握着：持笔/持枪/持有/持仓/持股/持刀动杖/手持棍棒；遵守不变：坚持真理。

势 shì，权力，威力：权势/得势/财势/人多势众/仗势欺人/趋炎附势/势均力敌。

（五）音同（近）意思易混字

阿谀逢迎（俸　奉）

逢 féng，遇到，遇见：相逢/重逢/逢场作戏/棋逢对手/千载难逢/绝处逢生/每逢佳节倍思亲。阿谀逢迎 说话和做事故意迎合别人的心意（含贬义）。

俸 fèng，旧时称官员等所得的薪水：薪俸/俸禄/俸恤。

奉 fèng，呈送，献给：奉献/敬奉/奉上新书一册；侍候：奉养/侍奉/供奉/敬奉/阿谀趋奉。

唉声叹气（哀）

唉 āi，叹息的声音：唉，早知如此，何必当初。唉声叹气 因伤感、烦闷或痛苦而发出叹息的声音。

哀 āi，悲伤，悲痛：悲哀/哀鸣/哀哭/节哀/呜呼哀哉/喜怒哀乐。

爱不释手（失）

释 shì，放开，放下：手不释卷/爱不忍释。爱不释手 喜爱到不肯放手的地步。

失 shī，丢掉，失掉（跟“得”相对）：遗失/丧失/失血/失传/挂失/顾此失彼/得不偿失/坐失良机；没有把握住：失手/失态/冒失/失足/失于检点/百无一失/语多有失/哑然失笑。

安然无恙（殃）

恙 yàng，病：偶染微恙。安然无恙 原指人平安没有疾病，后泛指平平安安，没有受到任何损伤。

殃 yāng，祸害：祸殃/灾殃/遭殃/城门失火，殃及池鱼。

按部就班（步）

部 bù，部分，全体中的一份：内部/上部；机关企业按业务范围分设的单位：编辑部。按部就班 按照一定的条理，遵循一定的程序。

步 bù，行走时两脚之间的距离，脚步：步伐/正步/步履/跑步/大步流星/故步自封/邯郸学步/寸步难移；阶段，程序：步骤/逐步/进步/同步/退步/初步/事情一步比一步顺利。

黯然神伤（暗）

黯 àn，阴暗，昏黑：黯淡。黯然神伤 心中伤感，情绪低落，精神颓丧。

暗 àn，秘密的，隐藏不露的：暗号/暗含/暗害/暗杀/暗箭/心中暗喜/明人不做暗事。

黯然失色（暗）

黯 àn，阴暗：黯淡。黯然失色阴暗的样子，仿佛失去了原有的色泽或光彩。

暗 àn，光线不足，黑暗（跟“明”相对）：暗处/暗室/昏暗/阴暗/暗色/柳暗花明/天昏地暗/暗中摸索/光线太暗/太阳已经落山，天色渐渐暗下来了。

“黯”与“暗”不同：黯，形容阴暗不明的样子；暗，指光线不足，与“明”相对。

白内障（瘴）

障 zhàng，阻隔，遮挡：障碍/障蔽；用来遮挡、阻碍的东西：屏障/路障。白内障 病，症状是眼球的晶状体混浊，影响视力，最常见的是老年性白内障。

瘴 zhàng，瘴气，热带或亚热带山林中的湿热空气，从前认为是热带或亚热带潮湿地区流行的恶性疟疾等传染病的病原。

百废待兴（费）

废 fèi，荒芜，衰败：废园/废墟。百废待兴 很多被废置的事情等待着兴办。

费 fèi，花费，消耗：费力/费心/费神/费事/费工夫/浪费/这孩子穿鞋太费。

百感交集（积）

集 jí，集合，聚集：汇集/齐集/集会/集邮/集资/集中/惊喜交集/集思广益。百感交集 各种各样的感触、感慨同时出现。

积 jī，积累，聚集：积存/积聚/积累/积攒/积少成多/日积月累/积土成山/院子里积不少水。

斑斓（烂）

斑斓（lán）。斑斓 灿烂多彩。

烂 làn，破碎，破烂：烂纸/破铜烂铁/衣服穿烂了；色彩鲜艳，明亮：灿烂/山花烂漫；表示程度极深：烂醉/烂熟。

半途而废（费）

废 fèi，不再使用，不再继续：废除/废弃/废学/废止。半途而废 做事情没有完成而终止。

费 fèi，用得多，消耗得多（跟“省”相对）：费柴/老式汽车费油/走山路费鞋/孩子穿衣裳真费。

报销（消）

销 xiāo，去掉，解除：销假/撤销。报销 把领用款项或收支账目开列清单，附上有关单据，报告部门核销。

消 xiāo，消失：打消/抵消/取消/永不消逝/红肿已消/冰消瓦解/烟消云散；使消失，消除：消毒/消炎/消除隐患/消食化积/消灭敌人。

抱歉（报）

抱 bào，心里存着（想法、意见等）：抱屈/抱怨/抱恨/抱不平/抱着必胜的决心/青年人都抱着远大的理想/对他的这种决定，许多人抱有看法。抱歉 心中不安，觉着对不住别人。

报 bào，传达，告知：报捷/报信/呈报/回报/禀报/汇报/预报/通风报信；回答：报友人书；报答：报效/报酬/报恩；报复：报仇/报怨；报应：现世报。

杯盘狼藉（迹）

藉 jí，践踏，凌辱：狼藉（狼籍）（按旧传狼群常藉草而卧，起则践草使乱以灭迹，后因以“狼藉”为散乱之形容）/蹂藉/声名狼藉。杯盘狼藉 杯盘等放得乱七八糟，形容宴饮后桌上凌乱的样子。

迹 jì，留下的印子，痕迹：足迹/血迹/笔迹/踪迹/绝迹/敛迹/销声匿迹/蛛丝马迹。

卑躬屈膝（恭）

躬 gōng，弯下（身子）：躬身/躬身下拜/打躬作揖。卑躬屈膝 形容没有骨气，谄媚奉承。也说卑躬屈节。

恭 gōng，恭敬：恭贺/恭候/恭喜/谦恭/前倨后恭/却之不恭/洗耳恭听。

卑躬屈膝（曲）

屈 qū，弯曲，使弯曲（跟“伸”相对）：屈指/屈膝/佶屈聱牙/能屈能伸/猫屈着后腿，竖着尾巴；屈服，使屈服：宁死不屈；理亏：屈心；委屈，冤枉：叫屈/受屈。卑躬屈膝（同上）。也说卑躬屈节。

曲 qū，弯（跟“直”相对）：曲线/曲尺/曲折/盘曲/蜷曲/曲径通幽/弯腰曲背/山回水曲。

备尝艰苦（倍）

备 bèi，表示完全：齐备/完备/求全责备/万事俱备/关怀备至/备受欢迎。备尝艰苦 经历了全部的艰难困苦。

倍 bèi，加倍：倍感荣幸/倍道兼行/事倍功半/事半功倍/勇气倍增。

毕竟（必）

毕 bì，完结，完成：毕业/礼毕/话犹未毕/毕其功于一役；全，完全：毕生/毕力/真相毕露/群贤毕至。毕竟 表示追根究底所得的结论，强调事实或原因。

必 bì，必定，一定：必能成功/骄兵必败/不战则已，战则必胜；必须，一定要：务必/必备/必读/必修课/事必躬亲/不必着急。

毕生精力（身）

生 shēng，生平，整个生活阶段：平生/一生/终生/半生/今生/一生一世/今生今世。毕生精力 终身精力。

身 shēn，身体：身上/动身/浑身/健身/热身/转过身去/身高五尺/翻了一个身；指生命：杀身/舍身/护身符/杀身之祸/奋不顾身/以身殉职。

壁垒森严（磊）

垒 lěi，军营的墙壁或工事：堡垒/对垒/街垒/营垒/高垒/两军对垒。壁垒森严 比喻防守很严密或界限划分得很分明。

磊 lěi，石头多：磊磊/怪石磊磊/磊磊涧中石。

壁垒森严（深）

森 sēn，繁密，众多：森罗万象。壁垒森严（同上）。

深 shēn，从上到下或从外到里的距离大（跟“浅”相对）：深水/深山/深耕细作/庭院深深。

鞭辟入里（理）

里 lǐ，里面，内部（跟“外”相对）：屋子里/箱子里面。鞭辟入里 形容能透彻说明问题，深中要害。也说鞭辟近里。

理 lǐ，物质组织的条纹，纹理：木理/肌里；道理，事理：讲理/合理/理屈/理当如此/不明事理。

鞭辟入里（劈）

辟 bì，君主：复辟；排除：辟邪。

辟 pì，开辟；透彻：精辟；驳斥或排除（不正确的言论或谣言）：辟谣/辟邪说。鞭辟入里（同上）。

劈 pī，用刀斧等砍或由纵面破开：劈柴/劈木头/劈成两半。

劈 pǐ，分开，分：劈成三股；分裂，使离开原物体：劈树枝/劈莴苣叶。

变本加厉（利）

厉 lì，严肃，猛烈：凌厉/严厉/厉色/雷厉风行/声色俱厉。变本加厉 变得比原来更加严重。

利 lì，利润或利息：薄利/纯利/股利/本利两清/一本万利/牟取暴利。

变幻莫测（换）

幻 huàn，奇异地变化：幻化/幻术。变幻莫测 变化多端，难以揣测。

换 huàn，变换，更改：换车/换人/更换/换算/轮换/换衣服/改头换面/物换星移/改朝换代/换汤不换药。

“变幻”指不规则地改变，“变换”指事物的一种形式或内容换成另一种。“变幻”所指的事物，多是动荡不定、变化无常，使人不可捉摸和难以预料的；“变换”所指的事物较实在具体。

别出心裁（材　栽）

裁 cái，安排取舍（多用于文学艺术）：《唐诗别裁》。别出心裁 独创一格，与众不同。

材 cái，人的资质能力：因材施教/大材小用。

栽 zāi，种植，移植：栽树/栽花；插上：栽绒/栽刷子；硬给安上：栽赃/栽上了罪名。

兵荒马乱（慌）

荒 huāng，荒芜：地荒了；荒凉：荒村/荒岛；荒疏：别把功课荒了。兵荒马乱 形容战时社会动荡不安的景象。

慌 huāng，心情紧张害怕，忙乱：慌乱/慌忙/慌恐/惊慌/心慌。

并行不悖（背）

悖 bèi，相反，违反：悖逆。并行不悖 同时实行，互不冲突。

背 bèi，违背，违反（指单方面的）：背约/背叛/背弃/背离/人心向背/背信弃义；不顺利，倒霉：手气背/走背运。

拨乱反正（返）

反 fǎn，回，还：反光/反攻/反问/反射/反映/反顾/反衬。拨乱反正 治理混乱的局面，使恢复正常。

返 fǎn，回：往返/返工/返航/返校/返修/遣返/流连忘返/一去不复返。

博采众长（彩）

采 cǎi，选取：采取/采购/采买/采用/采访/采纳。博采众长 广泛地选取、收集众人的优点、长处。

彩 cǎi，颜色：彩色/彩虹/彩霞/五彩/彩云/水彩/色彩/多姿多彩。

博弈（搏）

博 bó，博取，取得：聊博一笑/以博欢心。博弈 古代指下围棋，也指赌博；比喻为谋取利益而竞争。

搏 bó，搏斗，对打：拼搏/肉搏/搏斗/搏击。

不计其数（记）

计 jì，核算：计分/计件/计时/共计/计算/核计/数以万计。不计其数 形容无法计算，数目极多。

记 jì，记忆，把印象保持在脑子里：记忆/记性/记得/忘记/切记/记忆/记性/记得/忘记/切记/记住这件事。

不计前嫌（记）

计 jì，计较，考虑：不计成败/无暇计及/大家没有和他计较。不计前嫌 不再计较过去的怨仇。

记 jì，记忆，把印象保持在脑子里：记住这件事；记录，记载，登记：记名/记事/记账/摘记/记一大功。

不可思议（义）

议 yì，意见，言论：提议/建议/异议/协议/决议。不可思议 原佛家语，谓理之深妙，不可以心思，不可以言议；今指难以理解或不可琢磨。

义 yì，意义，道理：定义/字义/歧义/褒义/贬义/词义/广义/含义。

不肖子孙（孝）

肖 xiào，像，相似：酷肖/逼肖/肖像/惟妙惟肖/子肖其父。不肖子孙 品行不好的后人（多用于子弟）。

孝 xiào，旧指对父母无条件地顺从，现指尊敬、奉养父母：孝道/孝顺/孝子/尽孝/父慈子孝/孝敬父母。

“不肖”原指儿子不像父亲、不如父亲，后引申为品德不好，没有出息。“不孝”则指对父母等长辈不孝顺。“不肖”同时还是自谦之称，指自己无德无能。

不省人事（醒）

省 xǐng，醒悟，明白：省悟/猛省前非/发人深省。不省人事 指人昏迷，失去知觉，也指不懂得人情世故。

醒 xǐng，醒悟，觉悟：唤醒/觉醒/清醒/惊醒/猛醒/提醒/唤醒良知。

“省悟”和“醒悟”虽然都有明白过来的意思，但具体用法并不相同。“省悟”侧重指通过自己内心的思考，而慢慢明白过来。“醒悟”指在认识上由模糊到清楚、由错误到正确，它多指主体受到外界的影响而明白一些道理，并且强调这种认识是突然获得的。

不厌其烦（繁）

烦 fán，又多又乱：烦冗/烦琐/烦务/要言不烦。不厌其烦 不嫌麻烦。

繁 fán，繁多，复杂（跟“简”相对）：繁杂/繁乱/繁忙/繁重/纷繁/繁星/删繁就简/手续太繁。

不知所措（错）

措 cuò，安排，处置：措置/措辞/惊慌失措/手足无措/措手不及（来不及应付）。不知所措 不知道该怎么处理。形容受窘或发急。

错 cuò，不正确，不对，与实际不符：错字/错事/错误/错谬。

步入正轨（规）

轨 guǐ，比喻办法、规矩、秩序等：常轨/轨度/不轨/越轨。步入正轨 走上正常的发展道路。

规 guī，规则，成例：校规/厂规/法规/违规/常规/规程/革除陋规。

部署（布）

部 bù，安排布置。部署 安排、布置（人力、任务）。

布 bù，布置：布局/布防/摆布/除旧布新/布下天罗地网。

参与（予）

与 yǔ，给：赠与；交往：与国友邦/相与；跟，向：与虎谋皮。

与 yù，参与：与会/与闻/与会代表。参与 参加（事务的计划、讨论、处理）。

予 yǔ，给：赐予/给予/赋予/予以/予人口实/请予批准/免予处分/授予奖状。

“参与”同“参预”。

残酷（惨）

残 cán，凶恶：残忍/凶残。残酷 凶狠冷酷。

惨 cǎn，凶恶，狠毒：惨无人道。

惨绝人寰（环）

寰 huán，广大的地域：人寰/寰海/尘寰/寰球/寰宇。惨绝人寰 人世间再没有那样凄惨的了。

环 huán，圆圈形的东西：铁环；围绕：环绕/环城/环视/循环/环行/环水/环顾。

仓促（伧）

仓 cāng，仓房，仓库：粮仓/货仓/颗粒归仓，粮食满仓。仓促 匆忙。

伧 cāng，粗野：伧鄙/伧俗/伧父。

苍茫（芒）

茫 máng，形容水或其他事物没有边际、看不清楚：渺茫/茫茫/茫无边际/茫无头绪。苍茫 空阔辽远，没有边际。

芒 máng，多年生草本植物，生在山地和田野间，叶子条形，秋天茎顶生穗，黄褐色，果实多毛；某些禾本科植物（如大麦、小麦）子实的外壳上长的针状物。

长篇累牍（椟　读）

牍 dú，古代写字用的木片；文件，书信：案牍/尺牍。长篇累牍 形容著作的篇幅很长。

椟 dú，匣子：椟玉/买椟还珠。

读 dú，阅读，看（文章）：精读/略读/通读/选读/读本/读者/默读/这本小说很值得一读。

常备不懈（长）

常 cháng，时常，经常：常见/常常/惯常/常青树/常来常往/我们常见面。常备不懈 经常准备着，毫不松懈。

长 cháng，两点之间的距离大（跟“短”相对）。可指空间，也可指时间：这条路很长/长篇大论/天长夜短/长远利益。

陈词滥调（烂）

滥 làn，浮泛，不切实际。陈词滥调 陈旧而不切实际的话。

烂 làn，腐烂：溃烂/霉烂/糜烂/烂苹果；破碎，破烂：烂纸/海枯石烂/破铜烂铁/衣服穿烂了。

承先启后（起）

启 qǐ，开导：启蒙/启发/启迪/启蒙读物。承先启后 继承前代的并启发后代的（多用于学问、事业等）。也说承前启后。

起 qǐ，发生：起风了/起作用/起疑心/起痱子；发动，兴起：起事/起兵/东山再起。

逞能（呈）

逞 chěng，显示（自己的才能、威风等），夸耀：逞功/逞强/逞施/逞英雄/逞威风。逞能 显示自己能干。

呈 chéng，显出，具有：呈现/遇难呈祥/龙凤呈祥/皮肤呈红色/呈现一片新气象。

池塘（溏）

塘 táng，水池：鱼塘/荷塘。池塘 蓄水的坑。一般不太大，比较浅。

溏 táng，不凝结、半流动的：溏心/溏便/溏心蛋。

迟钝（顿）

钝 dùn，笨拙，不灵活：愚钝/钝滞/鲁钝。迟钝（感官、思想、行动等）反应慢，不灵敏。

顿 dùn，疲乏：困顿/劳顿/疲顿/委顿/羸顿。

憧憬（景）

憬 jǐng，醒悟：憬悟/闻之憬然。憧憬 向往。

景 jǐng，景致，风景：美景/胜景/雪景/十步一景/西湖十景；情形，情况：远景/背景/前景/情景/好景不长。

重蹈覆辙（复）

覆 fù，翻，倒过来：覆舟/颠覆/翻来覆去/天翻地覆/前车之覆，后车之鉴/翻手为云，覆手为雨。重蹈覆辙 再走翻过车的老路，比喻不吸取失败的教训，重犯过去的错误。

复 fù，重复，重叠：复习/复诊/山重水复；回去，返：反复/循环往复。

重叠（从）

重 chóng，使重叠在一起：把两领席重在一起。重叠（相同的东西）一层层堆叠。

从 cóng，聚集，许多事物凑在一起：从刊/从谈/从生/草木从生/百事从集；聚在一起的人或物：人从/草从/花从/刀从剑树。

重峦叠嶂（迭）

叠 dié，一层加上一层，重复：重叠/堆叠/叠假山/叠罗汉/叠石为山/层见叠出/叠床架屋。重峦叠嶂 重重叠叠的山峰。

迭 dié，交换，轮流：更迭/迭为宾主；屡次：迭有所闻/迭挫强敌/迭有新发现。

重峦叠嶂（障）

嶂 zhàng，直立像屏障的山峰：屈峦叠嶂。重峦叠嶂（同上）。

障 zhàng，阻隔，遮挡：障碍/障蔽；用来遮挡、阻碍的东西：屏障/路障。

崇山峻岭（从　崇　重）

崇 chóng，高：崇高。崇山峻岭 高而险峻的山岭。

丛 cóng，聚集：许多事物凑在一起丛生/丛谈/丛刊/丛集/草木丛生/百事丛集。

祟 suì，原指鬼怪或鬼怪害人（迷信），借指不正当的行动：鬼祟/作祟/鬼鬼祟祟。

重 chóng，重叠：重围/重霄。

出类拔萃（粹）

萃 cuì，聚在一起的人或物：荟萃。出类拔萃 形容超出同类。也说出类拔群、出群拔萃。

粹 cuì，精华：精粹/国粹/民粹。

出其不意（奇）

其 qí，人称代词，他（她、它），他（她、它）们：任其自流/各得其所/劝其努力学习/促其早日实现/物尽其用。出其不意 趁对方没有料到（就采取行动）。

奇 qí，特殊的，不常见的：奇才/奇事/奇闻/奇志/奇勋/奇耻大辱/商品奇缺/山势奇险；出人意料，令人不测的：奇兵/奇袭/离奇/出奇制胜。

出奇制胜（致）

制 zhì，用强力约束，限定，压制：制服。出奇制胜 用奇兵或奇计战胜敌人，比喻用对方意想不到的方法来制服对方，取得胜利。

致 zhì，达到，实现：致富/学以致用。

处心积虑（集）

积 jī，积累，聚集：积存/堆积/积聚/积少成多/日积月累。处心积虑 指千方百计地盘算（多含贬义）。

集 jí，集合，聚集：汇集/齐集/集思广益/惊喜交集。

川流不息（穿）

川 chuān，河流：山川/冰川/河川/高山大川/百川归海。川流不息（行人、车马等）像水流一样连续不断。

穿 chuān，通过（孔洞、缝隙、空地等）：穿插/穿越/穿梭/穿针/穿过森林；破，透：水滴石穿/把纸穿了个洞。

穿戴（带）

戴 dài，加在头、面、颈、手等处：戴帽子/戴眼镜/戴笼头。穿戴穿和戴，泛指打扮，也可指穿的和戴的衣帽、首饰等。

带 dài，携带，随身拿着：捎带/带行李/带干粮；带子或像带子的长条物：皮带/鞋带/绷带/彩带/绸带/磁带/裙带/绞带。

船舶（泊）

舶 bó，航海大船：巨舶/海舶/舶来品。船舶 船（总称）。

泊 bó，船靠岸，停船：泊船/停泊/泊位/船泊港外。

泊 pō，湖：湖泊/血泊。

唇枪舌剑（箭　战）

剑 jiàn，古代兵器，长条形，一端尖。两边有刃，安有短柄。唇枪舌剑 形容争辩激烈，言辞锋利。也说舌剑唇枪。

箭 jiàn，古代兵器，长约二三尺的细杆装上尖头，杆的末梢附有羽毛，搭在弓弩上发射：草船借箭。

战 zhàn，斗争：论战/舌战/笔战/商战。

淳朴（醇）

淳 chún，淳厚，朴实：淳良/还淳返朴。淳朴 诚实朴素。

醇 chún，纯粹：醇美。

醇香（淳）

醇 chún，味道纯厚的酒。醇香（气味、滋味）纯正芳香。

淳 chún，淳朴：淳厚。

葱茏（笼）

葱茏（lóng）。葱茏（草木）青翠茂盛。

笼 lóng，笼子，用竹篾、木条、树枝或铁丝等制成的器具，用来养虫、鸟或装东西：竹笼/兔笼/鸟笼/鸡笼。

笼 lǒng，遮盖，罩住：黑云笼罩着天空/整个山村笼在烟雨之中/烟笼寒水月笼沙，夜泊秦淮近酒家。

凑合（和）

合 hé，结合到一起，凑到一起，共同（跟“分”相对）：合并/聚合/合奏/合办/同心合力。凑合聚集，拼凑，将就。

和 hé，连带：和盘托出/和衣而卧。

和 hè，和谐地跟着唱：曲高和寡。

和 huó，在粉状物中加液体搅拌或揉弄使有黏性：和面/和泥。

和 huò，粉状或粒状物掺和在一起，或加水搅拌使成较稀的东西：和药。

促膝谈心（屈）

促 cù，靠近：促膝/促席。促膝谈心 膝与膝相挨地谈心，指两人面对面靠近坐着谈心。

屈 qū，弯曲，使弯曲：屈指/佶屈聱牙/能屈能伸/屈膝投降/首屈一指。

璀璨（灿）

璨 càn，美玉。璀璨 形容珠玉等光彩鲜明。

灿 càn，光彩耀眼：灿烂/灿然/灿若云锦/黄灿灿的菜花。

磋商问题（蹉）

磋 cuō，商量讨论：磋商/磋磨/切磋武艺。磋商问题 反复商量，仔细讨论问题。

蹉 cuō，差误：失足跌跤，蹉跌；（经某地）通过。

大材小用（才）

材 cái，木料，泛指材料：木材/钢材/板材/资材/器材/教材/药材。大材小用 大的材料用在小处，多指人事安排上不恰当，屈才。

才 cái，才能：辩才/口才/天才/德才兼备/多才多艺/郎才女貌/雄才大略/人尽其才。

大彻大悟（澈）

彻 chè，通，透：彻夜/彻骨/彻悟/冷风彻骨/彻头彻尾/彻夜/响彻云霄。大彻大悟 彻底觉悟或醒悟。

澈 chè，水清：清澈/澄澈/湖水澄澈。

“彻底”同“澈底”。

大放厥词（绝 蹶 澸）

厥 jué，其，他的：厥后/厥父。大放厥词原指极力铺陈辞藻，现在多指夸夸其谈，大发议论（含贬义）。

绝 jué，断绝：回绝/绝种/拒绝/绝交/绝缘/隔绝/络绎不绝。

蹶 jué，摔倒，比喻失败或挫折：一蹶不振。

澸 jué，澸水，水名，在湖北。

大名鼎鼎（顶）

鼎 dǐng，大：鼎言/鼎力相助。大名鼎鼎 形容名声很大。

顶 dǐng，人体或物体上最高的部分：头顶/山顶/房顶/顶尖/顶峰/封顶/泰山压顶/醍醐灌顶。

大器晚成（气）

器 qì，才能，人才。大器晚成 指能担当大事的人物要经过长期的锻炼，所以成就比较晚，后来也指年纪较大后才成才或成名。

气 qì，气势：胆气/景气/口气/锐气/气吞山河/盛气凌人。

大声疾呼（急）

疾 jí，急速，猛烈：疾风/疾驰/疾走/疾步/疾书。大声疾呼 大声呼喊，提醒人们注意。

急 jí，想要马上达到某种目的而激动不安，着急：焦急/急躁/性急/急着要走/眼都急红了；很快而且猛烈，急促：急雨/急转弯/水流很急/炮声甚急/话说得很急；急迫，紧急：急事/急件/急救/急用/火急/危急/急中生智。

大肆渲染（事）

肆 sì，不顾一切，任意妄为：肆虐/肆行/放肆/肆无忌惮/肆意妄为。大肆渲染 无顾忌地夸大形容。

事 shì，事情，自然界和社会中的一切现象和活动：办事/处事/国事/民事/实事求是/感情用事/见机行事/郑重其事。

大显身手（生）

身 shēn，身体：身上/身高五尺；生命：奋不顾身；自己，本身：以身作则；人的品格和修养：立身处世。大显身手 充分显露自己的本领。

生 shēng，生疏：生人/生字/生手/认生/耳生/面生/陌生/刚到这里，工作很生。

大智若愚（志）

智 zhì，聪明，有智慧：明智/睿智/机智/智者千虑，必有一失。大智若愚 才智很高的人，表面上看好像很愚笨。

志 zhì，志向，有所作为的决心：意志/斗志/得志/立志/志同道合/有志者事竟成。

戴罪立功（带）

戴 dài，把东西加在头、面、颈、手等处：戴花/戴眼镜/戴帽子/戴红领巾/披星戴月；拥护尊敬：爱戴。戴罪立功 在承当某种罪名的情况下建立功劳。

带 dài，捎，顺便做，连着一起做：上街带包茶叶/你给他带个口信去/你出去请把门带上。

耽搁（过）

搁 gē，停顿下来：延搁/搁置/这件事搁置一下再办/都是紧急任务，一样也搁不下。耽搁 停留；拖延；耽误。

过 guò，经过，度过：走过/过桥/过河/过来/过去/过冬/过节/日子越过越好。

箪食壶浆（担）

箪 dān，古代盛饭用的圆形竹器：一箪食，一壶浆。箪食壶浆 古代百姓用箪盛饭、用壶盛汤来欢迎所爱戴的军队，后来形容军队受欢迎的情况。

担 dān，用肩膀挑：担柴/担菜/担水/担着两筐青菜；担负，承当：承担/分担/负担/担当/担风险/担责任/把任务担起来。

淡妆浓抹（装）

妆 zhuāng，打扮修饰：梳妆/妆饰。淡妆浓抹 淡素的妆饰与浓艳的涂抹。

装 zhuāng，化装，修饰，打扮：装饰/装点/装扮成小生。

“化妆”指用脂粉、唇膏等化妆品使容颜看起来更漂亮。“化装”指演员为了适合所扮演的角色的形象而修饰容貌，或为了掩盖本来面目而改变自己的装束、容貌等。“化妆”侧重美容，只限于头面部；“化装”侧重假扮，包括整个形体。

当仁不让（人）

仁 rén，仁爱：仁心/仁政/仁至义尽。当仁不让 指遇到应该做的事，积极主动地去做，不退让。

人 rén，能制造工具并使用工具进行劳动的高等动物：人们/人类/男人/女人。

导致（至）

致 zhì，招致，引起：致病/致癌/致残/致死/致使/以致/引致。导致 引起。

至 zhì，到：截至/至此/自始至终/至死不屈/无微不至/由南至北/至今未忘；极，最：至诚/至少/至高无上/如获至宝/至为感谢/你要早来，至迟下星期内一定赶到。

颠覆（复）

覆 fù，底朝上翻过来：覆舟/覆车/覆没/倾覆/翻覆/翻来覆去/重蹈覆辙/天翻地覆。颠覆 采取阴谋手段从内部推翻合法的政府；翻倒。

复 fù，重复：复习/复诊/复写/复制/复核/周而复始/旧病复发/山重水复。

凋敝（蔽）

敝 bì，衰败：经久不敝。凋敝（生活）困苦；（事业）衰败。

蔽 bì，遮盖，挡住：隐蔽/掩蔽/遮蔽/衣不蔽体/浮云蔽日。

钓鱼竿（杆）

竿 gān，竹竿，截取竹子的主干而成：滑竿/渔竿/揭竿而起/立竿见影/日上三竿/百尺竿头，更进一步。钓鱼竿 钓鱼或其他水生动物用的竿子，一端系线，线端有钩。

杆 gān，杆子，即有一定用途的细长的木头或类似的东西（多直立在地上，上端较细）：标杆/吊杆/拉杆/旗杆/桅杆/电线杆。

掉以轻心（吊　调）

掉 diào，摆弄，摇动，摆动：尾大不掉/掉舌鼓唇。掉以轻心 以无所谓的态度来摆弄，表示对某种问题漫不经心，不当回事。

吊 diào，悬挂：吊桥/提心吊胆/门前吊着两盏红灯。

调 diào，调动，安排：对调/借调/上调/调动/调换/调职/调兵遣将。

迭次（叠）

迭 dié，屡次，连着：迭出/迭起/迭挫强敌/迭有新发现。迭次 屡次，不止一次。

叠 dié，一层加上一层，重复：重叠/叠罗汉/叠石为山/层峦叠嶂/层见叠出。

盯梢（捎　稍　哨）

梢 shāo，条状物的较细的一头：树梢/眉梢/梢头/鞭梢/辫梢。盯梢 暗中跟在后面（监视人的行动）。

捎 shāo，顺便带：捎带/捎脚（运输中顺便载客或捎带货物）/捎封信/捎件衣服/捎个口信。

稍 shāo，稍微：稍稍/稍为/稍许/稍纵即逝/衣服稍长了一点/你稍等一等。

哨 shào，为警戒、侦察等任务而设的岗位：哨兵/岗哨/查哨/放哨/前哨/瞭望哨/观察哨。

鼎力相助（顶）

鼎 dǐng，大：鼎助/鼎言/鼎鼎大名。鼎力相助 尽全力给予帮助。

顶 dǐng，支撑，抵住：拿杠子顶上门；顶撞：他听了妈妈的话很不高兴，就顶了她几句；用于某些有顶的东西：一顶帽子。

动辄得咎（则）

辄 zhé，总是，就：所言辄听/浅尝辄止/每至此，辄觉心旷神怡。动辄得咎 动不动就受到时责备或处分。

则 zé，表示因果或情理上的联系：穷则思变/不平则鸣/欲速则不达/兼听则明，偏信则暗/物体热则胀，冷则缩。

独抒己见（书）

抒 shū，表达，发表：抒情/各抒己见/六十抒怀/直抒胸臆。独抒己见 独自表达自己的看法、见解。

书 shū，成本的著作：新书/古书/丛书/书店/一本书/一部书/一套书/知书达理；写字，记录，书写：书法/板书/振笔直书/罄竹难书/大书特书；信：家书/上书。

妒忌（疾）

忌 jì，嫉妒，憎恨：忌刻（对人忌妒刻薄）/猜忌/忌才。妒忌 对品德、才能比自己强的人心怀怨恨；在男女关系上有排斥同性心理。

疾 jí，病，身体不舒适：疾病/疾患/讳疾忌医/积劳成疾；恨：疾恶如仇/深恶痛疾/疾恶好善。

渡过难关（度）

渡 dù，由这一岸到那一岸，通过（江河等）：摆渡/渡口/竞渡/泅渡

/横渡/远渡重洋/飞渡太平洋/红军强渡大渡河。渡过难关 过了难关，比喻克服了不易克服的困难。

度 dù，过（指时间）：度日/度假/安度/度假村/度过一生/共度中秋/欢度春节/度过大学时光/光阴没有虚度。

度 duó，推测，估计：揣度/测度/度德量力。

空间的转移用“渡”；时间的转移用“度”。“渡”原指，从此岸到彼岸，现在泛指空间上的经过或比较意义上的通过（危机、困难等）；“度过”一般指时间上的经过。

短小精悍（干　捍）

悍 hàn，勇猛：强悍/精悍/剽悍/骁悍/勇悍/悍将。短小精悍 形容人身材短小而精明强干，也用来形容文章、戏剧、发言等简短有力。

干 gàn，事物的主体或重要部分：树干/骨干/干线/主干/干道/躯干/强干弱枝；能干，有能力的：干练/干才/精干/干将/精明强干。

捍 hàn，保卫，防御：捍卫/捍御。

断章取义（段）

断 duàn，（长形的东西）分成两段或几段：砍断/割断/剪断/截断/棍子断了/风筝线断了/把绳子剪断了。断章取义 不顾全篇文章或谈话的内容，而只根据自己的需要孤立地取其中一段或一句的意思。

段 duàn，事物、时间的一节：段落/波段/唱段/地段/片段/一段话/一段时间/一段木头。

额手称庆（首）

手 shǒu，人体上肢前端能拿东西的部分：罢手/摆手/放手/分手/心灵手巧/得心应手/手舞足蹈/手不释卷。额手称庆 以手加额，表示庆幸。

首 shǒu，头：昂首/搔首/首饰/首级/首肯/聚首/俯首帖耳/不堪回首。

噩梦（恶）

噩 è，凶恶惊人的：噩运/噩兆/噩耗。噩梦 可怕的梦。

恶 è，恶劣，不好：恶感/恶习/恶意/恶性/丑恶/穷山恶水；凶猛，凶狠：恶狗/恶战/恶霸/恶人/恶骂/险恶/凶恶/那人长相真恶。

发号施令（司）

施 shī，付之实际：实施/措施/施工/设施/无计可施。发号施令 发布命令，指挥。

司 sī，主持，操作，经营：司职/司令/司法/司仪/司机/司炉/司令员/各司其职/各司其事。

发扬光大（广）

光 guāng，光大，使显耀：光彩/增光/为国争光/光耀门庭/光宗耀祖/光前裕后。发扬光大 发展提倡，使日益盛大。

广 guǎng，（面积、范围）宽阔（跟“狭”相对）：广阔/广度/广泛/广场/我国地广人多。

反复无常（翻）

反 fǎn，翻转，颠倒：反目/反戈/反击/反哺/平反/反败为胜/反守为攻/易如反掌。反复无常 颠过来倒过去，不断反悔，没有一定。

翻 fān，上下或内外交换位置，歪倒，反转：推翻/翻身/翻倒/翻动/翻晒/车翻了/天翻地覆/人仰马翻。

反躬自省（醒）

省 xǐng，检查自己的思想行为：反省/内省。反躬自省 回过头来反省自己的过错。

醒 xǐng，酒醉、麻醉或昏迷后神志恢复正常状态：醒酒/酒醉未醒；醒悟，觉悟：唤醒/觉醒/清醒/猛醒/提醒。

反映情况（应）

映 yìng，照射而显出：反映/上映/映照/映射/映衬/放映/倒映。反映情况 把情况告诉上级或者有关部门。

应 yìng，回答：反应/应答/答应/感应/响应/效应/呼应/应声。

“反映”是把情况、意见等告诉上级或有关部门，“反应”是事情所引起的意见、态度或行动。“反映”与“反应”的词义不同，词性也不同。前者是动词，表动作；后者是名词，表状态。

返工（反）

返 fǎn，回：返航/返校/返修/往返/回光返照/积重难返/乐而忘返/迷途知返。返工 因为质量不合要求而重新加工或制作。

反 fǎn，回，还：反光/反攻/反问。

范畴（筹）

畴 chóu，种类，类别：草木畴生/物各有畴。范畴 人的思维对客观事物的普遍本质的概括和反映，也指类型、范围。

筹 chóu，筹划，筹措：商筹/统筹/筹饷/自筹资金/筹了一笔款。

防患未然（犯）

患 huàn，祸害，灾难：水患/患难/祸患/隐患/灾患/外患/贻患/有备无患。防患未然 在事故或灾害发生之前采取预防措施。也说防患于未然。

犯 fàn，发生（多指错误的或不好的事情），发作：犯病/犯愁/犯难/犯错误/犯脾气/他的胃病又犯了；抵触，违犯：犯忌/犯乱/犯戒/犯法/犯规/犯忌讳/明知故犯/众怒难犯。

防患未然（燃）

然 rán，如此，这样，那样：当然/已然/不期然/想当然/不尽然/知其然，不知其所以然。防患未然（同上）。

燃 rán，燃烧：燃料/自燃/助燃/内燃/可燃/易燃/死灰复燃；引火点着：燃灯/燃香/燃放花炮/燃起火把。

放映（影）

映 yìng，照射而显出：影子倒映在水中/夕阳把湖水映得通红。放映 利用强光装置把图片或影片上的形象照射在幕上或墙上。一般指电影放映。

影 yǐng，物体挡住光线后，映在地面或其他物体上的形象：树影/影子/影壁/黑影/阴影/泡影/含沙射影/立竿见影；指电影：影评/影展/影院。

飞机机舱（仓）

舱 cāng，船或飞机中分隔开来载人或装东西的部分：货舱/客舱/前舱/舱位/头等舱。飞机机舱 飞机中分隔开来载人或装东西的部分。

仓 cāng，仓房，仓库：粮仓/货仓/仓储/仓廪/颗粒归仓/粮食满仓。

蜚声遐迩（菲 飞）

蜚（fēi）**声**，扬名：蜚声文坛。蜚声遐迩 远近扬名，形容名声很大。

菲 fēi，形容花草美，香味浓：芳菲/菲菲。

飞 fēi，（鸟、虫等）鼓动翅膀在空中活动：飞蝗/鸟飞了。

匪夷所思（非）

匪 fěi，非，不：获益匪浅。匪夷所思 指事物怪异或人的言行离奇，不是一般人按常理所能想象的。

非 fēi，不是：莫非/非卖品/非正义/答非所问/学非所用/口是心非。

废寝忘食（费）

废 fèi，停止，放弃：因噎废食/半途而废。废寝忘食 形容专心致志地干某一件事情，连吃饭、睡觉都顾不上了。也说废寝忘餐。

费 fèi，花费，消耗：费力/费心/费神/费事/消费/耗费/费了半天工夫。

分道扬镳（标）

镳 biāo，马嚼子两头露在嘴外的部分。分道扬镳 指分道而行，比喻目标不同而各奔各的前程或各干各的事情。

标 biāo，用文字或其他事物表明：标价/标题/标新立异/标上记号/明码标价；标志，记号：路标/商标/标记。

分庭抗礼（廷）

庭 tíng，正房前的院子：前庭后院。分庭抗礼 原指宾主相见，站在庭院的两边，相对行礼，现在用来比喻平起平坐，互相对立。

廷 tíng，朝廷：宫廷/清廷。

纷至沓来（踏　杳）

沓 tà，多而重复：杂沓。纷至沓来 纷纷到来；接连不断地到来。

踏 tà，踩：践踏/踏步/踏平/脚踏实地。

杳 yǎo，远得看不见踪影：杳然/杳渺/杳无音信/杳无踪迹。

奋发图强（愤）

奋 fèn，鼓起劲来，振作：振奋/兴奋/勤奋/激奋/亢奋/奋力/奋勉/奋争/浴血奋战/自告奋勇。奋发图强 振作精神，努力自强。

愤 fèn，因为不满意而感情激动，发怒：气愤/义愤/公愤/愤怒/愤恨/愤慨/义愤填膺/人神共愤。

“奋发”可以说成“发奋”，如“发奋努力”、“发奋有为”。“发奋”与“发愤”也有所不同。“发奋”意思是振作起来，强调精神由萎靡不振向奋力自强转变的状态；“发愤”则指决心努力，强调由于精神受到某种刺激而产生的内在动力，如“发愤图强”。“发奋”适用范围广，既可以指个人，也可以指团体或国家；“发愤”只能指个人。“发奋”可以说成“奋发”，如“奋发努力”、“奋发图强”；而“发愤”是不可以反过来说成“愤发”的。

丰功伟绩（迹）

绩 jì，功业，成果：绩效/业绩/考绩/政绩/勋绩/成绩/功绩/战绩。丰功佳绩 伟大的功绩。也说丰功伟业。

迹 jì，留下的印子，痕迹：足迹/血迹/笔迹/踪迹/手迹/劣迹/浪迹天涯/销声匿迹。

风采（彩）

采 cǎi，神色，精神：神采/神采奕奕/没精打采/兴高采烈。风采 人的仪表举止（指美好的），神采；文采。

彩 cǎi，颜色：彩色/彩排/彩虹/彩霞/七彩/云彩/多姿多彩/五彩缤纷；彩色的绸子：彩轿/剪彩/张灯结彩。

风餐露宿（路）

露 lù，露天，没有遮蔽，在屋外的：露天/露宿/露营/露宿街头/露天演出。风餐露宿 形容旅途或野外生活的艰苦。也说露突风餐、餐风宿露。

路 lù，道，往来通行的地方：公路/水路/陆路/大路/同路/迷路/弯路/退路/狭路相逢/乡间小路。

风尘仆仆（扑）

仆 pú，仆人（跟“主”相对）：男仆/女仆。风尘仆仆 形容旅途劳累的样子。

扑 pū，轻打，拍：扑粉/扑打扑打衣服上的土/海鸥扑着翅膀，直冲海空/小孩的身上扑了一层痱子粉。

浮想联翩（篇）

翩 piān，很快地飞，形容动作轻快：翩然/翩若惊鸿/联翩而至。浮想联翩 指许许多多的想象不断涌现出来。

篇 piān，首尾完整的文章：篇章/诗篇/中篇/通篇/鸿篇巨制/千篇一律。

幅员辽阔（圆）

员 yuán，周围：幅员；指工作或学习的人：员工/学员；团体或组织中的成员：党员/会员。幅员辽阔 领土面积广阔。

圆 yuán，圆形，从它的中心到周边任何一点的距离相等：圆柱/圆心/圆圈/半圆/椭圆。

抚养子女（哺）

抚 fǔ，爱护，养育：抚育孤儿。抚养子女 爱护并教养子女。

哺 bǔ，喂（不会取食的幼儿）：哺养/哺育/哺乳/哺食/哺啜/嗷嗷待哺/慈鸟反哺。

俯拾即是（视）

拾 shí，把地上的东西拿起来，捡：拾粪/拾荒/拾麦穗/拾金不昧/路不拾遗/艺海拾贝。俯拾即是 只要弯下身子来捡，到处都是。形容地上的某一类东西、要找的某一类例证、文章中的错别字等很多，而且很容易得到。也说俯拾皆是。

视 shì，看：视力/视线/近视/视听/电视机/目不斜视/视而不见/熟视无睹。

俯首帖耳（伏）

俯 fǔ，向下，低头（跟“仰”相对）：俯冲/俯卧/俯察/俯瞰/俯拾即是/俯视山下/俯仰之间。俯首帖耳 形容非常驯服恭顺（含贬义）。也作俯首贴耳。

伏 fú，趴，脸向下，体前屈：伏蹶/伏地/伏案读书；屈服，承认错误或受到惩罚：伏法/伏诛。

附赘悬疣（负）

附 fù，附带，另外加上：附件/附图/附注/附设/附则/附寄照片一张。附赘悬疣 附生在皮肤上的赘疣（瘊子），比喻多余无用的东西。

负 fù，背（bēi）负重/背负/负荆请罪/如牛负重。

副职（付）

副 fù，居第二位的，辅助的（区别于“正”或“主”）：副主席/副班长/副食品/副队长。副职副的职位。

付 fù，交给：付款/支付/交付/付讫/付表决/付诸实施/付出了辛勤的劳动。

"副"不能简化为"付"

副作用（负）

副 fù，附带的或次要的：副业/副食/副产品。副作用 随着主要作用而附带发生的不好的作用。

负 fù，指相对立的两方面中反的一面（跟"正"相对）：负极/负电/负号/负数。

富余人员（裕）

余 yú，剩下，多出来的：余款/余额/余钱/盈余/余粮/业余/余兴/不遗余力。富余人员 足够而有剩余的人员。

裕 yù，丰富，宽绰：富裕/宽裕/余裕/优裕/充裕。

"富余"侧重指剩余，指示对象比较宽泛，如时间、空间、人员、事物等；"富裕"强调富有，一般只能指金钱财物。

覆盖（复）

覆 fù，盖住：被覆/覆被/掩覆/覆盖面/天覆地载。覆盖 遮盖；指对于土壤有保护作用的地面上的植物。

复 fù，重复：复写/复习/复核/复制/山重水复/故态复萌/失而复得/周而复始。

甘拜下风（败）

拜 bài，行礼表示敬意或祝贺：回拜/拜寿/叩拜。甘拜下风 佩服别人，自认不如。

败 bài，在战争或竞赛中失败（跟"胜"相对）：败走/败绩/败兵/溃败/功败垂成/两败俱伤/一败涂地/胜败乃兵家常事。

甘之如饴（怡）

饴 yí，饴糖，用米和麦芽为原料制成的糖，主要成分是麦芽糖、葡萄糖等：高粱饴。甘之如饴 感到像糖一样甜，表示甘愿承受艰难、痛苦。

怡 yí，快乐，愉快：怡神/怡目/怡心/怡人/怡悦/怡然/心旷神怡。

格格不入（隔）

格 gé，阻碍，限制：格于成例。格格不入 有抵触，不投合。

隔 gé，遮断，阻隔：隔墙/隔离/隔音/隔绝/隔壁/隔着一条河/隔靴搔痒/一间屋隔成两间。

各行各业（项）

行 háng，行业，工商业中的类别，泛指职业：本行/同行/内行/在行/懂行/改行/行行出状元/干一行，爱一行。各行各业 指各种行业。

行 xíng，走：步行；流遍，推行：行销/发行；做，办：举行；可以：行，就这样办；将要：行将就木。

项 xiàng，事物的种类或条目：事项/项目/义项/强项/弱项/下列各项/三大纪律八项注意。

各行其是（事）

是 shì，对，正确（跟“非”相对）：一无是处/自以为是/实事求是/懂得是非/他说得是。各行其是 各自按照自己以为对的去做。

事 shì，事情：事件/惹事/婚事/新人新事/童年趣事/陈年旧事/他有事找你。

各自为政（阵）

政 zhèng，指集体的事务：家政/校政。各自为政 按照各自的主张办事，不顾整体也不与别人配合协作。

阵 zhèn，军队作战时布置的局势：阵线/布阵/严阵以待；战场：阵地/冲锋陷阵/上阵杀敌/临阵磨枪/临阵脱逃/赤膊上阵。

工于心计（功　攻）

工 gōng，长于，善于：工诗善画。工于心计 长于心里的打算。

功 gōng，功劳，对事业的贡献（跟“过”相对）：立功/首功/功绩/功勋/居功自傲/前功尽弃/文治武功/记一大功；成效和表现成效的事情（多指较大的）：教育之功/功亏一篑/大功告成/好大喜功；技术和技术修养：唱功/功架/基本功。

攻 gōng，致力研究，学习：攻读/专攻/兼攻/一门心思攻外语。

公务员（工）

公 gōng，属于国家或集体的（跟“私”相对）：公款/公物/公差/公费/奉公守法/假公济私/克己奉公；公事，公务：办公/公余/因公负伤。公务员 政府机关的工作人员，旧时称机关、团体中做勤杂工作的人员。

工 gōng，工作，生产劳动：做工/上工/工厂/工地/包工/加工/歇工/竣工；长于，善于：工诗善画/工手心计。

共商国是（事）

是 shì，表示答应的词：是，我知道。共商国是 共同商议国家大计。

事 shì，事情，自然界和社会中的一切现象和活动：婚事/民事/好事/往事/新人新事/料事如神/感情用事/郑重其事。

“国是”专指国家的大政方针；“国事”指国家大事、政事，也可泛指一切与国家有关的事情，它的使用范围比“国是”宽泛得多。“国是”具有庄重、严肃的色彩，一般用于书面语中，“国事”既可用于书面，也可用于口语。“国是”只能在句中充当主语或宾语的成分；“国事”除此之外，还可以充当定语，如“国事访问”、“国事文书”等。

贡献巨大（供）

贡 gòng，古代臣民或属国把物品献给朝廷：贡奉/贡米。贡献巨大 为国家或公众所做的有益的事非常大。

供 gòng，向死者或神佛奉献祭品：供佛/供奉/供祖/供品/供桌/供果/遗像前供着鲜花。

篝火（沟）

篝 gōu，笼 lóng。篝火 原指用笼子罩着的火，现借指在空旷处或野外架木柴、树枝燃烧的火堆。

沟 gōu，人工挖掘的水道或工事：暗沟/沟堑/壕沟；狭窄的水道：沟渠/沟谷/沟沿/地沟/阴沟/山沟/河沟。

故态复萌（固）

故 gù，原来的，从前的，旧的：故址/故乡/故土/故人/故宫。故态复萌 旧日的习气或老毛病重新出现。

固 gù，本来，原来：固有/固知/固所愿也/固当如此；坚决地，坚定地：固辞/固请/固守/顽固/固执己见。

顾名思义（意）

义 yì，意义，道理：褒义/贬义/词义/广义/字义/定义/微言大义。顾名思义 看到名称，就联想到它的意义。

意 yì，意思：本意/来意/大意/寓意/言简意赅/词不达意。

关怀备至（倍）

备 bèi，表示完全：备尝/备至/齐备/完备/万事俱备/求全责备/爱护备至。关怀备至 形容关怀十分周到。

倍 bèi，加倍：倍增/倍感荣幸/事半功倍/事倍功半。

惯性（贯）

惯 guàn，习以为常，积久成性：惯技/惯犯/惯例/惯用/惯匪/司空见惯；习惯：我劳动惯了，一天不干活就不舒服。惯性 物体保持自身原有运动状态或静止状态的性质，如行驶的机车刹车后不马上停止前进，静止的物体不受外力作用就不变位置，都是由于惯性的作用。

贯 guàn，穿，贯通，连贯：贯穿/贯彻/贯注/横贯/如雷贯耳/学贯古今/鱼贯而入/累累如贯珠。

诡秘（鬼）

诡 guǐ，欺诈，奸猾：诡诈/阴谋诡计。诡秘（行动、态度等）隐秘不易捉摸。

鬼 guǐ，不可告人的打算或勾当：捣鬼/做鬼/心里有鬼。

食不果腹（裹）

果 guǒ，果实，某些植物花落后含有种子的部分：水果/果品/果肉/干果/开花结果。食不果腹吃不饱肚子。

裹 guǒ，（用纸、布或其他片状物）缠绕，包扎：包裹/裹腿/马革裹尸/用绷带把伤口裹好。

过犹不及（尤）

犹 yóu，如同：犹如/虽死犹生。过犹不及 事情办得过火，就跟做得不够一样，都是不好的。

尤 yóu，更，尤其：尤佳/尤为/尤甚/尤妙/此地盛产水果，尤以梨桃著称。

涵养（函）

涵 hán，包含，包容：包涵/内涵/涵容/海涵。涵养 能控制情绪的功夫；蓄积并保持（水分等）。

函 hán，信件：公函/来函/函授/函购/便函/致函/电函/发函致谢。

好像（象）

像 xiàng，似乎，好像：像要下雨了/天像要放晴了/他像是不想去旅游了。好像 有些像；像。

象 xiàng，哺乳动物，是陆地上现存最大的动物，耳朵大，鼻子长圆筒形，能够蜷曲，多有一对长大的门牙伸出口外，全身的毛很稀疏，皮很厚，吃嫩叶和野菜等：象牙/盲人摸象；形状，样子：景象/气象/天象/印象/表象/现象/万象更新。

好高骛远（勿　鹜　务）

骛 wù，马快跑，引申为追求。好高骛远 不切实际地追求过高的目标。

勿 wù，别，不要：请勿动手/闻声勿惊。

鹜，鸭子：趋之若鹜。

务 wù，务必，必须：务须/务必/务求/除恶务尽/务请按时参加/务于五日之内完成。

耗费（废）

费 fèi，花费，耗费：浪费/枉费/旷费/费心/消费/费了半天工夫。耗费 消耗。

废 fèi，不再使用，不再继续：废除/废弃/废止/废学/报废/以人废言/因噎废食/半途而废。

浩瀚（翰）

瀚 hàn，广大：瀚海。浩瀚 形容水势盛大；形容广大，繁多。

翰 hàn，原指羽毛，后来借指毛笔、文字、书信等：挥翰/翰墨/书翰。

合叶（活）

合 hé，结合到一起，凑到一起，共同（跟“分”相对）：合办/合并/聚合/合奏/重合/悲欢离合/珠联璧合/同心合力。合叶 由两片金属构成的铰链，大多装在门、窗、箱、柜上面。

活 huó，活动，灵活：活水/活结/活页/活塞/活期/耳软心活。

和盘托出（合）

和 hé，连带：和衣而卧。和盘托出 比喻全部说出或拿出来，没有保留。

合 hé，闭，合拢：合眼/闭合/前仰后合/笑得合不上嘴；全：合村/合家团聚。

和颜悦色（言）

颜 yán，脸，脸上的表情：容颜/笑颜/童颜/汗颜/红颜/喜笑颜开。

和颜悦色 形容态度和蔼可亲。

言 yán，话：言语/语言/格言/诺言/发言/言谈/有言在先/言外之意。

和衷共济（计）

济 jì，救，救济：接济/济贫/济世/救济/周济/赈济/扶危济困/缓不济急。和衷共济 比喻同心协力，共同克服困难。

计 jì，主意，策略，计划：计策/巧计/缓兵之计/将计就计/言听计从/千方百计/眉头一皱，计上心来/百年大计，质量第一。

哄堂大笑（轰）

哄 hōng，形容许多人大笑声或喧哗声：哄闹/哄笑。哄堂大笑 形容全屋子的人同时大笑。

轰 hōng，形容巨大的声响：轰响/轰隆/轰鸣/雷轰电闪。

洪福齐天（宏）

洪 hóng，大：洪炉/洪流/洪恩/洪量/洪水/洪钟。洪福齐天 福气与天高相等。

宏 hóng，远大，博大，广大：宏伟宏图/宏愿/气量宽宏/取精用宏/规模宏大。

鸿篇巨制（宏）

鸿 hóng，大：鸿儒。鸿篇巨制 指规模宏大的著作。

宏 hóng，远大，博大，广大：宏伟/宏图/宏愿/取精用宏/气量宽宏/规模宏大。

后坐力（座）

坐 zuò，枪炮由于反作用而向后移动：步枪的坐劲儿不小。后坐力 指枪弹、炮弹射出时的反冲力。

座 zuò，座位：雅座/宝座/叫座/就座/卖座/座次/满座/这个剧场有五千个座儿。

花好月圆（园）

圆 yuán，形状像圆圈或球的：圆桌。花好月圆 比喻美好圆满（多用作新婚的颂词）。

园 yuán，种植菜蔬、花果、树木的地方：花园/菜园/果园/园艺；供人游览娱乐的地方：公园/动物园/艺术园/园中游人很多。

化学反应（映）

反应（yìng），化学上称物质互相作用而引起变化的现象。化学反应 物质发生变化，而产生性质、组成、结构与原来不同的新物质的过程。

反映（yìng），把情况、意见等告诉上级或有关部门：他反映的意见值得重视/把情况反映到县里。

欢度节日（渡）

度 dù，过（指时间）：安度/度假/欢度/虚度/度日/光阴没有虚度。欢度节日 欢乐地度过节日。

渡 dù，由这一岸到那一岸，通过（江河等）：摆渡/飞渡/竞渡/泅渡/横渡/渡过难关/远渡重洋/红军强渡大渡河。

黄澄澄（橙）

澄 chéng，（水）很清：澄澈；使清明，使清楚：澄清。

澄 dèng，使液体里的杂质沉下去：澄清。黄澄澄（dèng）状态词，形容金黄色。

橙 chéng，红和黄合成的颜色：橙红/橙黄/橙色。

回光返照（反）

返 fǎn，回：遣返/往返/返工/返航/返校/返修/流连忘返/一去不复返。回光返照 指太阳刚落到地平线下时，由于反射作用而发生的天空中短时发亮的现象；比喻人临死之前精神忽然兴奋的现象；也比喻旧事物灭亡之前暂时兴旺的现象。

反 fǎn，颠倒的，方向相背的（跟“正”相对）：反悔/反逆/反面/相反/适得其反/绒衣穿反了；（对立面）转换，翻过来：易如反掌/反败为胜/物极必反；回，还：反光/反攻/反击/反问。

汇报（会）

汇 huì，聚集，聚合：汇合/汇总/汇拢/汇集/汇印成书。汇报 综合材料向上级报告或向群众报告。

会 huì，聚合，合拢，合在一起：会聚/会车/会攻/会合/会齐/会诊/会审/附会/聚会/融会贯通/聚精会神。

会考（汇）

会 huì，聚合，合拢，合在一起：会齐/会车/会攻/会合/会诊/会审

/会考 融会贯通/聚精会神。统考。

汇 huì，河流会合在一起：汇成巨流/百川所汇；聚合：汇合/汇拢/汇集/汇印成书。

浑浑噩噩（昏）

浑 hún，糊涂，不明事理：浑蛋/浑人/浑话。浑浑噩噩 形容无知无识、糊里糊涂的样子。

昏 hūn，头脑迷糊，神志不清：昏庸/昏君/发昏/冲昏/吓昏/神昏意乱/利令智昏/病人整天昏昏沉沉。

浑然一体（混）

浑 hún，全，满：浑身/浑似。浑然一体 融合成一个不可分割的整体。

混 hùn，掺杂：混同/混合/混合物/混为一谈；蒙混：混充/混进/混过去了/鱼目混珠/你是怎么混进来的？

混合物（和）

合 hé，结合到一起，凑到一起，共同（跟“分”相对）：合办/合并/聚合/合奏/重合/悲欢离合/劳逸结合/珠联璧合/同心合力。混合物 由两种或两种以上的单质或化合物混合而成的物质，没有固定的组成，各成分仍保持各自原有的性质，如空气是氮气、氧气、二氧化碳、稀有气体等的混合物。

和 hé，表示联合，跟，与：王甲和李乙/工作和休息/工人和农民都是国家的主人。

获益匪浅（非）

匪 fěi，不，不是：匪夷所思。获益匪浅 得到的好处、经验等不是一般的浅显。

非 fēi，不是：莫非/非正义/答非所问/学非所用/口是心非/今非昔比/面目全非/啼笑皆非；不：非卖品/非同小可/非同寻常。

基金（经）

金 jīn，钱：现金/奖金/金钱/金额/本金/股金/酬金。基金 为兴办、维持或发展某种事业而储备的资金或专门拨款。

经 jīng，经营，治理：经商/经营/经理/整军经武/济世经邦。

岌岌可危（急　笈）

岌 jí，山高的样子。岌岌可危 十分危险，快要倾覆或灭亡。

急 jí，紧急严重的事情：告急/救急/急功近利/当务之急。

笈 jí，书箱：负笈游学/负笈从师；图书，典籍。

佶屈聱牙（拮）

佶 jí，健壮的样子。佶屈聱牙（文章）读起来不顺口（佶屈：曲折；聱牙：拗口）。

拮 jié，拮据，缺少钱，境况窘迫：手头拮据。

亟待解决（急）

亟 jí，急迫地：亟亟/亟须纠正。亟待/亟待解决的问题解决急迫地等待解决。

急 jí，想要马上达到某种目的而激动不安，着急：焦急/急躁/性急/气急败坏/操之过急/急着要走/眼都急红了；紧急，急迫：急事/急件/急救/急用/火急/着急/十万火急/急中生智/时间紧，任务急。

“亟待”、“急待”都表示急迫待办。“亟待”强调的是意义的重要性，常指较大的事件；“急待”侧重指时间的紧迫性。“亟待”包含问题、状态已经严重到极点的意思，“急待”仅仅表示时间上的刻不容缓。“亟待”为书面语。

疾言厉色（急）

疾 jí，急速，猛烈：疾风/疾驰/疾走/疾步/疾书/迅疾/眼疾手快/大声疾呼。疾言厉色 说话急躁，神色严厉，形容发怒时的神情。

急 jí，很快而且猛烈，急促：急性/急剧/急雨/急转弯/水流很急/炮声甚急/话说得很急。

集思广益（义）

益 yì，好处（跟“害”相对）：利益/公益/权益/效益/受益匪浅；有益的（跟“害”相对）：益虫/益友。集思广益 集中众人的智慧，广泛吸收有益的意见。

义 yì，公正合宜的道理，正义：信义/道义/起义/大义灭亲/义不容辞/见义勇为/背信弃义。

集腋成裘（积）

集 jí，集合，聚集：采集/筹集/集邮/集资/汇集/齐集/集思广益/惊喜交集。集腋盛裘 狐狸腋下的皮虽然很小，但是聚集起来就能缝成一件皮袍。比喻积少成多。

积 jī，积累，聚集：积习/积年累月/积少成多/日积月累/积土成山/院子里积了不少水。

计日程功（成）

程 chéng，衡量，估量。计日程功 可以数着日子计算进度，形容在较短期间就可以成功。

成 chéng，完成，成功（跟“败”相对）：成败/促成/完成/大器晚成/大功告成/事情成了/水到渠成。

记忆犹新（尤）

犹 yóu，还，尚且：言犹在耳/困兽犹斗。记忆犹新 保持在脑子里的过去事物的印象还很清新。

尤 yóu，更，尤其：尤佳/尤甚/尤妙/此地盛产水果，尤以梨桃著称。

忌讳（晦）

讳 huì，避忌，有顾忌不敢说或不愿说：讳疾忌医/直言不讳。忌讳 因风俗习惯或个人理由等，对某些语言或举动有所顾忌，积久成为禁忌。

晦 huì，昏暗，不明显：晦涩/隐晦/晦冥。

既往不咎（究）

咎 jiù，责备，处分：不咎既往。既往不咎 对过去的错误不再责备。也说不咎既往。

究 jiū，仔细推求，追查：探究/研究/查究/究问/究办/追究/必须深究。

继往开来（既）

继 jì，连续，接续：继任/后继/继续/继承/相继/比肩继踵/前赴后继/相继落成。继往开来 继承前人的事业，并为将来开辟道路。

既 jì，已经：既位/既已如此/既成事实/既得利益/既往不咎。

加入国足（脚）

足 zú，脚，腿：足迹/足球/画蛇添足/手舞足蹈；指足球运动：足坛/男足/女足。加入国足 指足球运动员入选国家足球队。

脚 jiǎo，人和动物的腿的下端，接触地面支持身体的部分：脚面/脚背/脚尖/脚跟/落脚/手脚/手忙脚乱/头重脚轻。

作为球类运动项目之一，用“足球”不用“脚球”；作为运动员用“足球运动员”不用“脚球运动员”；称入选国家队的足球运动员为“国脚”而不称“国足”。“国足”是国家足球队的简称。

艰难困苦（坚）

艰 jiān，困难：艰辛/艰苦/艰险/艰危/艰巨。艰难困苦 困难痛苦。

坚 jiān，坚固，硬：坚实/坚冰/坚城/坚如磐石/坚不可破/坚壁清野。

监守自盗（坚）

监 jiān，从旁察看，监视：监考/监理/监测/监堂/监工/监护/监察。监守自盗 盗窃自己所看管的财物。

坚 jiān，坚定，坚决：坚信/坚决/穷当益坚/坚守阵地。

鉴往知来（见）

鉴 jiàn，可以作为警戒或教训的事：鉴戒/引以为鉴/前车之鉴。鉴往知来 根据过去的情况和经验，可以推知未来的发展。

见 jiàn，看到，看见：罕见/见证/见闻/见机/见风就长/眼见为实/喜闻乐见；看得出，显现出：见效/病已见好/天气见凉/日久见人心。

奖券兑奖（对）

兑 duì，凭票据支付或领取现款：兑换/兑现/兑付/汇兑。奖券兑奖 凭中奖的奖券兑换奖品。

对 duì，把两个东西放在一起互相比较，看是否符合：对证/对比/对照/核对/对质/校对/对表/对笔迹/对号码。

交代工作（待）

代 dài，代替：代笔/代课；代理：代局长；世系的辈分：第二代。交代工作 把经手的工作移交给接替的人。

待 dài，对待：优待/以礼相待；招待：待客；等待：待业。

“交代”有移交、接替的意思；也有嘱咐、吩咐之义；还作说明、解释解。“交待”与“交代”的第三个义项相同，在表达此义时通用。但是“交待”没有“交代”的前两个释义。“交待”一词还有完结之义：要是飞机出事，这条命也就交待了。

矫揉造作（柔）

揉 róu，使直的变成弯曲的：揉木为耒/揉以为轮，其曲中规。矫揉造作 形容过分做作，极不自然。

柔 róu，软（跟“刚”相对）：柔软/纤柔/轻柔/柔弱/柔嫩/柔枝；柔和（跟“刚”相对）：柔情/柔顺/内柔外刚/优柔寡断/性情温柔/刚柔相济。

矫枉过正（往）

枉 wǎng，曲，不直，比喻错误或偏差：枉曲。矫枉过正 比喻纠正错误而超过了应有的限度。

往 wǎng，过去的：往年/往事/往日/往时/已往/往常。

叫苦不迭（叠）

迭 dié，屡次：迭次会商/迭有所闻/迭挫强敌/迭有新发现。叫苦不迭 不停地叫苦。

叠 dié，一层加上一层，重复：重叠/叠罗汉/层峦叠嶂/层见叠出/叠石为山。

接踵而来（踪）

踵 zhǒng，脚后跟：举踵/接踵/摩肩接踵/继踵而至。接踵而来 后面的人的脚尖接着前面的人的脚跟到来，形容人多，接连不断。

踪 zōng，脚印，踪迹：踪影/潜踪/行踪/追踪/失踪/跟踪/无影无踪。

揭竿而起（杆）

竿 gān，竹竿，竹子的主干，竹棍：钓竿/滑竿/日上三竿/立竿见影/百尺竿头，更进一步。揭竿而起 汉代贾谊《过秦论》：“斩木为兵，揭竿为旗。”后用“揭竿而起”指人民起义。

杆 gān，杆子，有一定用途的细长的木头或类似的东西：标杆/吊杆/拉杆/旗杆/桅杆/电线杆。

捷足先登（疾）

捷 jié，快：便捷/轻捷/迅捷/敏捷/捷径。捷足先登 行动快的人先达到目的，或先得到所求的东西。

疾 jí，急速，猛烈：疾驰/疾书/疾走/大声疾呼/疾风知劲草。

截长补短（接）

截 jié，割断，切断：截肢/斩钉截铁/截头去尾/截开这根木料。截长补短 比喻用长处补短处。

接 jiē，连接，使连接：接轨/接骨/焊接/交接/直接/衔接/接纱头/接电线；接受，收取（给予的东西），或对事物容纳而不拒绝：接见/接待/接电话/接到一封信/接受群众的意见。

竭泽而渔（鱼）

渔 yú，捕鱼：渔场/渔夫/渔民/渔村/渔船/渔业。竭泽而渔 排尽湖中或池中的水捉鱼，比喻取之不留余地，只顾眼前利益，不顾长远利益。

鱼 yú，脊椎动物的一大类，生活在水中，通常体扁侧，有鳞和鳍，用鳃呼吸，体温随外界温度而变化，种类很多，大部分可供食用或造鱼胶：如鱼得水/浑水摸鱼/缘木求鱼/鱼游釜中/鱼死网破/鱼目混珠。

金榜题名（提）

题 tí，写上，签上：题诗/题字/题名。金榜题名 在金榜上写上了名字（金榜：科举时代俗称殿试录取的榜，金榜题名指殿试录取）。多指考试取得成功。

提 tí，谈（起，到）：提议/提倡/提供/提意见/旧事重提/经他一提，大家都想起来了/他跟父亲提到要考大学的事。

金碧辉煌（壁）

碧 bì，青绿色：碧草/碧波/碧瓦/碧霄/碧空/碧绿/碧青/一碧万顷。金碧辉煌 形容建筑物等异常华丽，光彩夺目。

壁 bì，墙：墙壁/壁报/壁画/隔壁/碰壁/家徒四壁/铜墙铁壁。

金刚石（钢）

刚 gāng，硬，坚强（跟“柔”相对）：刚强/刚直/刚烈/刚正不阿/血气方刚/以柔克刚/他的性情太刚。金刚石 矿物，是已知最硬的物质，用作高级切削和研磨材料等。也叫金刚钻。

钢 gāng，铁和碳的合金，含碳量小于2%，并含有少量的锰、硅、硫、磷等元素，强度高、韧性好，是重要的工业材料：钢材/钢锭/钢笔/钢筋。

锦绣山河（秀）

绣 xiù，用彩色丝、绒、棉线在绸、布等上面做成花纹、图案或文字：刺绣/绣字/描龙绣凤/绣花枕头；绣成的物品：苏绣/湘绣/杭绣。锦绣山河 美丽山河。

秀 xiù，清秀：娟秀/俊秀/灵秀/清秀/秀丽/眉清目秀/山清水秀/秀外慧中。

经典（精）

经 jīng，经典：念经/经籍/佛经/圣经/三字经/生意经/本草经/古兰经/（伊斯兰教的经典）/十三经。经典 指传统的具有权威性的著作；泛指各宗教宣扬教义的根本性著作；著作具有权威性的；事物具有典型性而影响较大的。

精 jīng，经过提炼或挑选的：精盐/精金/精巧/精品/精绝/精华/兵精粮足/精益求精。

经络（精）

经 jīng，中医指人体内气血运行通路的主干：经络/经脉。经络 中医指人体内气血运行通路的主干和分支。

精 jīng，精神，精力：聚精会神/精疲力竭/励精图治/无精打采/养精蓄锐。

惊涛骇浪（滔）

涛 tāo，大的波浪：怒涛/波涛。惊涛骇浪 凶猛而使人害怕的波涛，比喻险恶的环境或遭遇。

滔 tāo，大水弥漫：滔滔/滔滔不绝/波浪滔天/罪恶滔天。

晶莹剔透（剃）

剔 tī，从骨头上把肉刮下来：剔肉/剔骨头；除去，挑出：挑剔/把烂了的果子剔出去。晶莹剔透光亮而明澈。

剃 tì，用特制的刀子刮去（头发、胡须等）：剃光头/剃胡子。

精兵简政（减）

简 jiǎn，使简单，简化：简写/精简/简省开销/删繁就简。精兵简政 缩小机构，精简人员。

减 jiǎn，从整体中去掉一部分：减免/减少/缩减/三减二是一；降低，衰退：减价/有增无减。

精粹（萃）

粹 cuì，精华：国粹/民粹。精粹 精练纯粹；（事物）精美纯粹的部分。

萃 cuì，古代指草丛生，引申为聚集：萃聚/荟萃；聚在一起的人或物：出类拔萃。

径情直遂（尽）

径 jìng，直接：径直/径自/径向/直情径行/径行办理/径自答复。径情直遂 随着意愿顺利地获得成功。

尽 jìn，完：用尽力气/说不尽的好处；全部用出：尽心/尽力/仁至义尽/竭尽全力/鞠躬尽瘁。

鸠占鹊巢（雀）

鹊 què，喜鹊，鸟名，背黑褐色，肩、颈、腹等部白色，翅有大白斑，尾较长，常栖息于园林树木间：鹊桥/声名鹊起。鸠占垫巢 原比喻女子出嫁，以夫家为家，后来比喻强占别人的住处、土地、产业等。

雀 què，鸟的一类，身体小，翅膀长，雌雄羽毛颜色多不相同，吃粮食和昆虫，特指麻雀，泛指小鸟：麻雀/云雀/孔雀/金丝雀/鸦雀无声/欢欣雀跃/门可罗雀。

久负盛名（孚）

负 fù，享有：负有名望。久负盛名 长期享有很大的名望。

孚 fú，使人信服：深孚众望。

久负盛名（胜）

盛 shèng，盛大：享有盛名/盛名之下，其实难副；普遍，广泛：盛传/盛行。久负盛名（同上）。

胜 shèng，优美的（景物、境界等）：胜地/胜景/胜境/名胜古迹/引人入胜。

就绪（序）

绪 xù，本指丝的头，比喻事情的开端：端绪/头绪/千头万绪。就绪 事情安排妥当。

序 xù，次序：次序/顺序/秩序/工序/程序/井然有序。

举世震惊（振）

震 zhèn，情绪过分激动：震怒。举世震惊 整个世界都大吃一惊。

振 zhèn，奋起，振作：振奋/振兴/振作/重振旗鼓/委靡不振/一蹶不振/振起精神来；振动：共振/谐振/振幅/振荡/重振旗鼓（重整旗鼓）。

举一反三（返）

反 fǎn，类推。举一反三 从一件事情类推而知道许多事情。

返 fǎn，回，归：往返/返工/返航/返校/返修/乐而忘返/迷途知返/一去不复返。

剧烈运动（巨）

剧 jù，猛烈，厉害：剧减/剧痛/剧变/急剧。剧烈运动 猛烈运动。

巨 jù，大，很大：巨款/巨制/巨著/巨轮/巨变/巨流/巨著/老奸巨猾/巨幅画像/创巨痛深。

剧痛（巨）

剧 jù，猛烈，厉害：剧增/剧毒/剧饮/加剧。剧痛 剧烈的疼痛。

巨 jù，大，很大：巨星/巨幅/巨作/巨贪/巨浪/巨额/巨大/巨人/为数甚巨/巨型飞机。

诀窍（决）

诀 jué，诀窍：诀要/秘诀/妙诀。诀窍 关键性的方法。

决 jué，决定：表决/判决/裁决/决策/坚决/果决/犹豫不决/决一雌雄。

绝对（决）

绝 jué，无论如何，一定，绝对（用在否定词前面）：绝无此意/绝不可能/绝不允许这样的事再次发生；断绝：绝交/隔绝/绝望/绝缘/绝种/回绝/络绎不绝；走不通的，没有出路的：绝境/绝路/绝崖/绝地/绝处逢生。绝对 没有任何条件的，不受任何限制的（跟“相对”相对）；也指只以某一条件为根据，不管其他条件的；指完全、一定或最、极之意。

决 jué，一定（用在否定词前面）：决无怨言/决无私弊/决不翻案/决不退缩；决定最后胜败：决战/决赛/决胜/速战速决。

矍铄（攫）

矍 jué，惊视的样子。矍铄 形容老年人很有精神的样子。

攫 jué，攫头，刨土用的一种农具，类似镐。

军事训练（炼）

练 liàn，练习，反复学习，多次地操作：练兵/操练/教练/拉练/排练/练本领/练功夫/练毛笔字。军事训练 进行与战争有关的知识技能等方面的教育和培训。

炼 liàn，用心琢磨，使词句简洁优美：炼字/炼句/炼词；用加热等方法使物质纯净或坚韧：炼钢/炼铁/炼乳；烧：真金不怕火炼。

“炼”跟“练”不同：“炼”指用火烧炼，“锤炼”、“锻炼”等的“炼”不要误写作“练”。

开山鼻祖（主）

祖 zǔ，某种事业或流派的开创者：始祖/祖师/开山祖师。开山鼻祖 原是佛教用语，指最初在某个名山建立寺院的人，后来比喻首创学术技艺的某一派别或首创某一事业的人。也叫开山祖。

主 zhǔ，主人：物主/宾主/东道主/反客为主/喧宾夺主。

开源节流（接　截）

节 jié，省减，限制：节电/节煤/节育/节俭/节制/精简节约/节衣缩食。开源节流 比喻在财政经济上增加收入，节省开支。

接 jiē，连接，使连接：接轨/接骨/接电线/接纱头/接关系/传宗接代/青黄不接/这一句跟上一句接不上；收，接受：接到一封信。

截 jié，切断，割断：截肢/截头去尾/斩钉截铁/截长补短/截开这根料/把木料截成两段。

苛捐杂税（科）

苛 kē，烦琐：苛礼/苛杂。苛捐杂税 指繁重的捐税。

科 kē，法律条文：科条/犯科/照本宣科/金科玉律/作奸犯科；判定（刑罚）：科刑/科罪/科以罚金。

磕碰（嗑）

磕 kē，碰在硬东西上：脸上磕破了/磕破一块皮。磕碰 东西互相撞击；人和东西相撞；比喻冲突。

嗑 kè，用上下牙咬有壳的或硬的东西：嗑瓜子/老鼠把箱子嗑破了。

克敌制胜（致）

制 zhì，用强力约束、限定、管束：压制/限制/管制/制伏/出奇制胜。克敌制胜 打败敌人，取得胜利（制胜：制服对方以取胜）。

致 zhì，达到，实现：学以致用/勤劳致富。

刻不容缓（允）

容 róng，许可，让：容许/纵容/不容置疑/义不容辞/不容分说。刻不容缓 片刻也不能拖延，形容形势紧迫。

允 yǔn，允许：应允/不允/允诺/慨允/允准。

刻画形象（划）

画 huà，描画或写：画十字/画圈。刻画形象 用文字描写或其他艺术手段表现人物的形象。

划 huà，用刀或其他东西把别的东西分开或从上面擦过：划火柴/划一道口子；计划：策划/筹划。

刻苦钻研（专）

钻 zuān，钻研，仔细深入研究：钻书本/边干边钻，边学边用。刻苦钻研 很能吃苦地仔细深入研究。

钻 zuàn，打眼儿的用具：电钻；指钻石：钻戒。

专 zhuān，集中在一件事上的：专心/专卖/专科/专业/专题/专款/专卖店/名人专访。

苦心孤诣（旨）

诣 yì，（学业、技术等）所达到的程度：造诣/颇有造诣。苦心孤诣 费尽心思钻研或经营（孤诣：别人所达不到的）。

旨 zhǐ，意义，用意，目的：主旨/要旨/宗旨/旨趣/旨意/会议通过了一系列旨在进一步发展两国科学技术合作的决议。

来之不易（知）

之 zhī，虚用，无所指：总之/溜之大吉/总而言之/久而久之/手之舞之，足之蹈之。来之不易 来得很不容易（多指事情的成功或收获）。

知 zhī，知道：知底/知情/知晓/知无不言/明知故问/温故知新/众所周知。

蓝天（兰）

蓝 lán，像晴天天空那样的颜色：碧蓝/天蓝/湛蓝/蔚蓝/蓝布。蓝天 蓝色的天空。

兰 lán，兰花：多年生草本植物，叶子丛生，条形，花有多种颜色，气味芳香。供观赏，花可制香料，俗称兰草：兰花淡雅清秀。

"蓝"不能简化为"兰"。

篮球（兰 蓝）

篮 lán，篮子：竹篮；篮圈：投篮/扣篮。篮球 球类运动项目之一；篮球运动所用的球。

兰 lán，兰花，兰草。

蓝 lán，像晴天天空的颜色：碧蓝/蔚蓝/蓝布/蓝宝石。

朗诵（颂）

诵 sòng，读出声音来，念：诵诗/诵读。朗诵 大声诵读诗或散文，把作品的感情表达出来。

颂 sòng，颂扬，赞扬别人的好处：歌颂/赞颂/唱颂歌/歌功颂德/交口称颂；以颂扬为目的的诗文：《祖国颂》。

浪费（废）

费 fèi，花费，耗费：费心/消费/枉费/旷费/白费/所费不赀/费了半天工夫。浪费 对人力、财物、时间等用得不当或没有节制。

废 fèi，不再使用，不再继续：废除/废止/废弃/废学/以人废言/因噎废食/半途而废。

劳民伤财（命）

民 mín，人民：民主/公民/市民/全民/平民/为国为民/国泰民安/为民除害。劳民伤财 既使人民劳苦，又浪费钱财。

命 mìng，生命，性命：救命/拼命/人命/寿命/偿命/一条命/丧了命/人命关天。

老两口（俩）

两 liǎng，数目，一个加一个是两个，一般用于量词和"半、千、万、亿"前：两元/两个/两扇门/两本书/两匹马/两个半月/两千块钱。老两口 年纪大的夫妻俩。

俩 liǎ，两个：咱俩/你们俩/摘俩茄子/他俩是亲兄弟（"俩"后面不再接“个”字或其他量词）；不多，几个：一共只有这么俩人。

老生常谈（长）

常 cháng，一般，普通：平常/常人/常识/常态/常行/常食/常温。老生常谈 原指老书生的平凡议论，今指很平常的老话。

长 cháng，指空间、时间的距离大（与“短”相对）：长寿/长久/长鸣/延长/长期/天长地久/万古长青/源远流长。

老生常谈（声）

生 shēng，旧时称读书人：书生。老生常谈（同上）。

声 shēng，声音：风声/雨声/歌声/大声说话/销声匿迹/有声有色/鸦雀无声/异口同声。

老态龙钟（肿）

钟 zhōng，计时的器具，有挂在墙上的，也有放在桌上的：挂钟/闹钟；指钟点，时间：六点钟；（情感等）集中：钟爱/钟情。老态龙钟 形容年老体弱、行动不灵便的样子。

肿 zhǒng，皮肉浮胀或突起：肿痛/肿胀/肿块/他的手冻肿了。

乐此不疲（彼）

疲 pí，疲乏，劳累：疲劳/疲惫/疲倦/疲顿/筋疲力尽/疲于奔命。乐此不疲 因喜欢做某件事而不知疲倦，形容对某事特别爱好而沉浸其中。也说乐此不倦。

彼 bǐ，那，那个（跟“此”相对）：彼时/彼此/彼岸/彼竭我盈/顾此失彼/厚此薄彼/此起彼伏/由此及彼。

乐此不疲并非指喜欢做这件事而不喜欢做那件事。

乐极生悲（急）

极 jí，顶点，尽头：极界/极际/终极/登峰造极/无所不用其极。乐极生悲 快乐到了极点的时候，发生悲痛的事情。

急 jí，要想达到某种目的而激动不安，着急：焦急/急躁/性急/急着走/气急败坏/操之过急/狗急跳墙。

雷同（类）

雷 léi，云层放电时发出的响声：雷电/雷动/雷公/打雷/春雷/雷厉风行/雷霆万钧。雷同 不该相同而相同；也指随声附和（旧说打雷时，许多东西都同时响应）。

类 lèi，许多相似或相同事物的综合：种类/分类/同类/另类/门类/不伦不类/分门别类。

冷漠（寞）

漠 mò，冷淡地，不经心地：漠视/淡漠/漠然/漠然置之/漠不关心。冷漠（对人或事物）冷淡，不关心。

寞 mò，安静，冷落：寂寞/落寞/一人独处，颇感寂寞。

愣神（楞）

愣 lèng，失神，呆：发愣/愣住/愣头愣脑。愣神 发呆，出神。

楞 léng，同“棱”，物体上不同方向的两个平面连接的部分：楞角/楞柱/楞镜/三楞镜/六楞锥/见楞见角；物体上条状的突起部分：瓦楞/眉楞。

离乡背井（境）

井 jǐng，古制八家为一井，后指人口聚居的地方或乡里：市井/乡井/井里/井邑。离乡背井 离开了故乡，在外地生活（多指不得已的）。也说背井离乡。

境 jìng，地方，区域：环境/意境/仙境/胜境/渐入佳境/如入无人之境。

礼尚往来（上）

尚 shàng，尊崇，注重：崇尚/尚武。礼尚往来 在礼节上讲究有来有往。现也指你对我怎么样，我也对你怎么样。

上 shàng，表示在某一物体的表面或范围内：书上/组织上/理论上/锦上添花/梁上君子/天上人间/跃然纸上。

厉行节约（励）

厉 lì，严格：厉行/厉禁文物走私。厉行节约 严格实行节约。

励 lì，劝勉：勉励/鼓励/奖励/激励。

利害得失（厉）

利 lì，利益（跟“害、弊”相对）：利弊/有利/谋福利/威逼利诱/权衡利弊/兴利除害。利害得失 利益和损害，得到和失去。

厉 lì，严肃，猛烈：凌厉/厉声/严厉/厉色/雷厉风行/变本加厉/声色俱厉。

良辰美景（晨）

辰 chén，时光，日子：寿辰/时辰/生辰/诞辰。良辰美景 美好的时光和景物。

晨 chén，清早，太阳出来的时候。清晨，有时也泛指半夜以后到中午以前的一段时间：清晨/凌晨/晨练/晨光/晨曦/寥若晨星/牝鸡司晨/昧旦晨兴。

两全其美（齐）

其 qí，他（她、它）们的：各得其所/自圆其说/各尽其才/自食其言/出其不意/各行其是/勉为其难/莫名其妙。两全其美 做一件事顾全两个方面，使两方面都很好。

齐 qí，同样：齐名；一块，同时：齐唱/比翼齐飞/百花齐放/并驾齐驱/双管齐下。

寥寥无几（了）

寥 liáo，稀疏：寥落/寥若晨星。寥寥无几 形容非常少。

了 liǎo，明白：明了/了然/了解/了如指掌/一目了然/不甚了了；完毕，结束：罢了/临了/未了/私了/一了百了/事情已了/不了了之/没完没了。

寥若晨星（辰）

晨 chén，清早，太阳出来的时候：清晨。寥若晨星 少得好像早晨的星星一样。

辰 chén，日、月、星的统称：星辰/北辰。

临摹（摩）

摹 mó，照着样子写或画，特指用薄纸蒙在原字或原画上写或画：描摹/摹写/摹绘/摹刻/摹印/摹状/摹本。临摹 模仿（书画）。

摩 mó，摩擦，接触：摩拳擦掌/摩肩擦背/摩肩接踵/摩天大楼；抚摩：按摩；研究切磋：观摩/揣摩。

临渊羡鱼（渔）

鱼 yú，生活在水中的脊椎动物，体温随外界温度而变化，一般身体侧扁，有鳞和鳍，用鳃呼吸。种类极多，大部分可供食用或制鱼胶：鱼贯/鱼肉/鱼肚白/如鱼得水/鱼龙混杂/鱼米之乡/浑水摸鱼/缘木求鱼。临渊羡鱼 比喻只有愿望，不去实干，就无济于事。

渔 yú，捕鱼：渔捞/渔船/渔翁/渔业/渔场/渔村/渔人之利/竭泽而渔；谋取（不应得的东西）：渔利。

淋漓尽致（至）

致 zhì，达到，实现：致富/勤劳致富/学以致用。淋漓尽致 形容文章或谈话详尽透彻，也指暴露得很彻底。

至 zhì，极，最：至诚/至少/至高无上/如获至宝/至为感谢；到：至今/至此/截至/自始至终/至死不屈/接踵而至/无微不至。

另辟蹊径（溪）

蹊（qī）**跷**，奇怪，可疑：这件事来得有点蹊跷。

蹊 xī，小路：蹊径/桃李不言，下自成蹊。另辟蹊径 另外探求一种有效解决问题的方法或途径。

溪 xī，原指山里的小河沟，现在泛指小河沟：溪涧/小溪/溪水/溪流/清溪。

浏览（流）

浏 liú，风吹得很快的样子。浏览 粗略而迅速地读。

流 liú，液体移动，流动：流汗/流血/流鼻涕/溪水流动/流向多变/水土流失/水往低处流。

流芳百世（留）

流 liú，传扬，传播：流言/流传事迹/流言飞语。流芳百世 美名永远流传于后世。

留 liú，停止在某一个处所或地位上不动，不离去：留校/留任/稽留/逗留/停留/居留权/永久居留在此/他留在农村工作了。

流连忘返（恋）

连 lián，连接：心连心；连续，接续：连打几枪；包括在内：连我三个人；军队的编制单位，隶属于营，下辖若干排：连长；介词。流连忘返 原指耽于游乐，忘记了返回。多指留恋于某一种事，而舍不得离去。

恋 liàn，想念不忘，不忍分离：留恋/恋家/恋恋不舍。

虎踞龙盘（据）

踞 jù，蹲或坐：箕踞。虎踞龙盘像虎蹲着，像龙盘着，形容地势险要。也作虎踞龙蟠、虎踞龙盘。

据 jù，把持，占有：据点/据守/占据/割据/据为己有。

笼络（拢）

笼 lǒng，罩住，遮盖：笼罩/暮色笼住了大地/整个山村笼在烟雨之中。笼络 用手段拉拢人。

拢 lǒng，总合：拢共/拢总；收束使不松散：拉拢/聚拢/拢住/归拢/拢紧；靠近，到达：靠拢/拢岸/围拢。

旅客须知（需）

须 xū，应当，必要：务须/必须/无须/函须/莫须有/必须努力/务须注意/这事须亲自动手。旅客须知 旅客应当知道的事情。

需 xū，需要：需求/按需分配/完成任务还需五天时间。

绿草如茵（荫）

茵 yīn，垫子或褥子。绿草如茵 指宽阔平坦的绿色草地给人的感觉像铺的褥子一样。

荫 yīn，树荫：绿树成荫/浓荫蔽日。

锣鼓喧天（掀）

喧 xuān，声音大：喧哗/喧闹/喧腾/喧阗/喧嚣/喧笑/喧嚷。锣鼓喧天 敲锣打鼓，声响云天，形容气氛热烈。

掀 xiān，揭起，打开：掀锅盖/掀帘子/掀起面纱/掀起盖头来。

满腹经纶（负）

腹 fù，肚子，在胸部的下面：腹部/腹背受敌。满腹经纶 比喻人很有学问才能，也比喻很有才学。

负 fù，背：如释重负；仗恃，倚靠：负险固守/负隅顽抗；具有：负有名望/素负盛名。

满腔热忱（诚）

忱 chén，情意：谢忱/略表微忱。满腔热忱 热情充满心中。

诚 chéng，（心意）真实：诚心/诚恳/诚朴/诚实/诚意/精诚团结/开诚布公/心诚则灵；实在，的确：诚然/诚有此事/此人诚非等闲之辈。

漫长道路（慢）

漫 màn，广阔，长：漫长/漫无边际/长夜漫漫。漫长道路 长得无边无际的道路。

慢 màn，迟缓，速度低（跟“快”相对）：慢车/慢走/放慢/缓慢/减慢/且慢/慢手慢脚/手表慢了几分钟。

漫山遍野（满）

漫 màn，到处都是，遍：漫山/漫天/弥漫/迷漫/黄沙漫天/漫天大雾。漫山遍野 遍布山野，形容很多。

满 mǎn，全，整个：满身油污/满腔热血/满面红光/满屋子的烟。

茫无头绪（忙）

茫 máng，形容水或其他事物没有边际、看不清楚：茫茫/渺茫/茫无边际。茫无头绪 一点头绪也没有，事情摸不着边儿。

忙 máng，事情多，不得空（跟“闲”相对）：农忙/帮忙/忙乱/奔忙/繁忙/这几天很忙/忙里偷闲；急迫不停地、加紧地做：连忙/急忙/匆忙/慌忙/你近来忙些什么/他一个人忙不过来。

毛骨悚然（耸）

悚 sǒng，害怕，恐惧：悚惧/悚然。毛骨悚然 形容很害怕的样子。

耸 sǒng，引起注意，使人吃惊：耸动/危言耸听/耸人听闻（故意说夸大或吓人的话使人震惊）；（肩膀、肌肉等）向上动：耸肩。

貌合神离（和）

合 hé，结合到一起，凑到一起，共同（跟“分”相对）：合办/合并/聚合/合奏/悲欢离合/劳逸结合/珠联璧合/同心合力。貌合神离 表面上关系很密切，而实际上怀着两条心。

和 hé，和谐，和睦：和洽/调和/兄弟不和/和衷共济。

煤炭（碳）

炭 tàn，木炭（把木材和空气隔绝，加高热分解成的一种黑色燃料）：炭火/炭笔/炭盆/炭精。

碳 tàn，一种非金属元素，符号 C。无臭、无味的固体。碳是构成有机物的主要成分。在工业上和医药上，碳和它的化合物用途极广：低碳钢/一氧化碳/二氧化碳。

“煤炭”、“炭画”、“木炭”的“炭”不可写作“碳”。

门可罗雀（落）

罗 luó，张网捕（鸟）。门可罗雀 门前可以张网捕捉鸟雀，形容宾客稀少，门庭冷落。

落 luò，下降：落潮/落日/垂落/回落/水落石出/日落乌啼/飞机降落/太阳落山了。

弥漫（迷）

弥 mí，遍，满：弥望/弥月/弥散/弥天大罪/弥天大谎。弥漫（烟尘、雾气、水等）充满，布满。

迷 mí，分辨不清，失去辨别、判断能力：迷航/迷途/迷路/迷茫/迷惘/迷了路/迷了方向。

弥天大谎（迷）

弥 mí，满，遍：弥月/弥望/弥散/弥天大罪；填满，遮掩：弥补；更加：欲盖弥彰。弥天大谎 极大的谎话。

迷 mí，沉醉于某一事物的人：球迷/戏迷；使看不清，使迷惑，使陶醉：迷人/财迷心窍。

米珠薪桂（贵）

桂 guì，植物名，指桂皮树、肉桂、月桂树、桂花树。米珠薪桂 米像珍珠，柴像桂木，形容物价昂贵，生活困难。

贵 guì，价格高，价值大（跟“贱”相对）：贵重/昂贵/宝贵/华贵/名贵/洛阳纸贵/这本书不贵。

秘而不宣（密）

秘 mì，保守秘密：秘不示人。秘而不宣 秘密地进行某种活动而不对外宣布。

密 mì，秘密：密信/密件/密电/密码/密令/密谈/密约/密室/保密。

秘诀（密）

秘 mì，隐藏的，不让人知道的：隐秘/秘方/秘密/秘史/秘事。秘诀 能解决问题的不公开的巧妙办法。

密 mì，秘密：密电/密谈/密约/机密/保密/密信/密件/密码。

绵薄之力（棉）

绵 mián，薄弱，软弱：绵软/绵薄。绵薄之力 谦辞，指微薄的力量。

棉 mián，棉花，一年生草本植物或多年生灌木，种类很多，多用于纺织工业：棉铃虫/棉纱/棉絮/棉布/棉纺/棉农/棉套/棉线。

绵软（棉）

绵 mián，薄弱柔软：绵薄/绵弱/软绵绵。绵软 柔软（多用于毛发、衣被、纸张等）；形容身体无力。

棉 mián，棉花，供纺织及絮衣被用。

勉为其难（免）

勉 miǎn，力量不够，仍尽力去做：勉强。勉为其难 勉强做能力所不及的事。

免 miǎn，去掉，除掉：免费/罢免/免除/免票/减免/免税/任免名单/俗礼都免了；避免：免疫/幸免/难免/未免/未能免俗；勿，不可：闲人免进/免开尊口。

面黄肌瘦（饥）

肌 jī，肌肉：肌肤/肌理/肌体/心肌炎/平滑肌。面黄肌瘦 脸色发黄、肌肤消瘦，形容营养不良或有病的样子。

饥 jī，饿：饥饿/饥寒/饥色/疗饥/饥肠辘辘/画饼充饥/饥餐渴饮/如饥似渴。

名门望族（旺）

望 wàng，名望，也指有名望的人：声望/威望/才望/德望/德高望重/一乡之望。名门望族 有名望、有地位的世家大族。

旺 wàng，兴盛：健旺/旺盛/兴旺/花开得正旺/火着得很旺/庄稼长得真旺。

名人逸事（遗）

逸 yì，散失，失传：逸文/逸书/逸事/逸闻。名人逸事 著名人物在史书中没有记载的事。

遗 yí，遗漏：遗忘/补遗/拾遗补阙/暴露无遗；留下：遗憾/遗迹/遗恨/遗存/遗址/不遗余力。

明辨是非（事）

是 shì，对，正确（跟“非”相对）：不是/自以为是/实事求是/一无是处/各行其是/莫衷一是/懂得是非/他说得是。明辨是非 把是非分清楚。

事 shì，事情：做事/同事/民事/好事/往事/童年趣事/陈年旧事。

明察秋毫（查）

察 chá，仔细看，调查：考察/视察/察看/勘察/洞察/察访/察觉/明察暗访。明察秋毫 比喻为人非常精明，任何小问题都看得很清楚（秋毫：秋天鸟兽身上新长的细毛，比喻微小的事物）。

查 chá，检查：查收/查账；调查：查问/查询。

明知故犯（固）

故 gù，故意，有意：欲擒故纵/故作镇静。明知故犯 明明知道这样做不对，却故意违犯。

固 gù，结实，牢固：稳固/加固/坚固/根深蒂固/本固枝荣；坚决地，坚定地：固辞/顽固/固请/固执己见/固守阵地。

莫衷一是（事）

是 shì，认为正确：是古非今/深是其言；指示代词，这，这个：是可忍，孰不可忍？莫衷一是 不能得出一致的结论。

事 shì，事故：平安无事；职业，工作：谋事。

墨守成规（默）

墨 mò，写字绘画的用品，也指用墨或水研出来的汁：研墨；黑或近于黑的：墨镜；指墨家。墨守成规 战国时墨子善于守城，后来用“墨守成规”形容因循守旧，不肯改进。也作墨守陈规。

默 mò，不说话，不出声：默读/默认/沉默/缄默/潜移默化/沉默寡言。

牟取暴利（谋）

牟 móu，谋取：牟利/牟取/非法牟利。牟取暴利 用不正当的手段在短时间内谋取巨额的利润。

谋 móu，计谋，计策，主意：阴谋/计谋/权谋/蓄谋/智谋/谋取/谋略/足智多谋；图谋，谋求：谋生/谋害/筹谋/同谋/密谋/参谋/深谋远虑。

“牟取”与“谋取”不同：“牟取”是贬义词；“谋取”是中性词，如谋取职位、谋取利益。

宁缺毋滥（无）

毋 wú：表示禁止或劝阻，相当于“不要”：毋妄言/毋自欺也/毋庸讳言。宁缺毋滥 宁可缺少一些，也不要降低标准凑数。

无 wú，没有（跟“有”相对）：无限/无关/无效/其乐无穷/哑口无言/从无到有/无产阶级/有则改之，无则加勉。

“无”“毋”都有表示禁止或劝阻，相当于“不要”的意思，“毋”为书面语，“无”除此之外，还有“没有”、“不”、“不论”的意思。

奴颜婢膝（卑）

婢 bì，婢女：奴婢。奴颜婢膝 形容卑躬屈膝，奉承巴结的样子。

卑 bēi，（位置）低：地势卑湿；（地位）低下：卑贱/自卑/卑微/卑下/卑不足道/不卑不亢/男尊女卑；（品质）低劣：卑俗/卑鄙/卑劣。

排泄（泻）

泄 xiè，（液体、气体）排除：排泄/泄漏/泄洪/水泄不通。排泄 使雨水、污水等流走或指生物把体内新陈代谢产生的废物排出体外。

泻 xiè，很快地流：喷泻/奔泻/倾泻/一泻千里；腹泻：泻药/泻肚/上吐下泻。

攀缘（沿）

缘 yuán，攀缘：缘木求鱼。攀缘 抓着东西往上爬；比喻投靠有钱有势的人往上爬。也作攀援。

沿 yán，顺着（江河、道路或物体的边）：沿河边走/沿墙根儿种花/沿着小路往前走。

盘根错节（结）

节 jié，物体的分段或各段之间相连的地方：关节/竹节/节外生枝/四节甘蔗。盘根错节 树根盘绕，木节交错。比喻事情繁复交错，不易解决。

结 jié，条状物（绳、线或布条）打成的疙瘩：打结/死结/解结/活结/蝴蝶结/中国结。

蓬荜生辉（壁）

荜 bì，用荆条、竹子等编成的篱笆或其他遮拦物：蓬门荜户。蓬荜生辉 使简陋的住房增加光彩，用以称谢别人来到自己的家里或称谢别人赠的字画送到自己家里使自己非常光荣。

壁 bì，墙：四壁/壁报/墙壁/壁灯/壁画/隔壁/向壁虚构/作壁上观。

膨胀（涨）

胀 zhàng，膨胀：胀鼓鼓/热胀冷缩。膨胀 由于温度升高或其他因素，物体的长度增加或体积增大，也借指某些事物扩大或增长。

涨 zhǎng，（水位）升高：涨潮/涨落/水涨船高；（物价）提高：看涨/暴涨/飞涨/涨幅。

披沙拣金（批）

披 pī，打开，散开：披卷/披露/披览/披阅/披荆斩棘/披肝沥胆。披沙拣金 比喻从大量的事物中选择精华。

批 pī，用手掌打：批颊；大量或成批（买卖货物）：批发/批购/批量生产。

劈头盖脸（辟）

劈 pī。正对着，冲着（人的头、脸、胸部）：劈头/劈脸/一阵呵斥劈面而来。劈头盖脸 正对着头和脸盖下来，形容来势凶猛。也说劈头盖脑、劈头盖顶。

辟 pì，开发：开辟/另辟蹊径/开天辟地/各家自辟园地，培育树苗/这一带将辟为新的旅游区。

缥缈（漂）

缥（piāo）缈。缥缈 形容隐隐约约，若有若无。

漂 piāo，停留在液体表面不下沉：漂浮/树叶在水面上漂着；浮在液体表面顺着液体流动或风吹动的方向移动：漂泊/漂流/远远漂过来一只小船。

平添（凭）

平 píng，经常的，普通的：平时/平淡/平常/素昧平生/愤愤不平。平添 自然而然地增添，也指无端地增添。

凭 píng，倚靠，倚仗：依凭/好风凭借力，送我上青云；表示凭借、根据：凭票付款/凭经验判断/劳动人民凭着智慧和双手创造世界。

平心而论（凭）

平 píng，安定：和平/升平/太平/平安夜/风平浪静/心平气和。平心而论 平心静气地评论。

凭 píng，（身子）靠着：凭几；证据：凭据/不足为凭；无论：凭你怎么使劲，也拉不动这艘船。

迫不及待（急）

及 jí，达到：波及/普及/及至/及格/顾及/惠及/目力所及/力所能及。迫不及待 急迫得不能再等待。

急 jí，容易发怒，急躁：急性子；紧急严重的事情：告急/救急/当务之急。

破釜沉舟（斧）

釜 fǔ，古代的炊事用具，相当于现在的锅：釜底游鱼/釜底抽薪。破釜沉舟 项羽跟秦兵打仗，过河后把锅都打破，船都弄沉，表示不再回来。比喻下决心，不顾一切干到底。

斧 fǔ，砍东西用的工具：斧子/斧头/板斧/斧凿痕/班门弄斧/鬼斧神工。

破格晋升（进）

晋 jìn，升，升级：晋职/晋级。破格晋升 打破既定规定的约束升职。

进 jìn，向前移动（跟"退"相对)：前进/进军/进取/进行/进步/推进/跃进/进一步提高产品质量。

启碇（锭）

碇 dìng，系船的石墩：船已下碇。启碇 起锚。

锭 dìng，做成块状的金属或药物等：银锭/金锭/钢锭/锭剂/万应锭。

启封（起）

启 qǐ，打开：启门/亲启/钧启/开启/难以启齿。启封 打开封条，也指拆开封着的信件等。

起 qǐ，由躺而坐或由坐卧趴伏而站立：起床/起立/起来/早睡早起/闻鸡起舞。

气喘吁吁（嘘）

吁 xū，叹气：长吁短叹；表示惊异：吁，是何言欤！气喘吁吁 形容大声喘气的样子。

嘘 xū，慢慢地吐气：嘘气/嘘寒问暖。

迄今（讫）

迄 qì，到：迄今为止/自古迄今。迄今 到现在。

讫 qì，（事情）完结：收讫/付讫/验讫；截止：起讫。

黔驴技穷（计）

技 jì，技能，本领：技术/绝技/杂技/竞技/技巧/口技/一技之长/雕虫小技。黔驴技穷 比喻仅有的一点伎俩也用完了。

计 jì，主意，计划，策略：计策/巧计/计谋/妙计/百年大计/缓兵之计/眉头一皱，计上心来/百年大计，教育为本。

浅尝辄止（则）

辄 zhé，总是，就：动辄得咎。浅尝辄止 略微尝试一下就停下来，指对知识问题等不作深入研究。

则 zé，用于分项或自成段落的文字的条数：试题三则。

歉收（欠）

歉 qiàn，收成不好：歉年/以丰补歉。歉收 收成不好（跟“丰收”相对）。

欠 qiàn，借别人的财物等没有还或应当给人的事物还没有给：赊欠/欠账/欠债/亏欠/拖欠/欠情/打个欠条/欠着一笔钱没还；不够，缺乏：欠佳/欠妥/欠火/缺欠/欠火候/欠考虑/万事俱备，只欠东风。

敲诈（榨）

诈 zhà，欺骗：欺诈/诈财/诈取/诈骗/讹诈/兵不厌诈/尔虞我诈。敲诈 依仗势力或用威胁、欺骗手段向别人索取财物。

榨 zhà，压出物体里的汁液：压榨/榨取/榨油/榨甘蔗。

乔装打扮（巧）

乔 qiáo，假（扮）：乔扮。乔装打扮 改换服装打扮自己以隐瞒身份。

巧 qiǎo，心思灵敏，技术高明：技巧/精巧/奇巧/小巧/能工巧匠/大巧若拙/心灵手巧/他手很巧。

巧夺天工（功）

工 gōng，精巧，精致：工细/工致/工整/工笔/工巧/工稳。巧夺天工 精巧的人工胜过天然，形容技艺极其精巧。

功 gōng，功劳（跟“过”相对）：立功/首功/功绩/功勋/将功补过/居功自傲；成效和表现成效的事情（多指较大的）：前功尽弃/教育之功/功亏一篑/大功告成/好大喜功；技术和技术修养：唱功/功力/功底/功夫/功架/功课。

沁人心脾（浸）

沁 qìn，（香气、液体等）渗入或透出：沁人肺腑/额上沁出了汗珠；向水里放。沁人心脾 吸入芳香、凉爽的空气或喝了清凉饮料使人感到舒适。也用来比喻美好的诗文、乐曲给人以清新、爽朗的感觉。

浸 jìn，在液体里泡：浸种/浸泡/浸没/浸沉/浸透/浸渍；液体渗入或渗出：浸润/衣服让汗浸湿了。

青出于蓝（兰）

蓝 lán，蓼蓝，一年生草本植物，茎红紫色，叶子长椭圆形，干时暗蓝色，花淡红色，穗状花序，结瘦果，黑褐色。叶子含蓝汁，可以做蓝色染料。种类很多，常见的有蓼蓝、水蓼、马蓼等。青出于蓝（《荀子·劝学》："青，取之于蓝，而青于蓝。"）蓝色从蓼蓝提炼而成，但是颜色比蓼蓝更深，比喻学生胜过老师，后人胜过前人。

兰 lán，兰草、兰花的俗称。多年生草本植物，叶子丛生，条形，端尖，春季开花，淡绿色，味芳香，供观赏：桂兰/吊兰/木兰/玉兰/君子兰/春兰秋菊/空谷幽兰。

青春常在（长）

常 cháng，长久的，不变的，固定的：常数/无常/学无常师/冬夏常青。青春常在 青春永驻。

长 cháng，长度，两点之间的距离：桥长/周长/裤长/身长；指空间距离远（与"短"相对）：长途/长路/长队/长号/漫长/狭长/山高水长/这条路很长；指时间跨度大（与"短"相对）：长久/长年/长鸣/长期/天长地久/夜长梦多/来日方长。

青春永驻（住）

驻 zhù，停留：进驻/留驻/派驻/驻足/永驻。青春永驻 青春常在。

住 zhù，居住，住宿：小住几日/住了一夜/他家在这里住了好几代。

"住"，泛指通常意义的居住，住宿；"驻"，指停留，留住，特指为军事目的或执行公务而驻扎、留住。

青睐（亲）

青 qīng，黑色：青纱/青布。青睐 指人高兴时眼睛正看着，黑色的眼珠在中间，比喻喜爱或重视（跟"白眼"相对）。

亲 qīng，亲自：亲身/亲手/亲口/亲历/亲征/亲临前线/事必躬亲/

亲眼所见。

轻而易举（一）

易 yì，做起来不费事的，容易（跟“难”相对）：浅易/简易/易如反掌/显而易见/得来不易。轻而易举 形容事情很容易做。

一 yī，数目，最小的正整数：一天/一片/独一无二/举一反三/不堪一击/大吃一惊/当头一棒/济济一堂。

清脆（轻）

清 qīng，清楚：说不清/问清底细/清清楚楚/。清脆（声音）清楚悦耳，也指（食物）脆而清香。

轻 qīng，轻松：轻闲/轻音乐/无病一身轻。

顷刻之间（倾）

顷 qǐng，短时间：有顷/俄顷即去/顷刻间大雨如注。顷刻之间 极短的时间里。

倾 qīng，歪，斜：向前倾/墙体有些倾斜；倒塌：倾颓/倾覆/大厦将倾。

穷奢极侈（耻）

侈 chǐ，浪费：侈靡/豪侈。穷奢极侈 极端奢侈，极度享受。也说穷奢极欲。

耻 chǐ，耻辱：雪耻/国耻/奇耻大辱/报仇雪耻/浪费可耻/不以为耻，反以为荣。

穷途末路（没）

末 mò，最后，终了，末尾：春末/始末/周末/末了/末期/末路/末日/末班车。穷途末路 形容无路可走，也用来比喻没落衰亡的境地。

没 méi，没有，无：没用/没脸/没词/没辙/没劲/没趣/他没哥哥/我没那本书。

曲高和寡（合）

和 hè，和谐地跟着唱：附和/应和/一倡百和/一唱一和/此唱彼和/随声附和/遥相应和。曲高和寡 乐曲的格调越高，能跟着唱的人越少，原指知音难得，现比喻言论或艺术作品不通俗，能理解或欣赏的人很少，含有讽刺意味。

合 hé，结合到一起，凑到一起，共同（跟“分”相对）：合力/合奏/合并/合办/合唱/悲欢离合/劳逸结合/珠联璧合。

取胜绝招（决）

绝 jué，独一无二的，没有人能赶上的：绝代/绝世/绝技/绝顶/艰苦卓绝/拍案叫绝/师傅的手艺真绝/他的书画可称双绝。取胜绝招 能帮助获得胜利的而又没有人能赶上的手段、计策。

决 jué，决定最后胜败：决赛/决战/决胜/速战速决/今日乒乓球要决出前三名。

去世（逝）

世 shì，社会，人间：问世/世道/世间/世风/世面/世故/惊世骇俗/公之于世。去世（成年人）死去，逝世。

逝 shì，死亡：病逝/长逝/逝世/永逝/伤逝/。

全神贯注（灌）

贯 guàn，穿，贯通：贯穿/贯通/贯彻/贯注/如雷贯耳/学贯古今/融会贯通。全神贯注 全副精神高度集中。

灌 guàn，浇，灌溉：春灌/排灌/浇灌/漫灌/提灌/引水灌田。

贯注：将精神、精力集中；灌注：用液体浇灌。

却之不恭（缺）

却 què，推辞，拒绝：推却/辞却/谢却/闭门却扫/盛情难却。却之不恭 对于别人的馈赠、邀请等，如果拒绝就显得不恭敬，是接受别人馈赠或邀请时说的客套话。

缺 quē，缺少，不够：缺课/缺肥/短缺/欠缺/缺材料/短斤缺两/宁缺毋滥/东西准备齐全，什么也不缺了；该到未到：缺席/缺勤/缺席审判/不能无故缺勤。

染坊（房）

坊 fáng，小手工业者的工作场所：作（zuō）坊/油坊/粉坊/磨坊。染坊 染绸、布、衣服等的作坊。

房 fáng，住人或放东西的建筑物：楼房/瓦房/平房/一所房/三间房。

热气腾腾（汽）

气 qì，气势，气氛：胆气/景气/口气/锐气/盛气/气吞山河。热气腾腾 比喻热烈的情绪或气氛。

汽 qì，特指水蒸气：汽机/汽船/汽笛。

人情世故（事）

世 shì，一代又一代：世仇/世交；社会，人间：问世/世人/世道。人情世故 为人处世的道理。

事 shì，事情：公事/婚事/平安无事/事必躬亲/料事如神/国家大事/新人新事/这事容易办；从事：不事劳动/大事宣扬/无所事事。

人所不齿（耻）

齿 chǐ，说到，提起：齿及/启齿/何足挂齿/不足齿数。人所不齿 人不愿意提到（表示鄙视）。

耻 chǐ，耻辱，羞愧：雪耻/无耻/羞耻/可耻/奇耻大辱/恬不知耻/寡廉鲜耻/厚颜无耻。

认识肤浅（浮）

肤 fū，表面的，浮浅：肤浅/肤泛。认识肤浅 认识浅薄，不够深刻。

浮 fú，在表面上的：浮土/浮雕/浮名/内容浮浅。

“肤浅”意思是局限于表面、不深刻，侧重于指学识、观点、认识、理解、体会等的浅薄和不深刻。“浮浅”指轻浮、浅薄，侧重于指人性格不稳重、不踏实，缺乏内涵和修养。

任劳任怨（仍　忍）

任 rèn，担当，承受：任课/任教/出任/任职/担任/常任/兼任/连选连任。任劳任怨 做事不辞劳苦，不怕别人埋怨。

仍 réng，仍然，依然：仍须努力/病仍不见好/仍和以前一样。

忍 rěn，忍耐，忍受：忍让/忍痛/坚忍/容忍/隐忍/惨不忍睹/忍不住笑了/是可忍，孰不可忍？

日暮途穷（没）

暮 mù，傍晚：暮色/薄暮/桑榆暮景/朝三暮四；（时间）将尽，晚：迟暮/岁暮/垂暮/暮春/暮年/天寒岁暮/美人迟暮。日暮途穷 天黑下去了，路走到头了。比喻到了末日。

没 méi，表示“已然”的否定：他还没回来；表示“曾经”的否定：银行昨天没开门。

没 mò，（人或物）沉下或沉没：吞没/覆没/沉没/没入水中/太阳将没未没的时候，水面泛起了一片红光。

融会贯通（溶）

融 róng，融合，调和：通融/融洽/水乳交融。融会贯通 参合多方面的知识或道理而得到全面的、透彻的领悟。

溶 róng，溶化，溶解：溶液/溶剂/溶质/盐溶于水/樟脑溶于酒精而不溶于水。

“溶”“融”不同：溶，从“水”，意思是物质在水或其他液体中转化为溶液；融，意思是消融、融合、调和。

如雷贯耳（灌）

贯 guàn，连贯，穿通：贯通/贯彻/学贯古今/气贯长虹/一以贯之/恶贯满盈/全神贯注/融会贯通。如雷贯耳 形容人的名声很大。

灌 guàn，倒进去或装进去（多指液体、气体或颗粒状物体）：灌了一瓶热水。

入不敷出（付）

敷 fū，够，足：敷用。入不敷出 收入不够开支。

付 fù，交给：付印/付表决/付诸实施/付之一炬/尽付东流/付出了辛勤的劳动；给（钱）：付款/支付。

入木三分（目）

木 mù，木头：枣木/榆木/樟木/木箱/土木/独木难支/大兴土木。入木三分 相传晋代书法家王羲之在木板上写字，刻字的人发现墨汁透入木板有三分深（见于唐代张怀瓘《书断》）。后用来形容书法有力，也用来比喻议论、见解深刻。

目 mù，眼睛：目测/目睹/目送/注目/目不转睛/有目共睹/一目十行/历历在目。

锐不可当（挡）

当 dāng，抵挡，阻挡：势不可当/螳臂当车/一夫当关，万夫莫开。锐不可当 形容来势凶猛，不可阻挡。

挡 dǎng，拦住，抵挡，遮蔽：拦挡/挡风/挡雨/遮挡/阻挡/挡住光线/挡住去路/兵来将挡，水来土掩/山高挡不住太阳/一件单衣可挡不了夜里的寒气。

若即若离（及）

即 jí，靠近，接触：不即不离/可望而不可即。若即若离 好像接近，又好像不接近。

及 jí，赶上：及时/及早/望尘莫及。

弱不禁风（经）

禁 jīn，禁受，耐：禁得起考验/这双鞋禁穿；忍住：不禁/情不自禁/忍俊不禁。弱不禁风 形容身体虚弱，连风吹都禁不住。

经 jīng，经受：经风雨；经过：经年累月。

三番五次（翻）

番 fān，回，遍，次：解说一番/思考一番/几番周折/翻了一番（数量加了一倍）。三番五次 表示次数多。

翻 fān，（数量）成倍地增加：生产翻番/翻了几倍/生产翻了两番。

三脚架（角）

脚 jiǎo，东西的最下部：墙脚/山脚/高脚杯。三脚架 安放照相机、测量仪器等用的有三个支柱的架子。

角 jiǎo，形状像角的东西：皂角/菱角/触角。

煞费苦心（废）

费 fèi，花费，耗费：费心/浪费/枉费/旷费/消费/破费/白费/费了半天工夫。煞费苦心 费尽心思。

废 fèi，不再使用，不再继续：废除/废弃/废止/废学/报废/荒废/半途而废/这个煤窑废了。

煞费苦心（杀）

煞 shà，极，很：煞有介事/脸色煞白。煞费苦心（同上）。

杀 shā，使人或动物失去生命，弄死：杀虫/宰杀/杀敌/杀虫药/杀一儆百/格杀勿论/自相残杀/杀鸡焉用牛刀。

姗姗来迟（跚　珊）

姗（shān）**姗**，形容走路缓慢从容的姿态。姗姗来迟 形容来得很晚。

蹒跚（shān），腿脚不灵便，走路缓慢、摇摆的样子：蹒跚学步/步履蹒跚。也作盘跚。

珊（shān）**瑚**，许多珊瑚虫的石灰质骨骼聚集而成的东西，形状有树枝状、盘状、块状等，有红、白、黑等颜色。可供玩赏，也用作装饰品。

闪烁其词（奇）

其 qí，他的，他们的：各尽其才/自食其言/言过其实/勉为其难/两全其美/出其不意/各得其所/自圆其说。闪烁其词 形容说话吞吞吐吐，躲躲闪闪。

奇 qí，特殊的，稀罕的，非常的：奇事/奇勋/奇志/奇闻/奇异/奇耻大辱/商品奇缺/山势奇险。

擅长辞令（善）

擅 shàn，长于某种学术或技能，长于，善于：擅长/不擅辞令/擅长绘画。擅长辞令 长于在交际场合应对得宜的话语。也作擅长词令。

善 shàn，友好，和好：亲善/友善；擅长，长于：善战/多谋善断/善解人意/英勇善战/能言善辩/长袖善舞。

赏心悦目（阅）

悦 yuè，使愉快：悦耳。赏心悦目 指因欣赏美好的情景而心情舒畅。

阅 yuè，看（文字）：阅读/阅报/传阅/订阅/翻阅/赏阅/借阅/赠阅；经历，经过：阅历/阅世/试行已阅三月。

稍纵即逝（梢）

稍 shāo，略微：稍候/稍稍/稍为/稍许/衣服稍长了一点/你稍等一等。稍纵即逝 稍微一放松就溜过去了，形容时间、机会等易失去。

梢 shāo，条状物的较细的一头：辫梢/鞭梢/梢头/树梢/眉梢。

稍纵即逝（失）

逝 shì，（时间、水流等）过去：飞逝/流逝/消逝/青春易逝/时光流逝/岁月易逝/逝去的时光。稍纵即逝（同上）。

失 shī，失掉，丢掉（跟“得”相对）：遗失/丧失/失血/失传/顾此失彼/得不偿失/坐失良机/不要失了信心。

舍生取义（身）

生 shēng，生命：杀生/丧生/残生/苍生/死里逃生。舍生取义 为正义而牺牲生命。

身 shēn，人或动物的躯体：全身/上身/抽身/动身/分身/健身/热身/粉身碎骨；指生命：杀身/护身符/杀身之祸/奋不顾身/以身殉职/舍身炸碉堡。

摄像机（象）

像 xiàng，比照人物制成的形象：画像/塑像；好像：像要放晴了。<u>摄像机</u> 电视技术中用来摄取人物、景物并记录声音的装置。它可将图像分解并变成电信号，用来拍摄文体节目、集会及个人娱乐活动、婚礼等。通常有光学摄像机、数字摄像机等。

象 xiàng，形状，样子：景象/天象/气象/印象/万象更新/注意形象/夜观天象/气象预报。

身体力行（立）

力 lì，努力，尽力：力战/力争上游/维护甚力/力求完美/据理力争/亲力亲为。<u>身体力行</u> 亲身体验，努力实行。

立 lì，站：立正/肃立/伫立/矗立/独立/林立/挺立/屹立；立刻：立奏奇效/立候回音/立即出击/当机立断/立行停业/立即去做。

深孚众望（负）

孚 fú，使人信服。<u>深孚众望</u> 很使群众信服。

负 fù，担负：负担/负罪/负荷/负责/如释重负/文责自负/身负重任；背弃，辜负：负约/负心/亏负/忘恩负义/有负重托。

深沟险壑（豁）

壑 hè，山沟或大水坑：沟壑/丘壑/千山万壑/沟壑纵横/以邻为壑。<u>深沟险壑</u> 既深又险的大山沟。

豁 huò，开阔，开通，通达：豁亮/显豁/豁达/豁朗/豁然开朗。

神州（洲）

州 zhōu，旧时的一种行政区划，所辖地区的大小历代不同，现在这种名称还保留在地名里，如广州、扬州、苏州、德州；指自治州：延边朝鲜族自治州。<u>神州</u> 战国时人驺衍称中国为“赤县神州”，后来用“神州”做中国的代称。

洲 zhōu，河流中由沙石、泥土淤积而成的陆地：沙洲/三角洲/长江三角洲；一块大陆和附近岛屿的总称，地球上有七大洲，即亚洲、欧洲、非洲、北美洲、南美洲、大洋洲、南极洲。

生杀予夺（与）

予 yǔ，给：赐予/给予/赋予/予以/授予/免予处分/请予批准。<u>生杀予夺</u> 指统治者掌握生死、赏罚的大权。

与 yǔ，介词，跟，同，向：与世无争/与民同乐/与虎谋皮/与困难作斗争；连词，和：工业与农业/教师与学生；给：赠与/付与/施与/与人方便/信件已交与本人。

声名鹊起（雀）

鹊 què，喜鹊：鹊起/鹊桥/鹊巢鸠占。声名鹊起 形容名声迅速提高。

雀 què，鸟类的一科，体形较小，发声器官较发达，有的叫声很好听，嘴呈圆锥状，翼长，雌雄羽毛的颜色多不相同，雄鸟的颜色常随气候改变，吃植物的果实或种子，也吃昆虫：雀鹰/雀跃/麻雀/门可罗雀。

声名显耀（要）

耀 yào，炫耀，显示出来：夸耀/显耀/耀武扬威；光荣：荣耀。声名显耀 声望和名气显赫。

要 yào，索取：索要/要账/向荒山要粮/小弟弟跟姐姐要钢笔用；希望保有：这双鞋我还要呢。

“显耀”指声誉、权势等显赫；“显要”指官职高而权柄大，也指官职高而权柄大的人。

声音洪亮（宏）

洪 hóng，大：洪水/洪量/洪钟/洪福/洪流/洪恩/洪炉/洪大。声音洪亮 声音大，响亮。

宏 hóng，远大，博大：宏大/宏伟/恢宏/宏图/宏愿/宽宏大量/取精用宏/气量宽宏。

盛气凌人（神）

盛 shèng，强烈，旺盛：气盛/心盛/盛夏/年轻气盛/火势很盛。盛气凌人 傲慢的气势逼人。

神 shén，特别高超或出奇，令人惊异的：神奇/神通/神速/神效；精神，精力：养神/出神/费神/提神/聚精会神/貌合神离/心旷神怡/心领神会。

时不我待（失）

时 shí，时间，一切物质不断变化或发展所经历的过程：时空/时差/计时器/惜时歌/不时之需/审时度势/与时俱进/风行一时。时不我待时间不等人，指要抓紧时间。

失 shī，失掉，丢掉（跟“得”相对）：遗失/丧失/失血/失传/坐失良机/顾此失彼/得不偿失。

实地考察（查）

察 chá，仔细看，调查研究：勘察/视察/观察/察看/察访/察觉/察其言，观其行。实地考察 在现场细致深刻地观察。

查 chá，翻检着看：查字典/查地图；检查：查账/盘查/查收/查点/抽查/复查/考查/搜查；调查：查访/查勘/普查/探查/侦查/追查。

矢志不渝（逾　遇）

渝 yú，（感情或态度）改变：坚贞不渝/始终不渝。矢志不渝 发誓立志，绝不改变。

逾 yú，超过，越过：逾期/逾限/逾常/逾分/逾越/逾额。

遇 yù，相逢，遭遇到：相遇/巧遇/奇遇/境遇/遇雨/遇险/百年不遇/不期而遇。

世外桃源（市）

世 shì，社会，人间：世上/世人/问世/世道/世间/世风/世面/公之于世。世外桃源 晋代陶潜在《桃花源记》中描述的一个与世隔绝的、不遭战祸的安乐而美好的地方。后借指不受外界影响的地方或幻想中的美好世界。

市 shì，做买卖或做买卖的地方：开市/菜市；人口密集的行政中心或工商业、文化发达的地方：城市/都市/市容/市民/市区/市政管理处。

世外桃源（园）

源 yuán，水流起头的地方：河源/泉源/水源/发源/源远流长/饮水思源。世外桃源（同上）。

园 yuán，种蔬菜、花果、树木的地方：花园/菜园/园林/园丁/园田/果园/园艺；供人游览娱乐的地方：公园/动物园/植物园。

事半功倍（工）

功 gōng，成就，成效：成功/好大喜功/事倍功半/马到成功/教育之功/功亏一篑/大功告成/徒劳无功。事半功倍 形容花费的气力小，收到的成效大。

工 gōng，工作，生产劳动：做工/工具/上工/加工/歇工/工厂/手工/勤工俭学。

事过境迁（景）

境 jìng，境况，境地：绝境/苦境/情境/顺境/逆境/困境/处境/家境/境遇。事过境迁 事情已经过去，客观环境也改变了。

景 jǐng，风景，风光：胜景/光景/雪景/春和景明/触景生情/良辰美景/景致真好/景色秀丽。

视死如归（誓）

视 shì，看待：轻视/重视/藐视/歧视/忽视/自视清高/等闲视之/一视同仁。视死如归 把死看做像回家一样，形容不怕死。

誓 shì，表示决心依照说的话实行，发誓：誓死/誓师/誓不甘休/誓不两立/誓为死难烈士报仇。

是非界线（限）

线 xiàn，边缘交界的地方：前线/火线/防线/战线/边防线/国境线/海岸线。是非界线 区分是非的标准。

限 xiàn，指定的范围，限度：界限/极限/上限/无限/局限/期限/权限/以年底为限。

"界线"与"界限"有所不同。"界线"，两个地区分界的线：跨越界线；不同事物的分界，区分事物的标准：区分敌我的界线某些事物的边缘：图形的界线。"界限"，不同事物的分界：划清界限/界限分明；尽头处，限度：正当防卫不能超过界限/殖民主义者的野心是没有界限的。当说到不同事物的分界时，一般使用"界限"而不用"界线"。

适得其反（事）

适 shì，刚巧：适逢其会/适值今日/适可而止。适得其反 结果跟希望正好相反。

事 shì，关系或责任：回去吧，没有你的事了；侍奉：事父母至孝。

首屈一指（曲）

屈 qū，弯曲，使弯曲：屈指/屈膝/屈指可数/能屈能伸/佶屈聱牙/猫屈着后腿，竖着尾巴。首屈一指 弯下手指头计数，首先弯下大拇指，表示第一。

曲 qū，弯（跟“直”相对）：曲线/曲径/曲折/弯曲/蜷曲/盘曲/曲尺/曲径通幽/弯腰曲背/山回水曲/山间小路曲曲弯弯；弯曲的地方：河曲；不公正，不合理：曲解/扭曲/是非曲直/委曲求全。

首屈一指（手）

首 shǒu，第一，最高的：首相/首府/首脑/首席代表。首屈一指（同上）。

手 shǒu，人体上肢前端能拿东西的部分：放手/分手/摆手/徒手操/手工艺品/两手空空。

授予奖章（受）

授 shòu，交付，给予（多用于正式或隆重的场合）：授勋/授衔/授旗/授奖/授权。授予奖章 给予奖章。

受 shòu，接受：领受/受贿/受教育/受到帮助/逆来顺受。

梳妆打扮（装）

妆 zhuāng，化妆：梳妆。梳妆打扮 梳洗打扮，使容貌清丽，衣着合体。

装 zhuāng，服装：新装/冬装/时装/西装/军装/春装；修饰，打扮，化装：装饰/装点/装潢设计/他装老头儿/装扮成小生。

束手无策（缩）

束 shù，捆，系（jì）：束发/装束/束身/束手/束缚/束手就擒/束之高阁。束手无策 比喻一点办法也没有。

缩 suō，后退：退缩/畏缩/遇到困难决不退缩/谁也不许往后缩。

水分（份）

分 fèn，成分：糖分/养分/盐分/油分。水分 物体内所含的水，比喻某一情况中夹杂的不真实的成分。

份 fèn，整体里的一部分：股份/份额/双份。

水龙头（笼）

龙 lóng，我国古代传说中的神异动物，身体长，有鳞，有角，有脚，能走、飞、游泳，能兴云降雨：东海龙王/龙马精神/藏龙卧虎/画龙点睛/生龙活虎/车水马龙/望子成龙/叶公好龙。水龙头 自来水管上的开关。

笼 lóng，笼子：竹笼/兔笼/鸟笼/笼中鸟/鸡从笼里跑出来了。

龙头：自来水管的放水活门，有旋转装置可以打开或关上；自行车的把（bǎ）；比喻带头的、起主导作用的事物；江湖上称帮会的头领。

笼头：套在骡马等头上的东西，用皮条或绳子做成，用来系缰绳，有的并挂嚼子。

水乳交融（溶）

融 róng，融合，调和：通融/融洽/融会贯通。水乳交融 水和乳汁融合在一起，比喻关系极其融洽或结合十分紧密。

溶 róng，溶化，溶解：溶液/溶剂/溶质/盐溶于水/樟脑溶于酒精而不溶于水。

水泄不通（泻）

泄 xiè，（液体、气体）排出：排泄/煤气泄漏/积水泄不出去。水泄不通 形容十分拥挤或包围得非常严密，好像连水都不能泄出。

泻 xiè，很快地流：奔泻/喷泻/流泻/倾泻/一泻千里。

水蒸气（汽）

气 qì，气体：毒气/煤气/沼气/氧气/氮气。水蒸气 气态的水。常压下液态的水加热到100℃时就开始沸腾，迅速变成水蒸气。也叫蒸汽。

汽 qì，液体或某些固体受热而变成的气体，例如水变成的水蒸气；特指水蒸气：汽机/汽船。

死皮赖脸（癞）

赖 lài，指无赖：耍赖/赖皮/他说话不算数，太赖了。死皮赖脸 形容不顾羞耻，一味纠缠。

癞 lài，黄癣。

四处传诵（颂）

诵 sòng，称述，述说：传诵/诵读。四处传诵 到处传布诵读或称道。

颂 sòng，颂扬，赞扬别人的好处：歌颂/赞颂/唱颂歌/歌功颂德/交口称颂。

“传颂”指辗转传布颂扬，“传诵”也有辗转传布称道的意思，但还有辗转传布诵读之义。

驷马难追（四）

驷 sì，古代同驾一辆车的四匹马，或者套着四匹马的车：一言既出，驷马难追。驷马难追 四匹马拉的车，也追不上说出口的话，形容话出口难收。

四 sì，三加一后所得的数目：四部/四书/四声/四体/四则/四海/四大皆空/四维空间。

肆无忌惮（弹）

惮 dàn，怕，畏惧：不惮其烦。肆无忌惮 任意妄为，没有一点顾忌。

弹 dàn，装有爆炸物可以击毁人、物的东西：炸弹/炮弹/枪弹。

弹 tán，由于一物的弹性作用使另一物射出去；用手指、器具拨弄或敲打，使物体振动：弹钢琴；抨击：弹劾/讥弹。

怂恿（纵　耸）

怂 sǒng，惊惧。怂恿 鼓动别人去做（某事）。

纵 zòng，放任，不约束：骄纵/娇纵/放纵/纵情/纵欲/不能纵着孩子。

耸 sǒng，引起注意，使人吃惊：耸动/危言耸听/耸人听闻。

耸人听闻（悚）

耸 sǒng，引起注意，使人吃惊：危言耸听。耸人听闻 故意说夸大或惊奇的话，使人震惊。

悚 sǒng，[illegible]怕：悚然/悚惧/毛骨悚然。

颂扬（诵）

颂 sòng，颂扬、赞扬别人的好处：歌颂/赞颂/唱颂歌/歌功颂德/交口称颂。颂扬 歌颂赞扬。

诵 sòng，读出声音来，念：朗诵；背诵：熟读成诵/过目成诵；称述，述说：传诵/诵读。

素昧平生（贫）

平 píng，经常的，普通的：平时/平淡/平常。素昧平生 一向不相识。

贫 pín，穷（跟“富”相对）：贫农/贫民/贫苦/贫穷/清贫/脱贫/安贫乐道/敬老怜贫。

随声附和（合）

和 hè，和谐地跟着唱：附和/应和/一唱一和/此唱彼和/遥相应和/

曲高和寡/一倡百和。随声附和 别人说什么，自己跟着说什么，形容没有主见。

合 hé，合在一起，聚在一起：合并/聚合/合奏/混合/重合/联合/集合/悲欢离合。

琐碎（锁）

琐 suǒ，细小，零碎：琐事/烦琐/琐屑/琐议/琐事缠身/逸闻琐事。琐碎 细小而繁多。

锁 suǒ，加在门、箱等上面使人不能随便打开的金属器具，要用钥匙、密码、磁卡等才能打开：车锁/锁钥/门锁；锁链：枷锁/锁镣。

谈笑风生（声）

生 shēng，产生，发生：生病/生效/萌生/派生/乐极生悲/和气生财/惹是生非；生长，可以发育的物体在一定的条件下发育长大：生根/野生/再生/丛生/衍生/增生/种子生芽。谈笑风生 形容谈话谈得高兴而有风趣。

声 shēng，声音：雨声/童声/尾声/有声有色/怨声载道/鸦雀无声/异口同声/小声说话。

袒露心声（坦）

袒 tǎn，脱去或敞开上衣，露出（身体的一部分）：袒胸露背。袒露心声 吐露发自内心的想法。

坦 tǎn，坦白，坦率：坦承/坦陈/坦言/坦诚/坦称。

滔天罪行（涛）

滔 tāo，大水弥漫，引申为极大：滔天/滔滔/波浪滔天。滔天罪行 漫天大罪，形容罪行极大。

涛 tāo，大的波浪：波涛/怒涛/惊涛骇浪/波涛汹涌。

提出异议（义）

议 yì，意见，言论：建议/提议/异议/协议/决议。提出异议 提出不同的意见。

义 yì，意义，道理：词义/贬义/褒义/含义/字义/定义/义项/疑义。

提心吊胆（掉）

吊 diào，悬挂：吊灯/吊桥/房梁上吊着四盏光彩夺目的大红灯。提心吊胆 形容十分担心或害怕。

掉 diào，落：掉眼泪/掉头发/掉在水里/笔掉在地上/被击中的敌机掉在海里了。

题词纪念（提）

题 tí，写上，签署：题词/题字/题名/题诗。提词纪念 写一段话表示纪念。

提 tí，指出或举出：提议/提倡/提醒/提意见/提问题/提供材料/经他一提，大家都想起来了。

“题词”作为名词，指的是为了纪念或勉励而写出来的话；作动词时，则指写一段话表示纪念或勉励。“提词”指的是演出时给台上的演员提示台词。

天翻地覆（复）

覆 fù，翻，倒过来：覆舟/颠覆/覆车/覆没/倾覆/翻覆。天翻地覆形容变化极大或闹得很凶。

复 fù，转过去或转回来：反复/往复。

同仇敌忾（慨）

忾 kài，愤恨。同仇敌忾 全体一致地仇恨敌人。

慨 kǎi，愤激：愤慨；感慨：慨叹/慨然。

投机倒把（捣）

倒 dǎo，倒买倒卖，进行投机活动：倒汇/倒粮食/倒邮票。投机倒把 指以买空卖空、囤积居奇、套购转卖等手段牟取暴利。

捣 dǎo，砸，舂，捶打：捣蒜/捣米/捣衣；搅扰：捣乱/捣鬼/捣蛋/捣麻烦。

团圆（园）

圆 yuán，圆满，周全：圆通/这话说得不圆。团圆（夫妻、父子等）散而复聚。

园 yuán，种植蔬菜、花果、树木的地方：果园/园艺/花园/菜园/园地/园林/园丁；供人游览娱乐的地方：公园/动物园/游乐园/园中游人很多。

推陈出新（除）

出 chū，显露：出名/出头/出面/出现/出来/出洋相/水落石出/人才辈出。推陈出新 去掉旧事物的糟粕，取其精华，并使它向新的方向发展（多指继承文化遗产）。

除 chú，去掉：除害/根除/铲除/除名/解除/为民除害/斩草除根；不计算在内：除此以外/除了这个人/这篇文章除附表外只有三千字。

推心置腹（至）

置 zhì，放，搁，摆：布置/安置/搁置/漠然置之/置之脑后/置之不理/置若罔闻/置于桌上。推心置腹 比喻真心待人。

至 zhì，到：至今/截至/由南至北/至今未忘/自始至终/至死不屈/无微不至/接踵而至。

蜕化变质（退）

蜕 tuì，蛇、蝉等脱皮：蜕皮/蜕变/蜕化；鸟换毛（脱毛重长）：蜕毛。蜕化变质虫类脱皮，发生形体变化，比喻人的品质变坏，腐化堕落。

退 tuì，向后移动（跟“进”相对）：倒退/退后/退让/退步/败退/后退/进退两难/以退为进。

“退化”指生物体在进化过程中某一部分器官变小，构造简化，机能减退甚至完全消失。也泛指事物由优变劣、由好变坏。

挖墙脚（角）

脚 jiǎo，物体的最下部：山脚/墙脚/高脚杯。挖墙脚 拆台。常比喻通过破坏手段来从根本上摧毁事物或损害他人。

角 jiǎo，物体两个边沿相接的地方，角落：拐角/转角/眼角/鬓角/额角/桌子角/钩心斗角/拐弯抹角。

“墙角”指的是相邻墙壁的交角，“墙脚”即墙根。“墙脚”还有一个比喻义：事物的根本、事物赖以建立的基础。“挖墙角”仅具本义，不具“拆台”义，因此义“角”为别字。

歪风邪气（斜）

邪 xié，不正当：邪说/邪教/邪门歪道/邪不压正/改邪归正/异端邪说。歪风邪气 不正派、不正当的作风和风气。

斜 xié，不正，跟平面或直线既不平行也不垂直的：斜线/斜坡/斜对面/纸裁斜了/斜阳余晖/斜风细雨/斜对面是学校。

玩物丧志（伤）

丧 sàng，丢掉，失去：丧胆/丧命/丧偶/丧失/闻风丧胆/丧家之犬

/丧尽天良/丧权辱国。玩物丧志 醉心于玩赏所喜好的东西，从而消磨掉志气。

伤 shāng，伤害，损害：伤神/伤感情/伤脑筋/伤脾胃/暗箭伤人/劳民伤财/两败俱伤/伤筋动骨。

惋惜（婉）

惋 wǎn，叹惜，惊叹：叹惋/惋伤。惋惜 对人的不幸遭遇或事物不尽如人意的变化表示同情、可惜。

婉 wǎn，美好：婉丽；（说话）婉转：婉词/婉言/委婉/婉谢/哀婉/和婉/凄婉/清婉；柔顺：婉顺。

万事俱备，只欠东风（具）

俱 jù，全，都：与时俱进/泥沙俱下/声色俱厉/与日俱增/一应俱全/百废俱兴/面面俱到。万事俱备，只欠东风 三国时周瑜计划火攻曹操，一切都准备好了，只差东风还没有刮起来，不能顺风放火。后比喻样样都准备好了，只差最后一个重要条件。

具 jù，备有，拥有：具有/具备/初具规模/略具轮廓/别具一格/独具匠心/独具慧眼。

往返（反）

返 fǎn，回，归：返工/返航/返校/返修/乐而忘返/流连忘返。往返 来回，反复。

反 fǎn，翻转，颠倒：反败为胜/反守为攻/易如反掌；回，还：反攻/反光/反问/反求诸己。

枉费心机（妄）

枉 wǎng，徒然，白白地：枉然。枉费心机 白白地耗费心思。

妄 wàng，荒谬不合理：妄动/妄想/狂妄/妄人/妄念/虚妄/狂妄自大/痴心妄想。

妄自菲薄（枉 望）

妄 wàng，非分地、不合常规地，胡乱：妄加猜疑/胆大妄为。妄自菲薄 过分地看轻自己。

枉 wǎng，白白地，徒然：枉然/枉费/枉费心机。

望 wàng，盼望，希望：厚望/绝望/渴望/失望/大喜过望/望子成龙/望眼欲穿/望准时到会。

为富不仁（人）

仁 rén，对人友爱，有同情心：仁心/仁政/仁厚/仁义/仁爱/仁慈/麻木不仁/仁至义尽。为富不仁 靠剥削发财致富的人没有好心肠（语出《孟子·滕文公上》）。

人 rén，能制造工具并使用工具进行劳动的高等动物：男人/女人/人们/人类/人群/人海/动人心弦/引人入胜；指人的品质、性格或名誉：伤人/损人/丢人/他人老实/丢人现眼。

为国家着想（作）

着 zháo，接触，挨上：上不着天，下不着地；感受，受到：着凉；燃烧：炉子着得很旺；用在动词后，表示已经达到目的或有了结果：睡着了。

着 zhuó，使接触别的事物，使附着在别的物体上：着笔/着手/着墨/沉着/着眼/着色/不着痕迹。为国家着想 为国家考虑。

作 zuò，起，兴起：振作/枪声大作/日出而作/振作精神/一鼓作气；进行某种活动：作乱/作孽/作案/操作/耕作/制作/作报告/自作自受。

唯命是听（为）

唯 wéi，单单，只：唯恐/唯有/唯一/唯恐落后/唯我独尊。唯命是听 让做什么，就做什么，绝对服从。也作惟命是听、唯命是从。

为 wèi，表示原因、目的：为和平而奋斗/为早日实现四化而奋斗/为了美好的明天而努力。

委靡不振（痿）

委 wěi，无精打采，不振作：委靡/委顿。委靡不振 意志消沉，精神不振作。也作萎靡不振。

痿 wěi，中医指身体某一部分萎缩或失去机能的病：下痿/阳痿。

委曲求全（屈）

曲 qū，弯曲（跟“直”相对）：曲折/曲线/曲尺/曲径/弯腰曲背/山回水曲/曲径通幽/弯曲的溪流。委曲求全 勉强迁就以求保全，为顾全大局而暂时忍让。

屈 qū，弯曲，使弯曲：屈膝投降/能屈能伸/首屈一指/佶屈聱牙/屈指可数；屈服，使屈服：不屈/不屈不挠/威武不屈/宁死不屈。

“委曲”：（曲调、河流、道路等）弯弯曲曲、曲折延伸；事情的原委和底细（如“告之这其中的委曲”）；文辞曲折含蓄；还可指屈身折节。“委屈”：受到不应有的指责或待遇，心里很难受；或指亏待别人，让人受到委屈（如“对不起”，委屈你了）。

文过饰非（闻）

文 wén，柔和，不猛烈：文弱/文雅/斯文/文火/文绉绉；掩饰。文过饰非 掩饰过失、错误。

闻 wén，听见：闻讯/耳闻/风闻/骇人听闻/不闻不问/喜闻乐见/听而不闻/耳闻不如目见；听见的事情，消息：要闻/奇闻/绯闻/丑闻/新闻/传闻/趣闻/孤陋寡闻；名声：令闻/秽闻/默默无闻。

文过饰非（是）

饰 shì，掩饰：饰词/矫饰/粉饰/文饰/粉饰太平。文过饰非（同上）。

是 shì，对，正确（跟“非”相对）：不是/自以为是/实事求是/一无是处/各行其是/积非成是/莫衷一是。

文身（纹）

文 wén，在身上、脸上刺画花纹或字：文眉/文了双颊。文身 在人体上绘成或刺成带颜色的花纹或图形。

纹 wén，泛指各种花纹：指纹/螺纹/波纹/皱纹/斜纹/斑纹/裂纹/纹饰。

闻风而动（文）

闻 wén，听见：闻讯/耳闻/风闻/骇人听闻/不闻不问/喜闻乐见/听而不闻/耳闻不如目见；用鼻子嗅：你闻一闻。闻风而动 一听到消息就立刻行动。

文 wén，柔和，不猛烈：文雅/文弱/文火/斯文/文绉绉。

诬告（污）

诬 wū，捏造事实冤枉人：诬害/诬赖/诬陷/诬枉/诬蔑/诬良为盗。诬告 无中生有地控告别人有犯罪行为。

污 wū，浑浊的水，泛指脏东西：粪污/污垢/血污/去污粉/同流合污；弄脏：玷污/污辱/奸污。

无耻谰言（滥）

谰 lán，抵赖：抵谰；诬赖：谩谰/不可相谰。无耻谰言 不顾羞耻讲的无根据、诬赖的话。

滥 làn，过度，没有限制：滥用职权/滥伐乱砍/陈词滥调/宁缺毋滥。

无耻之尤（至）

之 zhī，助词，表示一般的修饰关系：意料之中/十分之九/缓兵之计/千里之外/光荣之家/无价之宝。无耻之尤 最无耻的（尤：特异的，突出的）。

至 zhì，到：至此/至极/截至/接踵而至/无微不至/自始至终；极，最：至少/至爱/至宝/至诚/至尊/至亲/至交/至高无上。

无济于事（计）

济 jì，有益，成：济事/假公济私。无济于事 对于事情没有什么帮助，指解决不了问题。

计 jì，主意，策略，计划：计策/巧计/计谋/空城计/苦肉计/言听计从/百年大计/无计可施。

无上光荣（尚）

上 shàng，位置在高处的：上部/上游/上空/上衣/往上看/高高在上/力争上游；等级或品质高的：上等/上级/上品/上将/上宾/上乘/后来居上/至高无上；次序或时间在前的：上卷/上次/如上/同上/上古/祖上/上辈子/上半年。无上光荣 至高无上的光荣。

尚 shàng，尊崇，注重：崇尚/尚武；风尚：时尚/俗尚。

无微不至（致）

至 zhì，到：至今/至此/截至/自始至终/至死不屈/接踵而至/由南至北/至今未忘。无微不至 形容待人非常细心周到。

致 zhì，给予，向对方表示（礼节、情意等）：致函/致敬/致意/致电/致谢/致欢迎词；细密，精细：细致/精致/工致/密致。

无则加勉（免）

勉 miǎn，勉励：自勉/互勉/奋勉/共勉/慰勉/劝勉/嘉勉。无则加勉 没有错误就自我勉励。

免 miǎn，去掉，除掉：免冠/免职/免费/免除/免票/罢免/任免名单/俗礼都免了。

毋庸讳言（用）

庸 yōng，用（多用于否定式）：毋庸/毋庸置疑/毋庸细述。毋庸讳

言 无须、不敢或不愿说。也说无庸讳言。

用 yòng，需要（多用于否定式）：不用客气/天还很亮，不用开灯/东西都准备好了，您不用操心了。

物是人非（事）

是 shì，对，正确（跟“非”相对）：不是/各行其是/积非成是/一无是处/自以为是/实事求是/你说得是/应当早做准备才是；这，这个：如是/由是可知/是可忍，孰不可忍？物是人非 景物同从前一样，人事已迥然不同。

事 shì，事情：公事/家事/国家大事/新人新事/见机行事/料事如神/老王有事请假/这事儿容易办。

熙熙攘攘（嚷）

攘 rǎng，纷乱：扰攘/熙来攘往。熙熙攘攘 形容人来人往，非常热闹（攘攘：形容纷乱）。

嚷 rǎng，喊叫：吵嚷/叫嚷/喧嚷/大嚷大叫/别嚷了，人家都睡觉了。

喜笑颜开（眼）

颜 yán，脸，脸上的表情：容颜/笑颜/童颜/开颜/厚颜无耻/无颜见人/和颜悦色。喜笑颜开 因为高兴而笑容满面的样子。

眼 yǎn，人和动物的视觉器官，借指识别能力，见识：耀眼/眼神/眼光/刺眼/千里眼/过眼云烟/火眼金睛/眉开眼笑。

瑕不掩瑜（玉）

瑜 yú，玉的光彩，比喻优点：怀瑾握瑜/瑕瑜互见。瑕不掩瑜 比喻缺点掩盖不了优点，优点是主要的，缺点是次要的。

玉 yù，硬玉和软玉的统称，一种贵重矿物，质地细腻，光泽温润，是用来做装饰品和工艺品的名贵材料，也叫玉石：碧玉/翠玉/抛砖引玉。

下马威（吓）

下 xià，由高处到低处：下山/下楼/顺流而下。下马威 原来指官吏初到任时对下属显示的威风，后泛指一开头就向对方显示的威力。

吓 xià，使害怕：吓唬/吓人/惊吓/杀鸡吓猴/吓了一跳/别吓着孩子。

先发制人（法）

发 fā，开始行动：发起/奋发/发动/出发/发端。先发制人 先动手以制伏对方，先于对手采取行动以获得主动。

法 fǎ，体现统治阶级的意志，由国家制定或认可，受国家强制力保证执行的行为规则的总称，包括法律、法令、条例、命令、决定等：法规/合法/犯法/变法/军法/婚姻法/绳之以法/依法治国。

先发制人（治）

制 zhì，用强力约束，限定，管束：压制/限制/管制/节制/制伏/制止/控制/制裁。先发制人（同上）。

治 zhì，治理，管理：治国/治本/治家/治标/法治/根治/治理淮河/文治武功。

闲情逸致（怡）

逸 yì，安乐，闲适：闲逸/逸乐/逸豫/安逸/以逸待劳/一劳永逸。闲情逸致 闲适的情致。

怡 yí，快乐，愉快：怡神/怡目/怡心/怡然自得/心旷神怡。

闲情逸致（志）

致 zhì，情趣：兴致/景致/别致/有致/情致/雅致/毫无二致/错落有致。闲情逸致（同上）。

志 zhì，志向，志愿，有所作为的决心：立志/得志/斗志/意志/志同道合/众志成城/专心致志。

陷阱（井）

阱 jǐng，防御敌人或捕野兽用的陷坑。陷阱 为捉野兽或敌人而挖的坑，上面覆盖伪装的东西，踩在上面就掉到坑里，比喻害人的圈套。

井 jǐng，从地面往下凿成的能取水的深洞，洞壁多砌上砖石：水井/井口/井台/一口井/双眼井/落井下石/坐井观天/临渴掘井。

相辅相成（承）

成 chéng，完成，成功（跟“败”相对）：成败/促成/大功告成/事情成了；成全：成人之美/玉成其事；成果，成就：坐享其成/一事无成。相辅相成 互相补充，互相配合。

承 chéng，继续，连接：继承/承上启下/承先启后。

相辅是互相协助或配合，就不会再有继续、相连接之意，相辅相承不对。

相映成趣（应）

映 yìng，因光线照射而显出：映照/映射/映衬/上映/掩映/反映/放映。相映成趣 相互衬托，使人感到兴趣，有意味。

应 yìng，顺应，适应：相应/应时/应景/心不应口/得心应手/环境的变化使工作方法相应地改变。

向往（响　想）

向 xiàng，对着，朝着，特指脸或正面对着（跟“背”相对）：面向/向阳/相向/人心向背/面向讲台/人心所向/面向大家行礼/这间房子向东。向往 因热爱、羡慕某种事物或境界而希望得到或达到。

响 xiǎng，声音，回声：响应/反响/影响/声响/巨响/回响/绝响/音响/不同凡响/如响斯应（比喻反应迅速）。

想 xiǎng，开动脑筋，思索：构想/回想/思想/感想/畅想/遐想/想方设法/我想出一个办法来了；怀念，惦记，想念：想家/想亲人/朝思暮想/我们很想你/时常想着前方的战士。

销毁（消）

销 xiāo，熔化金属，焚烧（物资）：销金/销熔。销毁 毁掉，烧掉。

消 xiāo，使消失，消除：消毒/消炎/消灭/打消/抵消/取消/消除隐患/消食化积。

销声匿迹（消）

销 xiāo，除去，解除：撤销/销假/报销/吊销/注销。销声匿迹 不再公开讲话，不再出头露面，形容隐藏起来或不公开出现。

消 xiāo，使消失，消除：消毒/消炎/消灭/打消/抵消/取消/消除隐患/消食化积。

邪门歪道（斜）

邪 xié，不正当：邪教/邪气/邪路/邪说/改邪归正/异端邪说/天真无邪。邪门歪道 指不正当的门路或途径。

斜 xié，跟平面或直线既不平行也不垂直的：斜线/斜阳余晖/斜风细雨/斜对面是学校。

心灰意懒（恢）

灰 huī，消沉，失望：万念俱灰/灰心丧气。心灰意懒 灰心丧气，意志消沉。也说心灰意冷。

恢 huī，广大，宽广：恢弘/恢廓/天网恢恢/天道恢恢。

心心相印（应）

印 yìn，符合：印证。心心相印 彼此心意一致。

应 yìng，顺应，适应：应时/相应/应景/得心应手/心不应口。

心悦诚服（臣）

诚 chéng，（心意）真实：诚心/赤诚/竭诚/诚意/诚恳/开诚布公/推诚相见/心诚则灵/精诚团结。心悦诚服 诚心诚意地佩服或服从。

臣 chén，君主时代的官吏，有时也包括百姓：大臣/内臣/奸臣/外臣/忠臣/君臣/忠臣孝子/北面称臣；官吏对皇帝上书或说话时的自称。

心照不宣（喧）

宣 xuān，发表，公开说出：宣誓/宣传/宣讲/宣布/照本宣科/秘而不宣/波茨坦宣言。心照不宣 彼此心里明白，不必说出来。

喧 xuān，大声说话，声音杂乱：喧哗/喧腾/喧阗/喧嚣/喧闹/锣鼓喧天。

欣喜若狂（心）

欣 xīn，喜悦：欢欣/欣慰/欣喜/欣羡/颇感欣慰/欣逢佳节。欣喜若狂 高兴得像要发狂一样，形容高兴到极点。

心 xīn，人和高等动物身体内推动血液循环的器官：心脏/心脾/心腑/心腹/心悸/呕心沥血/十指连心；通常也指思想的器官和思想、感情等：用心/心得/心思/谈心/动心/关心/一心一意/得心应手。

欣欣向荣（兴）

欣 xīn，喜悦：欢欣/欣喜/欣慰/欣羡/欣逢佳节/欣喜若狂/颇感欣慰。

欣（xīn）**欣**，形容茂盛。欣欣向荣 形容草木茂盛，比喻事业蓬勃发展。

兴 xīng，兴盛，流行：复兴/新兴/时兴/买卖兴隆/生意兴旺/国势兴衰/现在已经不兴这种式样了。

星光粲然（灿）

粲 càn，鲜明，美好：粲然/云轻星粲。星光粲然 形容星星的光辉鲜明光亮。

灿 càn，光彩耀眼：灿然/灿烂/灿若云锦/光辉灿烂/黄灿灿的菜花。

行将没落（末）

没 mò，（人或物）沉下或沉没：吞没/覆没/没入水中。行将没落 即将衰落，趋向灭亡。

末 mò，最后，终了：末尾/末了/末期/末路/末日/周末/最末一天。

行李包（旅）

行李 xíngli，出门所带的包裹、箱子等。行李包 裹起来的出门所带的包裹、箱子等。

行旅 xínglǚ，走远路的人：行旅往来；旅行，出行。

行踪诡秘（鬼）

诡 guǐ，奇异，出乎寻常：诡异/诡形/诡观/云谲波诡。行踪诡秘 行动的踪迹（多指目前停留的地方）隐秘不易捉摸。

鬼 guǐ，迷信的人所说的人死之后的灵魂：鬼魂/鬼魅/鬼火/鬼怪/妖魔鬼怪；躲躲闪闪，不光明：鬼混/鬼头鬼脑/鬼鬼祟祟。

形迹可疑（行）

形 xíng，样子，形状：圆形/形象/图形/地形/情形/英雄形象/形态各异/得意忘形。形迹可疑 举动和神色值得怀疑。

行 xíng，走：步行/人行道/行路难/日行千里；做，办：举行/执行/行礼/践行。

“形迹”指举动和神色，“行迹”则指行动的踪迹。“形迹”表示相对固定的一个空间范围内，人的举止和神态；“行迹”则表示的是一个动态过程一个比较长的路线。

休养生息（修）

休 xiū，歇息：休养/休假/退休/休息/休闲/午休/离休。休养生息 指在国家大动荡或大变革以后，减轻人民负担，安定生活，发展生产，恢复元气。

修 xiū，（学问品行方面）学习和锻炼：修养/修业/进修/必修/选修/自修/这学期多修了两门课。

虚度光阴（渡）

度 dù，过（指时间）：安度/度假/度日/欢度春节。虚度光阴 指浪费时间。

渡 dù，横过水面，由这一岸到那一岸：渡船/渡轮/渡口/渡客/摆渡/横渡/远渡重洋；过，由此引导到彼：引渡/偷渡/渡过难关。

“度”，意思是过，多就时间而言；“渡”，由此岸到彼岸，引申为过，多就空间而言。

宣泄（泻）

泄 xiè，液体、气体排出：排泄/煤气泄漏/水泄不通；发泄：泄恨/泄私愤。宣泄 使积水流出去；舒散，吐露（心中的积郁）；泄露。

泻 xiè，很快地流：奔泻/喷泻/流泻/倾泻/一泻千里；腹泻：泻药/上吐下泻。

“泄露”、“泄密”、“泄恨”、“泄气”、“泄愤”、“水泄不通”的“泄”不要误写作“泻”。

煊赫一时（喧　炫）

煊 xuān，同“暄”，（太阳）温暖。煊赫一时 在一个时期内名声很大、声势很盛。

喧 xuān，声音大：喧哗/喧闹/喧腾/喧嚣/喧宾夺主/锣鼓喧天。

炫 xuàn，夸耀：炫示/炫耀/自炫其能。

悬梁刺股（骨）

股 gǔ，大腿，自胯至膝盖的部分：股掌/股肱/股骨/引锥刺股。悬梁刺股 形容勤学苦读。

骨 gǔ，骨头，脊椎动物身体里面支持身体的坚硬组织：骨胶/骨髓/头骨/刻骨铭心/毛骨悚然/玉骨冰肌/粉身碎骨/恨之入骨。

学以致用（至）

致 zhì，达到，实现：致富/勤劳致富。学以致用 学到的知识得以用于实际。

至 zhì，到：至今/至此/截至/接踵而至/无微不至/自始至终/至死不屈；极，最：至少/如获至宝/至为感谢/至高无上/欢迎之至/至少需要五个。

寻根究底（循）

寻 xún，探究：寻求/寻觅/寻人/搜寻/寻找/寻开心。寻根究底 追究根底，泛指弄清一事的来龙去脉。也说寻根问底。

循 xún，遵守，依照，沿袭：遵循/因循守旧/循例/循规蹈矩/循序渐进/循着先辈的足迹。

询问（寻）

询 xún，问，征求意见：征询/咨询/问询/探询/查询。询问 征求意见；打听。

寻 xún，找：寻觅/搜寻/寻人/寻物/寻开心/寻求真理。

循序渐进（近）

进 jìn，从外面到里面（跟“出”相对），深入：进出/进门/进入；接纳，收入：进货/进款。循序渐进（学习、工作）按一定的步骤逐渐深入或提高。

近 jìn，空间或时间距离短（跟“远”相对）：近郊/近日/近路/近代/近况/近来/最近；接近：相近/近似/年近五十/平易近人/急功近利/不近人情/两人年龄相近/近朱者赤，近墨者黑。

循序渐进（寻　顺）

循 xún，遵守，依照，沿袭：循环/循例/循序/循名责实/有所遵循。循序渐进（同上）。

寻 xún，找：寻人/寻物/寻求/寻觅/搜寻/寻找/寻开心/寻求真理；古代长度单位，八尺叫一寻。

顺 shùn，向着同一个方向（跟“逆”相对）：顺风/通顺/顺流而下/一路顺风；沿（着）：顺河边走/顺着楼梯上/顺着台阶下/水顺着山沟流/顺道捎袋盐回来。

压榨平民（诈）

榨 zhà，压出物体里的汁液：榨取/榨油/榨甘蔗/榨果汁。压榨平民 比喻剥削或搜刮普通的人。

诈 zhà，欺骗：诈取/诈骗/讹诈/诈财/敲诈/欺诈/尔虞我诈/兵不厌诈。

烟霏云敛（飞）

霏 fēi，飘扬，飘散。烟霏云敛 比喻事物全部消失。

飞 fēi，在空中飘浮游动：飞散/飞沙/飞雪/飞云/飞沙走石/飞雪迎春。

湮没无闻（淹）

湮 yān，埋没：湮灭。湮没无闻 形容名声被埋没，无人知道。

淹 yān，淹没，浸没：淹死/地被淹了/庄稼遭水淹了/洪水淹没了村庄/河里涨水，小桥都淹没了。

“湮没”意思为埋没，多用于比喻义，其指向对象多带有一定的抽象色彩；“淹没”指（水）漫过、盖地，也比喻一种声音盖住了另一种声音。

延伸（申）

伸 shēn，（肢体或物体的一部分）展开：伸直/伸展/伸展运动。延伸 延长，伸展。

申 shēn，说明，申述：申言/申说/申述理由/无法申辩/三令五申/重申前令。

严惩不贷（待）

贷 dài，宽恕：宽贷。严惩不贷 严厉处罚，决不宽恕（贷：宽恕）。

待 dài，等待：待业/待命/期待/守株待兔/迫不及待/拭目以待/严阵以待/有待改进。

严加防范（泛　犯）

范 fàn，限制：防范。严加防范严格地加以防备、戒备。

泛 fàn，泛滥：黄泛区（黄河泛滥过的地方）。

犯 fàn，抵触，违犯：犯法/犯规/犯忌/犯戒；侵犯：进犯/冒犯/秋毫无犯/井水不犯河水。

沿用（延）

沿 yán，依照以往的方法、规矩、式样等：沿用/沿革/沿袭/相沿至今/相沿成习/积习相沿。沿用 继续使用（过去的方法、制度、法令等）。

延 yán，延长：延年/蔓延/绵延/延展/延续/延伸/延年益寿/苟延残喘；引进，聘请：延师/延聘/延医。

奄奄一息（淹）

奄奄 yǎnyǎn，形容气息微弱。奄奄一息 就剩下微弱的一口气，形容已到最后关头。

淹 yān，淹没，浸没：淹死/地被淹了/庄稼遭水淹了。

阳光灿烂（粲）

灿 càn，光彩耀眼：灿然/光辉灿烂/阳光灿烂/灿若云锦/黄灿灿的菜花。阳光灿烂 阳光鲜明耀眼。

粲 càn，鲜明，美好：粲然/云轻星粲/星光粲然。

摇晃（幌）

晃 huàng，摇动，摆动：晃动/晃悠/摇头晃脑/风刮得树枝直晃。摇晃 摇摆；摇东西使它动。

幌 huǎng，帷幔；幌子（商店门外表明所卖商品的标志；比喻进行某种活动时所假借的名义）

一成不变（层）

成 chéng，成为，变成：建成/酿成/百炼成钢/雪化成水/出口成章/木已成舟；十分之一叫一成：八成/提成/九成金/九成新/村里今年的庄稼比去年增加两成。一成不变 一经形成，永不改变（成：形成）。

层 céng，重叠事物的一个部分：外层/上层/云层/阶层/表层/断层/基层/煤层。

一筹莫展（愁）

筹 chóu，计策，办法：运筹帷幄。一筹莫展 比喻一点办法也没有。

愁 chóu，忧虑：愁肠/愁苦/愁闷/愁容/愁绪/哀愁/发愁/不愁吃，不愁穿。

一蹴而就（促）

蹴 cù，踏。一蹴而就 踏一步就成功，形容事情轻而易举，一下子就能完成。

促 cù，催，推动：督促/促进/敦促/促成/促使/促销/力促/催促；靠近：促膝谈心。

一幅画（副）

幅 fú，量词，用于布帛、呢绒、图画等：一幅白绸/用两幅布做一个床单儿。一幅画 一张画。

副 fù，量词，用于成套的东西：一副对联/一副手套/一副象棋/全副武装/一副嘴脸/一副担架。

一副对联（幅）

副 fù，量词，用于成套的东西：两副对联/三副手套/一副象棋/一副嘴脸/一副担架/全副武装。一副对联 一对对联。

幅 fú，量词，用于布帛、呢绒、图画等：一幅画/一幅白绸；布帛、呢绒等的宽度：幅面/单幅/双幅/宽幅的白布/这块布的幅面宽/这种布是双幅的；泛指宽度：幅度/振幅。

一鼓作气（股）

鼓 gǔ，打击乐器，多为圆筒形或扁圆形，中间空，一面或两面蒙着皮革：铜鼓/花鼓/腰鼓/手鼓/金鼓齐鸣/锣鼓喧天/旗鼓相当/大张旗鼓。一鼓作气《左传·庄公十年》：“夫战，勇气也。一鼓作气，再而衰，三而竭。”意思是打仗靠勇气，擂一通鼓，勇气振作起来了，两通鼓，勇气就衰退了，三通鼓，勇气就没有了。后来用“一鼓作气”比喻趁劲头大的时候一下子把事情完成。

股 gǔ，量词，用于气体、气味、力气：一股劲/一股热气/一股香味。

一劳永逸（益）

逸 yì，安闲，安乐：安逸/闲逸/逸乐/逸豫/以逸待劳/劳逸结合/好逸恶劳。一劳永逸 辛苦一次，把事情办好，以后就不再费事了。

益 yì，好处（跟“害”相对）：公益/权益/补益/裨益/利益/集思广益。

一脉相承（成）

承 chéng，继续，接续：继承/承接/师承/承上启下。一脉相承 由一个血统或一个派别传下来。

成 chéng，完成，成功（跟“败”相对）：成败/促成/收成/功成名就/大器晚成/水到渠成/大功告成/完成任务。

一切就绪（序）

绪 xù，本指丝的头，比喻事情的开端：端绪/头绪/千头万绪。一切就绪 一切事情安排妥当。

序 xù，次序：顺序/秩序/工序/程序/井然有序。

一如既往（继）

既 jì，已经：既成事实/既得利益/既已如此/霜露既降/既往不咎/保持既有的荣誉。一如既往 完全跟过去一样。

继 jì，连续，接续：继任/后继/继续/继承/比肩继踵/夜以继日/继往开来/前仆后继。

一塌糊涂（蹋）

塌 tā，（支架起来的东西）倒下或陷下：倒塌/塌陷/塌方/崩塌/倾塌/坍塌/天摧地塌/ 六孔桥塌了一孔。一塌糊涂 乱到不可收拾，糟到不可收拾。

蹋 tà，踏，踩：蹋地为节（以脚踏地节拍的歌舞）。

依然故我（固）

故 gù，老，旧，过去的：故人/故宫。依然故我 指人的思想、行为等还是原来的老样子（多含贬义）。

固 gù，坚决地，坚定地：固辞/固请/固执/固守阵地。

以辞害义（意）

义 yì，意义，道理：字义/词义/定义/褒义/广义/含义/微言大义。以辞害义 因追求语言表达形式而损害所要表达的内容。

意 yì，意思：来意/同意/大意/寓意/言简意赅。

以儆效尤（警）

儆 jǐng，让人自己觉悟而不犯过错：儆戒/杀一儆百。以儆效尤 用对一个坏人或一件坏事的严肃处理来警告那些学做坏事的人。

警 jǐng，注意可能发生的危险：警惕/警戒；使人注意（情况严重），告诫：警报/警告/警世。

以偏概全（盖）

概 gài，大略：梗概/大概/概况/概要。以偏概全 根据局部的现象推论整体，得出错误的结论。

盖 gài，由上而下地遮掩，蒙上：覆盖/掩盖/遮盖/盖被子/撒种后盖上一层土。

以逸待劳（代）

待 dài，等待：待业/待命/期待/急不可待/迫不及待/拭目以待/指日可待/严阵以待。以逸待劳 指作战的时候采取守势，养精蓄锐，等待来攻的敌人疲劳后再出击。

代 dài，代替：代课/代笔/代销/代号/取代/新陈代谢/越俎代庖。

倚老卖老（以　依）

倚 yǐ，仗恃：倚仗/倚赖/倚势欺人。倚老卖老 仗着年纪大，卖弄老资格。

以 yǐ，用，拿：以少胜多/晓之以理/以身作则/赠以鲜花/以毒攻毒/以勤补拙/以卵击石/相濡以沫。

依 yī，指靠，依赖：依仗/依存/依凭/依靠/相依为命/唇齿相依。

义不容辞（词）

辞 cí，躲避，推托：虽死不辞/不辞辛苦。义不容辞 道义上不允许推辞。

词 cí，语言里最小的、可以自由运用的单位：词性/词组/词义/单词/名词/词汇/词典；语句：戏词/言词/歌词/演讲词/理屈词穷/义正词严/慷慨陈词。

亦步亦趋（一）

亦 yì，也（表示同样），也是：反之亦然/人云亦云/是亦走也。亦步亦趋《庄子·田子方》："夫子步亦步，夫子趋亦趋。"意思是老师走，学生也走，老师跑，学生也跑。比喻自己没有主张，或为了讨好，每件事情都效仿或依从别人，跟着人家行事。

一 yī，数目，最小的正整数：一天/一片/纯一/单一/独一无二/举一反三/不堪一击/大吃一惊。

异口同声（一）

异 yì，不同的：没有异议/大同小异/日新月异。异口同声 形容很多人说同样的话。

一 yī，数目，最小的正整数：一天/一片/纯一/单一/不一而是/不屑一顾/当头一棒/济济一堂；全都，满：一生/一身/一体/一冬/一路平安/一屋子人/一身的汗。

异曲同工（功）

工 gōng，精巧，精致：工巧/工稳/工细/工致/工整/工笔画。异曲同工 曲调不同但同样美妙，比喻不同的人的辞章或言论同样精彩，或者不同的做法收到同样的效果。也说同工异曲。

功 gōng，功劳（跟"过"相对）：首功/功绩/功勋/立功/记大功一次；成就，成效：成功/徒劳无功/事半功倍/急功近利/教育之功/功亏一篑/大功告成/好大喜功。

意气相投（义）

意 yì，心愿，愿望：意愿/意向/意图/意念/诚意/中意/任意/满意。意气相投 志趣和性格相合。

义 yì，正义：道义/大义灭亲/见义勇为/背信弃义/义不容辞。

意气：意志和气概；志趣和性格；由于主观和偏激而产生的情绪。

义气：指由于私人关系而甘于承担风险或牺牲自己利益的气概。

意气用事（义）

意 yì，意料，料想：意外/出其不意。意气用事 只凭感情办事，缺乏理智（意气：由于主观和偏激而产生的情绪）。

义 yì，情谊：情义/忘恩负义/无情无义。

因地制宜（治）

制 zhì，规定，订立：制定/制订/仿制。因地制宜 根据各地的具体情况规定适宜的办法。

治 zhì，管理，治理：治国/治家/法治/根治/统治/自治/整治/文治武功。

因陋就简（漏）

陋 lòu，粗劣，不精致：粗陋/简陋/僻陋；（住的地方）狭小，不华美：陋室/陋巷/陋街/陋室铭。因陋就简 就着原来简陋的条件。

漏 lòu，物体有孔或缝，东西能滴下、透出或掉出：漏网之鱼/漏洞百出/那间房子漏雨/壶里的水漏光了。

因势利导（道）

导 dǎo，引导，疏导：导航/导游/倡导/主导/领导/开导/先导/引导。因势利导 顺着事情的发展趋势加以引导。

道 dào，方向，方法，道理：志同道合/头头是道/养生之道/生财有道/以其人之道，还治其人之身/得道多助，失道寡助。

因势利导（事）

势 shì，一切事物力量表现出来的趋向：局势/来势甚猛/势如破竹/山势险峻/火势猛烈/势不两立/大势所趋/审时度势。因势利导（同上）。

事 shì，事情：公事/有事/婚事/民事/郑重其事/见机行事/新人新事/料事如神。

因噎废食（咽）

噎 yē，食物堵住食管：吃得太快，噎住了。因噎废食 因为吃饭噎住过，索性连饭也不吃了，比喻因为怕出问题，索性不干。

咽 yè，声音受阻而低沉：呜咽/哽咽/咽语断肠。

阴谋诡计（鬼）

诡 guǐ，欺诈，奸猾：诡诈/诡计/诡计多端。阴谋诡计 暗中做坏事的狡诈计谋。

鬼 guǐ，迷信的人以为人死之后有灵魂，叫鬼：鬼魂/鬼魅/鬼火/鬼怪/牛鬼蛇神/神出鬼没/装神弄鬼/妖魔鬼怪。

引人入胜（圣）

胜 shèng，优美的（景物、境界等）：胜景/胜境/胜地/名胜古迹。引人入胜 引人进入佳境（指风景或文章等）。

圣 shèng，最崇高的：神圣/圣人/圣地/神圣的使命/圣洁的殿堂。

英雄辈出（倍）

辈 bèi，代，行辈，辈分：同辈/晚辈/长辈/老前辈/小一辈等；类（指人）：若辈/我辈/人才辈出/超群越辈/无能之辈；一世，一生，辈子：后半辈子有着落了。英雄辈出 英雄一批一批地连续出现。

倍 bèi，跟原数相等的数，按原数增加几次就是几倍，某数的几倍就是用几乘某数：倍数/几倍/五倍/二的五倍是十；加倍：事半功倍/勇气倍增/倍感荣幸/事倍功半。

英雄事迹（绩）

迹 jī，留下的印子，痕迹：足迹/血迹/笔迹/踪迹/浪迹天涯/销声匿迹/蛛丝马迹；前人遗留的事物：遗迹/陈迹/胜迹/古迹/事迹/史迹。英雄事迹 英雄过去做过的比较重要的事情。

绩 jì，功业，成果：成绩/功绩/战绩/劳绩/政绩/考绩/伟绩/丰功伟绩。

萤火虫（荧）

萤 yíng，昆虫，身体黄褐色，触角丝状，腹部末端有发光的器官，能发带绿色的光，白天伏在草丛里，夜晚飞出来。萤火虫 萤的通称。

荧 yíng，光亮微弱的样子：荧光/荧光灯/荧光屏/一灯荧然。

萤火指萤火虫所发生的带绿色的光。

荧光是某些物质受光或其他射线照射时所发出的可见光。光和其他射线停止照射，荧光随之消失。荧光灯和荧光屏都涂有荧光物质。

影碟（牒　蹀）

碟 dié，碟子，盛菜蔬或调味品的器皿，比盘子小，底平而浅；指视盘或光盘。影碟 数字激光视盘或视频光盘。

牒 dié，文书或证件：通牒/度牒/最后通牒；簿册，书籍：谱牒/史牒/金牒。

蹀 dié，蹈，顿足：蹀足。

影视荧屏（莹　萤）

荧 yíng，光亮微弱的样子：荧光/荧光灯/荧光屏/一灯荧然。影视荧屏 电影和电视（荧屏：荧光屏，特指电视荧光屏，也借指电视）。

莹 yíng，光亮透明：晶莹/莹洁/莹润。

萤 yíng，昆虫，身体黄褐色，腹部末端有发光器，夜间能看到它发出的带绿色的萤光。

雍容华贵（荣）

容 róng，相貌：容貌/容颜/仪容/面容/形容。雍容华贵 形容文雅大方，从容不迫，豪华富贵。

荣 róng，光荣（跟“辱”相对）：荣誉/荣耀/虚荣/显荣/殊荣/荣辱/生死荣辱/荣获冠军。

勇往直前（永）

勇 yǒng，有胆量，不怕危险和困难：勇气/奋勇/神勇/骁勇/义勇/忠勇/勇敢/英勇。勇往直前 勇敢地一直向前进。

永 yǒng，长久，久远：永恒/永生/永远/永世/永久/永不忘记/永垂不朽/永不掉队。

优柔寡断（忧）

优 yōu，悠闲，安逸：优游于山林。优柔寡断 办事迟疑，没有决断（优柔：犹豫不决）。

忧 yōu，忧愁：忧闷/忧伤/忧心/担忧/忧郁。

余勇可贾（嘉　沽）

贾 gǔ，卖。余勇可贾 还有剩余力量可以使出来。

贾 jiǎ，姓：贾家。

嘉 jiā，夸奖，赞许：嘉奖/嘉许/嘉勉/嘉纳（赞许并采纳）/其志可嘉/精神可嘉。

沽 gū，卖：待沽/沽卖/待价而沽。

“贾”用于买卖时与“沽”有细微的区别：“贾”在古汉语中泛指买，而买酒限用“沽酒”；表示卖时，“余勇可贾”用“贾”，“待价而沽”用“沽”。

渔翁（鱼）

渔 yú，捕鱼：渔船/渔捞/渔业/渔场/渔民/渔村/渔人之利/竭泽而渔。渔翁 称年老的渔夫。

鱼 yú，脊椎动物的一类，生活在水中，通常体侧扁，有鳞和鳍，用鳃呼吸，体温随外界温度而变化。种类很多，大部分可供食用或制造鱼胶：如鱼得水/浑水摸鱼/缘木求鱼。

元气大伤（原）

元 yuán，主要，根本：元素/元音。元气大伤 指人或国家、组织的生命力大受伤害。

原 yuán，原来，本来：原地/原本/原籍/复原/还原/原作者/物归原主/原班人马。

原形毕露（必）

毕 bì，完全：真相毕露。原形毕露 本来的面目完全暴露（含贬义）。

必 bì，必定，必然：必得/分秒必争/有求必应/事必躬亲/哀兵必胜/锱铢必较/必须成功/骄兵必败；必须，一定要：务必/必备/必读/必修课/势在必行/事必躬亲/不必着急。

缘木求鱼（沿）

缘 yuán，攀缘。缘木求鱼《孟子·梁惠王上》：“以若所为，求若所欲，犹缘木而求鱼也。”用那样的办法来追求那样的目的，就像爬到树上去找鱼一样。比喻方向、方法错误，不可能达到目的。

沿 yán，顺着（江河、道路或物体的边）：沿途/沿街/沿着河边走/沿着小路往南走。

源远流长（渊）

源 yuán，水流起头的地方：河源/发源/水源/泉源/开源节流/饮水思源。世外桃源。源远流长 源头远，流程很长，比喻历史悠久。

渊 yuān，深：渊博/渊泉；深水，潭：深渊/渊海/渊源（比喻事情的本原）/天渊/鱼跃于渊/天渊之别。

怨天尤人（忧）

尤 yóu，怨恨，归咎：不当尤人，但当克己。怨天尤人 埋怨上天，怪罪别人，形容对不如意的事情一味归咎于客观。

忧 yōu，担心，忧虑：忧心/担忧/忧伤/忧郁/忧国忧民/杞人忧天；使人忧愁的事：高枕无忧/为国分忧/无忧无虑。

在所不惜（再）

在 zài，“在”和“所”连用，表示强调，下面多连“不”：在所不辞/在所不计/在所难免。在所不惜 无论什么时候或发生什么情况都不顾惜。

再 zài，表示又一次（有时专指第二次）：再版/再次/再婚/再嫁/再接再厉/一而再，再而三/学习，学习，再学习。

在建项目（再）

在 zài，正在：在看书/在建造/他在吃饭/姐姐在做功课/风在刮，雨在下。在建项目（工程等）在建设中的项目。

再 zài，再继续，再出现：青春不再/良机难再。

责无旁贷（代）

贷 dài，推卸（责任）。责无旁贷 自己的责任，不能推卸给别人。

代 dài，代替：代理/代办/代耕/代课/代笔/代销/代号/取代。

崭露头角（脚）

角 jiǎo，牛、羊、鹿等头上长出的坚硬的东西，一般细长而弯曲，上端较尖：牛角/鹿角/头角/两只角/凤毛麟角。崭露头角 比喻突出地显露出才能和本领（多指青少年）。

脚 jiǎo，人和动物的腿的下端，接触地面支持身体的部分：脚面/脚背/脚尖/脚跟/绊脚石/拳打脚踢/手忙脚乱/头重脚轻。

辗转反侧（翻）

反 fǎn，翻转，颠倒：反败为胜/反守为攻/易如反掌/物极必反。辗转反侧 形容心中有事，躺在床上，翻来覆去地不能入睡。

翻 fān，歪倒，或上下、内外移位：翻倒/翻动/翻身/推翻/翻晒/车翻了/翻修马路/人仰马翻。

张灯结彩（采）

彩 cǎi，颜色：五彩/云彩/彩虹/彩霞/色彩/水彩/五彩缤纷/多姿多彩；彩色的丝绸：彩轿/灯彩/剪彩。张红壁彩 张挂彩灯、彩带等，形容场面喜庆、热闹。

采 cǎi，摘：采花/采摘/采莲/采茶；搜集：采风/采集/采访/采伐/博采/采矿样；精神，神色：风采/神采/兴高采烈/没精打采/神采奕奕。

张皇失措（慌）

皇 huáng，同“惶”。惶 huáng，恐惧不安：惶惑/惶恐/惶然/惊惶/惶悚/惶惶/惶恐不安。张皇失措 惊慌，不知道该怎么办。

慌 huāng，慌张：惊慌/恐慌/心慌/慌忙/慌乱/不要慌。

彰明较著（张）

彰 zhāng，明显，显著：昭彰/欲盖弥彰/相得益彰。彰明较著 非常明显，容易看清（较：明显）。

张 zhāng，扩大，夸张：扩张/伸张/声张/嚣张/虚张声势。

仗势欺人（恃）

势 shì，势力，权力，威力：威势/财势/得势/权势/趋炎附势/势均力敌/人多势众。仗势欺人 倚仗某种权势欺压别人。

恃 shì，依赖，倚仗：有恃无恐/恃才傲物。

仗义疏财（输）

疏 shū，分散，使从密变稀：疏散/疏散人口。仗义疏财 讲义气，轻钱财，多指拿出钱来帮助有困难的人。

输 shū，运输，运送：输出/输液/输血/灌输/输氧气/输油管/输电网；捐献（财物）：输财助战/输财助学。

招聘启事（示）

事 shì，事情：往事/民事/秘事/好事/怪事/料事如神/新人新事/见机行事。招聘启事 为聘请人才而用公告的方式登在报刊上或贴在墙壁上的文字。

示 shì，表明，把事物摆出来或指出来使人知道：示众/显示/告示/指示/暗示/示意/示范/示威。

启事：为了说明某事而登在报刊上或贴在墙壁上的文字。

启示：启发提示，使有所领悟；通过启发提示领悟的道理。

招摇撞骗（闯）

撞 zhuàng，试探：撞骗/撞运气。招摇撞骗 假借名义，到处炫耀，进行诈骗（撞骗：到处找机会行骗）。

闯 chuǎng，为一定目的而奔走活动：闯荡/闯关东/闯世界/闯江湖/走南闯北。

朝气蓬勃（篷）

蓬 péng，量词，用于枝叶茂盛的花草：一蓬凤尾竹/一蓬山茶花。朝气蓬勃 形容精神振奋，充满生气，奋发有为的样子。

篷 péng，船帆：扯起篷来/趁势落篷。

朝夕揣摩（摹）

摩 mó，研究切磋：观摩/揣摩。朝夕揣摩 时常反复思考推求。

摹 mó，仿照，照着样子写或画：临摹/描摹/摹本/摹写/摹绘。

遮天蔽日（避）

蔽 bì，遮盖，挡住：隐蔽/掩蔽/遮蔽/衣不蔽体/浮云蔽日。遮天蔽日 遮掩天空，挡住太阳，形容来势猛，到处都是。

避 bì，躲开，回避：退避/避风/避嫌/避暑/避雨/不避艰险/避而不谈。

真知灼见（卓）

灼 zhuó，火烧，火烫：烧灼/灼伤/灼烧/烈日灼人/心如火灼/皮肤被灼伤了；明亮：目光灼灼；明白，透彻。真知灼见 正确而透彻的见解。

“卓”的本义是高而直，引申高明。“卓见”就是高明的见解。“灼”字本义是火烧，引申明亮，再引申为明白、透彻。“灼见”指的是正确而透彻的见解。“灼见”是建立在正确认识的基础之上的，成语就叫“真知灼见”。

卓 zhuó，高而直：卓立；高明，高超，杰出，不平凡：卓见/卓越。

振聋发聩（震）

振 zhèn，振动：共振/谐振/振幅/振荡。振聋发聩 发出很大的响声，使耳聋的人也能听见，比喻用语言文字唤醒糊涂的人。也说发聋振聩。

震 zhèn，震动：震荡/震颤/地震/震耳欲聋；特指地震：震源/防震棚。

振动：物体通过一个中心位置，不断作往复运动。摆的运动就是振动，也叫振荡。

震动：颤动，使颤动；（重大的事情、消息等）使人心不平静。

震惊（振）

震 zhèn，情绪过分激动：震怒。震惊 使大吃一惊。

振 zhèn，摇动，挥动：振笔疾书/振臂高呼/振翅高飞；奋起，兴起：振兴/振作/振奋/委靡不振/一蹶不振/精神一振。

征求意见（争）

征 zhēng，征求，希望得到：征稿/征文。征求意见 用书面或口头说话的方式访求意见。

争 zhēng，力求获得或达到：争夺/争取/竞争/内争/争冠军/力争上游/分秒必争/明争暗斗/争先恐后。

正本清源（原）

源 yuán，水流起头的地方：河源/泉源/发源/水源/源远流长/饮水思源/开源节流；来源：财源/资源/病源/货源/肥源。正本清源 从根源上进行改革。

原 yuán，最初的，开始的：原稿/原始/原人/原审/原先/原初/原生动物；原来，本来：原本/原地/原籍/复原/还原/这话原不错/原打算去说他/放还原处。

郑重其事（慎）

郑（zhèng）**重**，严肃，认真：郑重其事/郑重声明/话说得很郑重。郑重其事 形容对待事情非常严肃认真。

慎 shèn，小心，谨慎：不慎/慎重/谨小慎微/谨言慎行/谦虚谨慎/办事要慎重。

支离破碎（肢）

支（zhī）**离**，分散，残缺。支离破碎 形容事物零散破碎，不成整体。

肢 zhī，人的胳膊、腿，某些动物的腿：肢体/上肢/下肢/假肢/

腰肢。

执迷不悟（知）

执 zhí，固执，坚持（意见）：执意/执著/执拗/各执一词/执意要去。执迷不悟 坚持错误而不觉悟。

知 zhī，知，晓得：知底/知情/知晓/知无不言，人贵有知/明知故问/温故知新/众所周知；使知道：通知/知照/知会/告知/知单。

直抒胸臆（意）

臆 yì，胸：胸臆。直抒胸臆 直率地发抒心里的话或想法。

意 yì，心愿，愿望：意愿/意向/意图/意念/诚意/中意/任意/满意。

趾高气扬（指 志）

趾 zhǐ，脚；脚指头：趾骨/趾甲/鹅鸭之类趾间有蹼。趾高气扬 高高举步，神气十足，形容骄傲自满，得意忘形。

指 zhǐ，手指头：食指/五指/屈指/指纹/首屈一指/屈指可数/十指连心/了如指掌。

志 zhì，志向，志愿：立志/得志/志同道合；志气，意志：斗志/众志成城/人穷志不短。

至理名言（明）

名 míng，出名的，有名声的：名师/名人/名产/名医/名著/名画/名山大川/藏之名山。至理名言 最正确、最有价值的话。

明 míng，明白，清楚：讲明/明显/简明/表明/问明/说明/黑白分明/去向不明。

至理名言（致）

至 zhì，极，最：至少/至诚/至爱/至宝/至交/至尊/至高无上/至为感谢。至理名言（同上）。

致 zhì，达到，实现：致富/勤劳致富/学以致用。

志大才疏（材）

才 cái，才能：才学/才智/才干/才华/口才/天才/德才兼备/多才多艺；有才能的人：干才/奇才/全才/英才/将大/成才/人才/秀才。志大才疏 志向虽然大，可是能力不够。

材 cái，木料，泛指材料：木材/钢材/药材/资材/板材/选材/器材/就地取材；资料：教材/题材/素材；有才能的人。

治丝益棼（纷　焚）

棼 fén，纷乱：棼然/棼乱。治丝益棼 整理蚕丝不找头绪，结果越搞越乱，比喻解决问题的方法不对头，反而使问题更加复杂。

纷 fēn，多，杂乱：纷飞/纷呈/纷乱/纷繁/纷扰/纷纭。

焚 fén，烧：焚香/焚毁/焚烧/五内俱焚/玩火自焚/忧心如焚/煮鹤焚琴/玉石俱焚。

桎梏（锢）

梏 gù，古代木制的手铐。桎梏 脚镣和手铐，比喻束缚人或事物的东西。

锢 gù，熔化金属堵塞（金属器物的缝隙）；禁锢：党锢/党锢之祸。

终身大事（生）

身 shēn，指生命：杀身/舍身/护身符/杀身之祸/奋不顾身。终身大事 关系一生的大事情，多指婚姻。

生 shēng，生命：丧生/杀生/残生/苍生/死里逃生/自力更生/舍生取义。

终身。一生，一辈子（多就切身的事说）：终身之计/终身大事/终身教育。

终生。一生（多就事业说）：奋斗终生/终生难忘。

珠光宝气（器）

气 qì，没有一定的形状、体积，能自由流动的物体：煤气/氧气/氮气/蒸气/毒气/煤气/沼气/水蒸气。珠光宝气 形容服饰、陈设等非常华丽。

器 qì，用具的总称：武器/容器/器皿/瓷器/铁器/木器/器物/仪器。

蛛丝马迹（蚂）

马 mǎ，一种重要的力畜，可供拉车、耕地、乘骑等用：马匹/骏马/马队/马鞍/马不停蹄/马到成功/马革裹尸。蛛丝马迹 比喻与事情根源有联系的不明显的线索。

蚂 mǎ，蚂蚁，昆虫，体小而长，黑色或褐色，头大，有一对复眼，触角长，腹部卵形，雌蚁和雄蚁有翅膀，工蚁没有，在地下筑巢，成群穴居：蚂蚁搬泰山/蚂蚁啃骨头。

主旋律（弦）

旋 xuán，旋转：旋绕/盘旋/回旋/飞旋/周旋/旋转餐厅/天旋地转。主旋律 指多声部演唱或演奏的音乐中，一个声部所唱或所奏的主要曲调，其他声部只起润色、丰富、烘托、补充的作用（旋律：乐音经过艺术构思而形成的有组织、有节奏的和谐运动。旋律是乐曲的基础，乐曲的思想情感都是通过它表现出来的）；比喻主要精神或基本点。

弦 xián，乐器上发声的线，一般用丝线、铜丝或钢丝等制成：琴弦/弦乐/弦管/定弦/弦乐器/管弦乐/扣人心弦。

驻军（住）

驻 zhù，（部队或工作人员）住在执行职务的地方，（机关）设在某地：驻扎/进驻/留驻/派驻/驻外使节/驻京办事处/部队驻在村东的一个大院里。驻军 军队驻扎（在某地）；（在某地）驻扎的军队。

住 zhù，居住，住宿：小住几日/住了一夜/我家住在城外/他家在这里住了好几代。

专心致志（至）

致 zhì，集中（力量、意志等）于某个方面：致力。专心致志 一心一意，集中精神。

至 zhì，到：至今/至此/接踵而至/无微不至/至今难忘/自始至终/至死不屈。

卓尔不群（而）

尔 ěr，形容词后缀（这类形容词多用作状语）：率尔而对/莞尔而笑。卓尔不群 优秀卓越，超出常人。

而 ér，连词，连接词意相承的成分：取而代之/战而胜之/平凡而伟大/伟大而艰巨。

擢发难数（捉）

擢 zhuó，拔。擢发难数《史记·范雎蔡泽列传》："擢贾之发以续（通'赎'）贾之罪，尚未足。"意思是须贾的罪恶多得到了拔下他的头发还数不清的样。形容罪恶深重，难以数清。

捉 zhuō，握，抓：捉笔/捉刀/捕捉/捉虫/捉老鼠/捕风捉影/捉襟见肘。

姿势（式）

势 shì，姿态：手势/架势/打手势/装腔作势。姿势 身体呈现的样子。

式 shì，样式：新式/西式/旧式/港式/款式/中式。

资讯（咨）

资 zī，材料：谈资。资讯 信息。

咨 zī，跟别人商量：咨询/咨议。

锱铢必较（辎　缁）

锱 zī，古代重量单位，六铢等于一锱，四锱等于一两：锱铢。锱铢必较 很少的钱或很小的事都十分计较，形容过分计较琐细的或无关紧要的事物。

辎 zī，辎车，古代的一种有帷子的车：辎重（行军时携带的军械、粮草、被服、材料等物资）。

缁 zī，黑色：缁衣。

自暴自弃（抱　曝）

暴 bào，糟蹋，损害：暴殄天物/荒时暴月。自暴自弃 自己甘心落后，不求上进。

抱 bào，用手臂围住：抱拳/拥抱/合抱/怀抱/搂抱/抱头鼠窜/抱着孩子；心里存着（想法、意见等）：抱屈/抱怨/抱歉/抱恨/怀才抱德/怀真抱素/打抱不平/抱着必胜的决心。

曝 bào，曝光，比喻隐秘的事（多指不光彩的）显露出来，被众知道：事情在报上曝光后，引起了轰动。

自力更生（立）

力 lì，力量，能力：人力/物力/财力/目力/脑力/理解力/战斗力/竭尽全力/身强力壮。自力更生 不依赖外力，靠自己的力量，把事情办起来。

立 lì，站：立正/肃立/伫立/独立/挺立/坐立不安；存在，生存：独立/自立/并立/对立/孤立/中立/对立双方/孤立无援。

自命不凡（鸣）

命 mìng，给予（名称等）：命名/命题。自命不凡 自己以为不平凡，很了不起。

鸣 míng，发出声音，使发出声音：耳鸣/鸣鼓/鸣炮/雷鸣/共鸣/孤掌难鸣/礼炮齐鸣/鸣锣开道；表达，发表（情感、意见、主张等）：鸣谢/鸣冤/百家争鸣/自鸣得意。

作壁上观（坐）

作 zuò，从事某种活动：制作/工作/作出/合作/耕作/作孽/协作/操作/自作自受/精耕细作。作壁上观 人家交战，自己站在营垒上观看，比喻坐观成败，不给予帮助。

坐 zuò，把臀部放在椅子、凳子或其他物体上，支持身体重量：请坐/端坐/打坐/如坐针毡/平起平坐/正襟危坐/咱们坐下来谈/他坐在河边钓鱼。

作客他乡（做）

作 zuò，当成，作为：作保/作废/认贼作父；从事某种活动：作案/作孽/操作/耕作/工作/协作/制作/合作作/自作自受/打躬作揖。作客他乡寄居在别处。

做 zuò，充当，担任：做官/做媒/做主人/做教员/做保育员/做母亲的/今天开会由他做主席。

“作客”是常用的一个书面语，意思是寄居在别处；“做客”使用频率较高，指的是访问别人、自己当客人。

坐收渔利（鱼）

渔 yú，谋取（不应得的东西）：渔利。坐收渔利 比喻利用别人之间的矛盾而获得利益（“鹬蚌相争，渔人得利”。“渔利”为渔人之利的略语）。

鱼 yú，生活在水中的脊椎动物，一般身体侧扁，有鳞和鳍，用鳃呼吸，种类极多，大部分可供食用或制鱼胶：如鱼得水/鱼游釜中/缘木求鱼/鱼龙混杂/鱼目混珠/鱼死网破/浑水摸鱼。

坐月子（做）

坐 zuò，把臀部放在椅子、凳子或其他物体上，支持身体重量：请坐/坐视/端坐/如坐针毡/平起平坐/正襟危坐/坐井观天/咱们坐下来谈。乘，搭：坐船/坐火车；指定罪：反坐/连坐。坐月子 指妇女生孩子和产后一个月里调养身体。

做 zuò，从事某种工作或活动：做工/做事/做梦/做买卖/好吃懒做/

假戏真做/小题大做。

做贼心虚（作）

做 zuò，充当，担任：做官/做媒/做主/做教员/做保育员/做革命事业接班人；制造：做衣服；写作：做文章；假装出（某种模样）：做鬼脸。做贼心虚 做了坏事怕人觉察出来而心里惶恐不安。

作 zuò，从事某种活动：合作/制作/工作/操作/耕作/作乱/作报告/向不良倾向作斗争。

“作”“做”不同：在抽象意义的词语、书面语色彩较重的词语，特别是成语里，多用“作”；表示具体东西的制造时多用“做”。

岔路（叉）

岔 chà，道路等的分支：岔路/三岔路。岔路分岔的道路。

叉 chǎ，分开成叉（chā）形，分开，张开：叉着腿/那个人叉开双腿站在河边。

堕落（惰）

堕 duò，落，掉：堕地/堕马/堕入海中/如堕烟海/如堕五里雾中。堕落（思想、行为）往坏里变；沦落，流落（多见于早期白话）。

惰 duò，懒（跟“勤”相对）：懒惰/怠惰。

不即不离（及）

即 jí，靠近，接触：若即若离/可望而不可即。不即不离 既不亲近，也不疏远。

及 jí，达到：及至/及格/普及/涉及/惠及/目力所及/由表及里/爱屋及乌/不可企及/将及十载。

意想不到（异）

意 yì，意料，料想：意外/生其不意。意想不到 料想不到。

异 yì，有分别，不相同：差异/异样/异言/异口同声/大同小异/日新月异/求同存异/同床异梦/标新立异/因人而异。

罪不及孥（拏　奴）

孥 nú，妻子和儿女。罪不及孥 犯下的罪恶不涉及妻子和儿女。

拏 ná，“拿”的异体字。

奴 nú，旧社会中受压迫、剥削、役使而没有人身自由等政治权利的人（跟“主”相对）：奴隶/奴仆/农奴。

养尊处优（幽）

优 yōu，充足，富裕：优厚/优裕/优渥。养尊处优 生活在尊贵、优裕的环境中（多含贬义）。

幽 yōu，僻静，雅静：幽静/清幽/探幽索隐/曲径通幽。

嬉皮笑脸（喜）

嬉 xī，游戏，玩耍：嬉戏/嬉闹/嬉笑。嬉皮笑脸 形容嬉笑而不严肃的样子。也作嘻皮笑脸。

喜 xǐ，快乐，高兴：欢喜/惊喜/狂喜/喜盈门/喜气洋洋/欢天喜地/皆大欢喜/喜出望外/笑在脸上，喜在心里。

作奸犯科（践）

奸 jiān，坏事。作奸犯科 为非作歹，触犯法令（奸：坏事；科：法令）。

践 jiàn，踩：践踏/作践。

脚趾（指）

趾 zhǐ，脚指头：趾甲/趾骨/鹅鸭之类趾间有璞。脚趾 脚前端的分支。

指 zhǐ，手指头：食指/指纹/五指/屈指/染指/弹指/屈指可数/十指连心/了如指掌/首屈一指。

咨询（讯）

询 xún，问，征求意见：查询/探询/征询/问询。咨询 询问，征求意见。

讯 xùn，询问：问讯/问讯吴刚何所有（毛泽东）。

资讯（询）

讯 xùn，询问：问讯/问讯吴刚何所有（毛泽东）资讯资料和信息。

询 xún，问，征求意见：查询/探询/征询/问询。

做主（作）

做 zuò，从事某种工作或活动：做工/做事/做梦/做买卖/好吃懒做/白日做梦/假戏真做/小题大做。做主 对某项事情负完全责任而做出决定。

作 zuò，从事某种活动：操作/耕作/工作/合作/协作/制作/作孽/作报告/自作自受。

在抽象意义的词语、书面语色彩较重的词语，特别是成语里，多用“作”，后面是双音节动词时，一般也用“作”；表示具体东西的制造时多用“做”。

牟利（谋）

牟 móu，谋求，取：牟取。牟取私利 谋取私利。

谋 móu，主意，计谋，计策：阴谋/计谋/权谋/智谋/谋取/谋略/足智多谋。

“牟取”跟“谋取”不同：“牟取”是贬义词，如牟取暴利、牟取私利；“谋取”是中性词，如谋取职位、谋取利益。

号叫（豪　嚎）

号 háo，拖长声音大声呼唤：怒号/呼号/奔走呼号。号叫 大声叫。

豪 háo，强横：豪强/豪横/巧取豪夺。

嚎 háo，大声叫或哭喊：狼嚎/一声长嚎/鬼哭狼嚎。

伶俐（灵）

伶 líng，旧时指戏曲演员：名伶/优伶/伶人/坤伶/女伶/老伶工（年老有经验的演员）。伶俐 聪明，灵活。

灵 líng，灵活，灵巧，机敏，聪明：灵敏/灵机/灵便/精灵/空灵/轻灵/头脑灵活/心灵手巧/机件失灵/资金周转不灵。

哄抬（轰）

哄 hōng，许多人同时发出声音：哄然/哄传/哄笑/哄堂大笑。哄抬 投机商人纷纷抬高（价格）。

轰 hōng，形容巨大的声响：轰鸣/轰响/轰隆隆/轰轰的炮声。

帽檐（沿）

檐 yán，覆盖物的边缘或伸出的部分：房檐/廊檐/帽檐。帽檐 帽子前面或四周突出的部分。

沿 yán，边（多用在名词后）：边沿/沟沿/炕沿/缸沿/前沿阵地。

霎时（刹）

霎 shà，短时间，一会儿：一霎/霎时间。霎时 极短时间。

刹 chà，佛教的寺庙：古刹。

刹 shā，止住（车、机器等）：刹住/刹车/把车刹住。

刹那（霎）

刹 chà，佛教的寺庙：古刹，刹那 极短的时间，瞬间。

霎 shà，短时间，一会儿：一霎/霎时/霎时间。

赏识（尝）

赏 shǎng，赏识：赞赏/称赏/叹赏。赏识认识到别人的才能或作品的价值而予以重视或赞扬。

尝 cháng，经历，体验：尝受/尝试/饱尝/备尝/浅尝/艰苦备尝/浅尝辄止/尝到了体育锻炼的甜头。

拖沓（塌　遢）

沓 tà，多而重复：杂沓/纷至沓来。拖沓 形容做事拖拉，不爽利。

塌 tā，（支架起来的东西）倒下或陷下：塌方/塌陷/倒塌/倾塌/崩塌/坍塌/天摧地塌/六孔桥塌了一孔。

遢 tā，组词“邋遢”（不整洁，不利落）。

洋相（像）

相 xiàng，相貌，外貌：长相/福相/凶相/扮相/本相/看相/亮相/聪明相/可怜相/狼狈相。洋相 指引起别人注意的可笑的样子。

像 xiàng，比照人物制成的形象：画像/塑像/肖像/雕像/音像/偶像/佛像/神像/圣像/头像。

自卑（悲）

卑 bēi，（地位）低下：卑贼/卑微/卑下/卑不足道/不卑不亢/男尊女卑。自卑轻视自己，认为不如别人。

悲 bēi，悲伤：悲痛/悲凉/悲惨/悲凄/悲喜交集/兔死狐悲/转悲为喜/乐极生悲。

阵脚（角）

脚 jiǎo，物体的最下部：墙脚/山脚/高脚杯。阵脚指所摆的阵的最前方，现多用于比喻（稳住阵脚/阵脚大乱）。

角 jiǎo，形状像角的东西：皂角/触角/菱角/边角料。

肇事（造）

肇 zhào，发生，引起：肇祸。肇事引起事故，闹事。

造 zào，做，制作：创造/造物/改造/建造/造船/造纸/打造/仿造/

造预算/造名册。

养分（份）

分 fèn，成分：水分/盐分/糖分/油分。养分 物质中所含的能供给机体营养的成分。

份 fèn，整体里的一部分：双份/份额。

装蒜（算）

蒜 suàn，多年生草本植物，花白色带紫，叶子和花轴嫩时可做蔬菜。地下鳞茎味道辣，有刺激性气味，可以做调味品，也可入药：蒜苗/蒜黄/蒜毫/蒜瓣/蒜泥。装蒜 装糊涂，装腔作势。

算 suàn，计算数目：运算/推算/速算/珠算/笔算/心算/预算/能写会算/精打细算/算了一笔账。

预告（予）

预 yù，预先，事先：预测/预料/预报/预祝/预期/预习/预付/预见/预备/预感。预告 事先通告；事先的通告（多用于戏剧演出、图书出版等）。

予 yǔ，给：赐予/给予/予以/接予/赋予/免予处分/请予批准/予人口实。

予 yú，我：予有戒心/予取予求（原指我只取我所要求的）（语出《左传·僖公七年》），后用来指任意索取。

“预”不能简化为“予”。

涌现（踊）

涌 yǒng，像水涌出一样：涌动。涌现（人或事物）大量出现。

踊 yǒng，往上跳：踊跃。

比比皆是（彼）

比 bǐ，紧靠，挨着：比户/比家/比舍/排比/比肩/鳞次栉比。比比皆是 到处都是。

彼 bǐ，那，那个（跟“此”相对）：彼时/彼人/彼岸/彼此/此起彼伏/由此及彼/顾此失彼/厚此薄彼/彼时彼地。

其貌不扬（洋）

扬 yáng，指容貌好看：其貌不扬。其貌不扬 指人的容貌平常或丑陋。

洋 yáng，指外国，外国的：留洋/洋人/洋行/洋货/洋灰/东洋/南洋/西洋/西洋镜；现代化的（区别于“土”）：洋办法/土洋结合。

惘然若失（枉）

惘 wǎng，失意，精神恍惚：怅惘/迷惘/惘然。惘然若失 形容心中怅惘失意，像丢掉什么东西似的。

枉 wǎng，白白地，徒然：枉然/枉费/冤枉/枉费心机。

戴罪立功（带）

戴 dài，把东西放在头、面、颈、胸、臂等处：戴花/佩戴/穿戴/戴帽子/戴眼镜/戴手套/戴红领巾/张冠李戴/不共戴天/披星戴月。戴罪立功 在承当某种罪名的情况下建立功劳。

带 dài，随身拿着，携带：捎带/夹带/顺带/带行李/带干粮。

“戴”跟“带”不同：戴，表示把物品放置在能发挥其功能作用的身体某一部分，具引申义；带，表示随身携带。

长吁短叹（嘘）

吁 xū，叹气：吁气/吁叹。长吁短叹 因伤感、烦闷、痛苦等不住地唉声叹气。

嘘 xū，叹气（用于书面）：仰天而嘘/一声长嘘。

穿凿附会（付）

附 fù，依从，依附：附属/附着/附和/附议/附庸/攀附/吸附/魂不附体/攀龙附凤/趋炎附势。穿凿附会 非常牵强地解释，把没有某种意思的说成有某种意思。

付 fù，给：交付/托付/支付/付表决/付诸实施/付之一炬/尽付东流。

评头品足（品）

评 píng，评论，批评：评议/评介/评价/评说/短评/书评/获得好评/评一部电影。评头品足 指无聊的人随便谈论妇女的容貌，也比喻在小节上方挑剔。也说评头品足、品头论足、评头论足。

品 pǐn，辨别好坏，品评：品茶/品尝/这人究竟怎么样，你慢慢就品出来了。

炎黄（皇）

黄 Huáng，指黄帝，我国古代传说中的帝王：炎黄/炎黄子孙。炎

黄 指炎帝神农氏和黄帝轩辕氏，是我国古代传说中的两个帝王，借指中华民族的祖先。

皇 huáng，君主，帝王：皇帝/皇宫/皇权/皇族/皇朝/女皇/皇后/三皇五帝。

闻名遐迩（尔）

迩 ěr，近：迩年/遐迩/迩来/遐迩驰名。闻名遐迩 远近闻名。

尔 ěr，形容词后缀（这类形容词多用作状语）：卓尔不群/率尔而对/莞尔而笑；指示代词，这样，如此：果尔/乃尔/不尔/何真相似乃尔。

词谱（辞）

词 cí，一种长短句押韵的文体，起于唐代，盛于宋代，也叫诗余：词律/诗词/词牌/填词/词调/词曲/慢词。词谱 词的调子的名称，如“西江月”、“蝶恋花”。

辞 cí，古典文学的一种体裁：楚辞/辞赋；古体诗的一种：《木兰辞》。

在很多合成词里，“辞”也作词。

表率（帅）

率 shuài，带领：统率/相率/率领队伍/率先垂危/率兵打仗/率代表团参赛/率代表团离京。表率 好榜样。

帅 shuài，军队中最高的指挥员：元帅/将帅/帅印/帅旗/统帅；英俊，潇洒，漂亮：人长得帅/写字得帅/这个武打动作干净利落，帅极了。

朝贡（供）

贡 gòng，古代臣民或属国献给皇帝的物品：进贡/贡奉/贡赋。朝贡 君主时代藩属国或外国的使臣朝见君主，敬献礼物。

供 gòng，向神佛或先辈奉献祭品：供奉/供祖/供品/供桌/供果/遗像前供着鲜花；奉献的祭品：蜜供/上供/摆供。

匾额（扁）

匾 biǎn，上面题着作为标记或表示赞扬文字的长方形木牌（也有用绸布做成的）：牌匾/匾文/横匾/锈金匾/门上挂着一块匾。匾额 上面题着作为标记或表示赞扬文字的长方形木牌（也有用绸布做成的）。

扁 biǎn，图形或字体上下的距离比左右的距离小；物体的厚度比长度、宽度小：扁圆/扁担/扁豆/扁平/扁体字/扁盒子/馒头压扁了。

踩点（采）

踩 cǎi，脚底接触地面或物体：踩踏/踩水/小心踩禾苗/当心踩坏了庄稼/踩住别人的脚了/妹妹踩在凳子上贴窗花。踩点 泛指事先到某一地点了解情况。

采 cǎi，选取，取：采购/采取/采买/采纳/采办/博采/采指纹/旁搜博采。

吊唁（念）

唁 yàn，对遭遇丧事者表示慰问：慰唁/唁电/唁涵。吊唁 祭奠死者并慰问家属。

念 niàn，记挂，常常地想：惦念/怀念/思念/想念/悼念/挂念/纪念/眷念/留念/你回来得正好，娘正念着你呢！

嘉奖（佳）

嘉 jiā，夸奖，赞许：嘉许/嘉勉/嘉纳（赞许并采纳）/其志可嘉。嘉奖 称赞和奖励；称赞的话语或奖励的实物。

佳 jiā，美，好：佳节/佳人/佳作/佳句/佳音/佳绩/佳肴/佳酿/佳境/最佳方案/成绩甚佳/身体欠佳。

暌违（揆　睽）

暌 kuí，（人跟人或跟地方）隔开，分离：暌离/暌隔/暌别。暌违 分离，不在一起。

揆 kuí，准则，道理：古今同揆；推测揣度：揆度/揆情度理/揆其本意。

睽 kuí，违背，不合：睽异（意见不合）。

附和（合）

和 hè，和谐地跟着唱：曲高和寡/此唱彼和/一倡百和/随声附和/遥相应和/一唱一和。附和（言语、行动）追随别人（多含贬义）。

合 hé，结合到一起，凑到一起，共同（跟“分”相对）：合并/聚合/合奏/合并/合办/同心合力。

轰响（哄）

轰 hōng，形容巨大的声响：轰鸣/轰隆隆/轰轰的炮声。轰响 发出轰隆轰隆的巨大声音。

哄 hōng，许多人同时发出声音：哄然/哄传/哄笑/哄堂大笑。

号啕（淘）

啕 táo，哭：号啕大哭。号啕 形容大声哭。也作嚎啕。

淘 táo，耗费：淘神。

尝试（赏）

尝 cháng，经历，体验：尝受/饱尝/备尝/浅尝/艰苦备尝/浅尝辄止/尝到了体育锻炼的甜头。尝试 试，试验。

赏 shǎng，赏识：赞赏/叹赏/称赏；欣赏：观赏/鉴赏/赏月/雅俗共赏/唐诗鉴赏/孤芳自赏。

麦秆（杆　竿）

秆 gǎn，庄稼的茎：秸秆/麦秆/麻秆/矮秆稻/高粱秆。

高秆作物。麦秆麦脱粒后的茎。

杆 gǎn，器物的像棍子的细长部分（包括中空的）：杆子/秤杆/枪杆/笔杆/杠杆/钢笔杆/烟袋的杆裂了。

竿 gān，竹子的主干，竹棍儿：竹竿/钓竿/滑竿/揭竿而起/立竿见影/日上三竿/百尺竿头，更进一步。

“秆”跟“杆”、“竿”不同，杆，本指木质条状物，现指器物像棍子的细长部分；竿，本指竹竿；秆，指谷物等农作物的茎。

老练（炼）

练 liàn，经验多，纯熟：干练/熟练/谙练/操作熟练/为人干练/人情练达。老练 阅历深，经险多，稳重而有办法。

炼 liàn，用加热等办法使物质纯净或坚韧：炼钢/炼铁/锻炼/冶炼/提炼/炼乳/提炼精晶/冶炼钢铁/精金面炼/百炼成钢。

画像（象）

像 xiàng，比照人物制成的形象：肖像/塑像/头像/石像/雕像/坐像/佛像/偶像/神像/圣像。画像 画成的人像；画人像。

象 xiàng，形状，样子：景象/天象/气象/印象/注意形象/夜观天象/气象预报。

樊篱（藩）

樊 fán，篱笆：折柳樊圃。樊篱 篱笆，比喻对事物的限制。

蕃 fán，（草木）茂盛：蕃茂/蕃昌；繁殖：蕃息/蕃孳/蕃育/蕃衍。

始作俑者（佣　埇）

俑 yǒng，古代殉葬的偶像：陶俑/女俑/兵马俑。始作俑者 孔子反对用俑殉葬，他说，开始用俑殉葬的人，大概没有后嗣了吧！（见于《孟子·梁惠王上》）比喻恶劣风气的创始者。

佣 yǒng，佣金，买卖时付给中间人的报酬：佣钱。

埇 Yǒng，埇桥，地名，在安徽宿州。

坐庄（桩）

庄 zhuāng，庄家：做庄/是谁的庄？坐庄 打牌时继续做庄家。

桩 zhuāng，桩子：木桩/桥桩/打桩/拴马桩；件（用于事情）：小事一桩/一桩心事。

冷啖杯（淡）

啖 dàn，吃或给别人吃：啖饭/以枣啖之/日啖荔枝三百颗。冷啖杯 特指露天营业的啤酒广场，只因人们叫得顺口，这里吃的也都是凉菜，用鸭脖子、兔脑壳、卤排骨等等，配大杯冰镇啤酒以此消暑，也就乐得被人唤作“冷淡杯”，无论听起来、看起来都让人很凉快。

淡 dàn，（味道）不浓，不咸：淡酒/粗茶淡饭/粗衣淡饭/淡而无味/菜太淡，再放点盐；液体或气体中所含的某种成分少，稀薄（跟“浓”相对）：淡墨/天高云淡。

刚需（钢）

刚 gāng，硬，坚强（跟“柔”相对）：刚强/刚直/刚烈/刚正不阿/血气方刚/以柔克刚/他的性情太刚。刚需 不能改变或通融的需求。

钢 gāng，铁和碳的合金，强度高、韧性好，是重要的工业材料：钢材/钢锭/钢管/钢筋/槽钢/角钢/锰钢/不锈钢/百炼成钢/恨铁不成钢。

宫保鸡丁（爆）

保 bǎo。菜单上经常出现的错误的菜名是：宫爆（bào）鸡丁。其实，正确的写法应是“宫保鸡丁”，它的得名和清代丁宝桢有关。此人曾官封太子少保，被尊称为“丁宫保”。

爆 bào，烹调方法，用滚油稍微一炸，或用滚水稍微一煮：爆肚儿/爆炒/爆鱿鱼卷。

病逝（世）

逝 shì，死亡：永逝/长逝/伤逝/逝世/不幸逝世。病逝 因病去世。

世 shì，社会，人间：问世/世间/世风/世面/世故/世人/世道/世上/惊世骇俗/公之于世。

兄弟俩（两）

俩 liǎ，两个：咱俩/俩姊妹/俩兄弟/你们俩/摘俩茄子/他俩是亲兄弟。兄弟俩 兄弟两个。“俩”后面不再接“个”字或其他量词。

两 liǎng，二：两元/两个/两栖/两翼/两面泥/两全其美/两小无猜/一举两得/两袖清风/两相情愿。

“两”字一般用于量词和“半、千、万、亿”前：两扇门/两本书/两匹马/两个半月/两千块钱/两万五千里。

源远流长（渊　源）

源远 yuányuǎn，源头很远（源，水流起头的地方：水源/泉源/河源/发源/源流/开源节流/饮水思源）。源远流长 河流的源头很远，流过的路程很长。比喻历史悠久。

渊源 yuānyuān，比喻事情的本原（渊，深水，潭：深渊/渊海/鱼跃于渊/天渊之别）：家学渊源/历史渊源。

独树一帜（竖）

树 shù，立，建立：建树/树立/树榜样/树典型/树碑立传/树敌太多/树立助人为乐的风尚。独树一帜 单独树立起一面旗帜，比喻自成一家。

竖 shù，使物体跟地面垂直：竖立/竖电线杆/把梯子竖起来/把柱子竖起来/门前竖一根旗杆。

“树立”跟“竖立”不同：“树立”多用于抽象的好的事情；“竖立”用于具体的事物。

良莠不齐（稂）

良 liáng，好人：忠良/除暴安良。良莠不齐 指好人坏人都有（莠：狗尾草，比喻品质坏的人。）

稂 láng，古书上指狼尾草：稂莠（稂和莠，都是形状像禾苗而妨害禾苗生长的杂草，比喻坏人）。

繁文缛节（烦）

繁 fán，众多，复杂（跟“简”相对）：繁文/纷繁/繁杂/繁乱/繁忙/繁重/繁芜/繁星/删繁就简/手续太繁。繁文缛节烦琐而不必要的礼节，也比喻其他烦琐多余的事项。也说繁文缛礼。

烦 fán，又多又乱：烦冗/烦琐/烦务/不厌其烦/要言不烦。

传宗接代（种）

宗 zōng，祖宗，祖先：列祖列宗/光宗耀祖。传宗接代 子孙一代接一代地延续下去。

种 zhǒng，生物传代繁殖的物质：树种/花种/麦种/传种/配种/良种/高粱种/谬种流传。

批阅文件（披）

批 pī，对下级文件表示意见或对文章予以批评（多指写在原件上）：批示/批文/批准/审批/批复/批阅/批改/批公文/批条子。批阅文件 阅读文件并加以批示或批改。

披 pī，打开，散开：披露/披览/披卷/纷披。

不只这些（止）

只 zhǐ，仅有，只有：只他一个人留下了/家里只我一个人。不只这些 不仅有这些。

止 zhǐ，停止：止步/止境/不止/废止/静止/止息/中止。

兴味淡薄（泊）

薄 bó，轻微，少：薄弱/稀薄/淡薄/菲薄/绵薄/微薄/力薄才疏/浅见薄识。兴味淡薄 兴趣不浓厚。

泊 bó，恬静，安静：淡泊。

祛除疾病（驱）

祛 qū，除去（疾病、风寒等对人不利的事物）：祛痰/祛暑/祛邪/祛疑。祛除疾病 除去疾病（疾病、疑惧、邪祟等）。

驱 qū，赶走：驱逐/驱除/驱遣/驱虫剂/驱逐出境/驱散围观人群。

春光融融（溶溶）

融融 róngróng，形容暖和：阳光融融。春光融融 春天的景致明媚暖和。

溶溶 róngróng，（水）宽广的样子：溶溶的江水。

启用公章（起）

启 qǐ，开始：启行/启动/启碇/启用 启用公章 开始使用公章。

起 qǐ，离开原来的位置，改变状况：起身/起飞/起点/起伏/起程/峰起/崛起/鹊起/手起刀落/起用新人。

恭贺新禧（喜）

禧 xǐ，幸福，吉祥：年禧/福禧/千禧之年喜事多。恭贺新禧 恭敬地祝贺新年幸福。

喜 xǐ，快乐，高兴：狂喜/欢喜/惊喜/喜盈门/喜气洋洋/皆大欢喜/欢天喜地/沾沾自喜/喜出望外/笑在脸上，喜在心里；可庆贺的，可庆贺的事，特指结婚：喜事/贺喜/报喜/喜庆/冲喜/恭喜/办喜事/双喜临门。

借故推托（脱）

托 tuō，推辞：推托/托词/假托/托病/托故。借故推托 假托原因而推辞。

脱 tuō，脱离，摆脱：脱产/逃脱/脱身/脱险/脱缰之马。

为人处世（事）

世 shì，社会，人间：世间/世风/世面/世故/问世/世人/世道/世上/公之于世/惊世骇俗。为人处世 指做人处世的态度和在社会上活动，跟人往来相处。

事 shì，事情：办事/婚事/管事/好事/往事/民事/为人好事/新人新事/见机行事/实事求是。

疑虑消释（逝　失）

释 shì，消除，消散：冰释/消释/释疑/涣然冰释/消愁释闷。疑虑消释 因怀疑而起的顾虑消除。

逝 shì，（时间，水流等）过去：飞逝/流逝/消逝/岁月易逝/青春易逝/时光流逝/逝去的时光；死亡：病逝/永逝/长逝/伤逝/不幸逝世。

失 shī，失掉，丢掉（与“得”相对）：遗失/丧失/失血/失传/损失/机不可失/失而复得/坐失良机/顾此失彼/不要失了信心。

旅途杂记（札）

杂 zá，多种多样的：复杂/杂色/杂技/杂草/杂货/嘈杂/庞杂/冗杂/

闲杂/杂感。旅途杂记 旅途中零碎的笔记。

札 zhá，古代写字用的小而薄的木片：笔札；信件：手札/信札/书札/札记（读书时摘记的要点和心得）。

及时解决（即）

及 jí，趁着，乘：及早/及时。及时解决 立即解决。

即 jí，当时或当地：即日/即刻/即期/在即/即席/成功在即/胜利在即；就着（当前环境）：即景/即景生情。

姹紫嫣红（殷）

嫣 yān，美好，鲜艳：嫣然/嫣然一笑。姹紫嫣红 形容各种颜色的花卉艳丽好看。

殷 yān，黑红色：殷红/朱殷。

有恃无恐（势）

恃 shì，依赖，倚仗：恃才傲物（物：众人）。有恃无恐 因有所倚仗而不害怕。

势 shì，权力，威力：权势/财势/得势/人多势众/趋炎附势/仗势欺人。

耳鬓厮磨（斯）

厮 sī，互相：厮打/厮杀/厮混/厮守。耳鬓厮磨 指两人的耳朵和鬓发相接触，形容亲密相处（多指小儿女）。

斯 sī，这，此，这个，这里：斯人/斯时/以至于斯/生于斯，长于斯。

万种风情（钟）

种 zhǒng，表示种类，用于人和任何事物：这种人/三种布/各种情况/多种成分。万种风情 万种流露出来的男女相爱的感情。

钟 zhōng，（情感等）集中：钟爱/钟情/一直钟情于她。

座右铭（佑）

右 yòu，面向南时靠西的一边（跟“左”相对）：右方/右手/右边/右面/靠右走。座右铭 写出来放在座位旁边的格言，泛指激励、警醒自己的格言。

佑 yòu，帮助，保护：佑助/佑护/庇佑/保佑。

变卖（买）

卖 mài，拿东西换钱（跟“买”相对）：贩卖/专卖/义卖/卖场/卖点/出卖拐卖/甩卖/卖房子/把余粮卖给国家。变卖 出卖财产什物，换取现款。

买 mǎi，拿钱换东西（跟“卖”相对）：买卖/购买/采买/买主/买票/买布/郑人买履/卖出粮食，买进化肥。

回笼（拢）

笼 lóng，蒸笼：笼屉/小笼包子/馒头刚出笼。回笼 把凉了的馒头、包子等放回笼屉再蒸；在社会上流通的货币回到发行的银行。

拢 lǒng，闭，合上：合拢/他笑得嘴都合不拢了；接近，靠近，到达：拢岸/靠拢/拢岸；使不分散或不离开，收拢：拉拢/拢音/归拢/聚拢/拢住/把孩子拢在怀里/用绳子把火柴拢住。

锲而不舍（契）

锲 qiè，雕刻：锲而不舍。锲而不舍《荀子·劝学》：“锲而不舍，金石可镂。”刻一件东西，一直刻下去不放手，比喻有恒心，有毅力。

契 qì，用刀雕刻；刻的文字：契文/殷契/书契。

延伸（沿）

延 yán，延长：蔓延/延展/延续/绵延/延年益寿/苟延残喘。延伸 延长，伸展。

沿 yán，顺着（江河、道路或物体的边）：沿路/沿墙根儿种花/沿着河边走/沿着小路往南走。

前倨后恭（踞）

倨 jù，骄傲，傲慢：倨傲。前倨后恭 先头傲慢而后恭敬。

踞 jù，蹲或坐：龙盘虎踞；占据，占领：盘踞。

伶牙俐齿（灵）

伶 líng，旧时指戏曲演员：伶人/名伶/优伶/女伶/坤伶/老伶（年老有经验的演员）。伶牙俐齿 形容口齿伶俐，能说会道。

灵 líng，灵语，机敏，聪明：灵敏/灵机/灵便/轻灵/精灵/心灵手巧/人杰地灵/活灵当现。

蜗居（窝）

蜗 wō，蜗牛，软体动物，头部有触角两对，腹生扁平的脚壳，略作椭圆形，有螺旋纹，吃嫩草。蜗居 比喻窄小的住所；居住在极小的居室或环境内。

窝 wō，鸟兽、昆虫住的地方：鸟窝/狗窝/狼窝/蚂蚁窝/马蜂窝/喜鹊搭窝。

毋庸（勿）

毋 wú，表示禁止或劝阻，相当于“不要”：毋妄言/宁缺毋滥/毋自欺也/毋庸讳言/毋庸置疑。毋庸 无须。“毋庸”同“无庸”。

勿 wù，表示禁止或劝阻，相当于“不要”：切勿上当/请勿吸烟/勿折花木/请勿入内/勿庸言之不预。

“勿”跟“毋”不同（包括读音），“毋庸”不能写成“勿庸”。

秘方（密）

秘 mì，隐藏的，不让人知道的：秘密/秘诀/秘史/秘室/秘事/隐秘/秘而不宣。秘方 不公开的有显著医疗效果的药方。

密 mì，秘密：密电/密谈/密约/密信/密件/密码/密令/保密/告密/机密/泄密。

茯苓（伏）

茯 fú，（茯苓）寄生在松树根上的真菌，形状像甘薯，外皮黑褐色，里面白色或粉红色。可入药，主治小便不利、水肿等。

伏 fú，身体向前靠在物体上，趴：伏案/伏题/伏地/伏在床上/伏在桌子上；低下去：倒伏/起伏/起伏不定/此起彼伏；隐藏：潜伏/伏击/伏兵/埋伏/蛰伏/昼伏夜出。

“茯”不能简化为“伏”。

青霉素（梅）

霉 méi，真菌的一种：青霉/黑霉/曲霉/霉菌。青霉素 抗生素的一种，是从青霉菌培养液中提制的药物。常用的是青霉素的钾盐或钠盐，对链球菌、淋球菌、肺炎球菌等有抑制作用，旧称盘尼西林。

梅 méi，落叶乔木，性耐寒，早春开花，有粉、白等颜色，味香。果可食，味酸。也指这种植物的花、果实：梅子/咏梅/望梅止渴。

苤蓝（兰）

蓝 lán，像晴天天空的颜色：蓝天/蔚蓝/蓝布/碧蓝/天蓝/湛蓝；草名，通称蓼蓝。苤蓝 甘蓝的一种，两年生草本植物，叶有长柄，茎球形，花黄白色，是普通蔬菜。

兰 lán，兰花，兰草：玉兰/木兰/吊兰/桂兰/君子兰/空谷幽兰/吹气如兰/春兰秋菊/兰花淡雅清香。

“蓝”不能简化为“兰”。同样，板蓝根（菘蓝或马蓝的根，可入药）的“蓝”不能简化为“兰”。

不至于（致）

至 zhì，到：至今/至此/截至/自始至终/接踵而至/无微不至。不至于 表示不会达到某种程度。

致 zhì，达到，实现：学以致用/勤劳致富。

凶相毕露（像　象）

相 xiàng，相貌，外貌：长相/福相/色相/凶相/亮相/看相/寒酸相/可怜相/聪明相/狼狈相。凶相毕露 凶恶的面目完全暴露。

像 xiàng，比照人物制成的形象：雕像/佛像/画像/头像/石像/坐像/塑像/肖像/偶像/音像。

象 xiàng，形状，样子：景象/天象/气象/现象/印象/形象/万象更新/夜观天象/气象预报/包罗万象。

注意：录像、录象、录相是异形词，“录像”为推荐词形。

勘误表（刊）

勘 kān，校订，核查订正：勘误/勘正/勘问/校勘。勘误表 用表格分项记述作者或编者更正书刊中文字上的错误的表现形式。

刊 kān，削除，修改：刊落/刊误/刊谬补缺/不刊之论。

那还用问（哪）

那 nà，表示顺着上文的语意，申说应有的结果或作出判断（上文可以是对方的话，也可以是自己提出的问题或假设），那么：既然这样，那我们就不再等了/这样做既然不行，那就打算怎么办呢？/如果你认为可以这么办，那咱们就赶紧去办吧！那还用问 那么，还用得着问吗？

哪 nǎ，表示反问：没有耕耘，哪有收获？/没有革命前辈的流血牺牲，哪有今天的幸福生活？

一摊泥（滩）

摊 tān，用于摊开的糊状物或液体：一摊稀泥/一摊血。一摊泥 一片摊开的糊状泥土。

滩 tān，河、海、湖边水深时淹没、水浅时露出的地方，泛指河、海、湖边比岸低的地方：海滩/沙滩/河滩/滩地/盐滩；水浅多石而水流很急的地方：险滩/暗滩。

振聋发聩（愦）

聩 kuì，聋：昏聩/发聋振聩。振聋发聩 发出很大的响声，使耳聋的人也能听见，比喻用语言文字唤醒糊涂的人。也说发聋振聩。

愦 kuì，昏乱，糊涂：昏愦/愦乱。

他的本意（义）

意 yì，意思：本意/意义/大意/寓意/表意/言简意赅/词不达意。他的本意 他本来的意思或意图。

义 yì，意义，道理：字义/定义/褒义/贬义/词义/广义/含义/疑义/意义/微言大义。

“本意”与“本义”看似相同，但用法不一。“本意”指的是本来的意思或意图。“本义”则指词语本来的意义，本义之外的意义叫做引申义或比喻义。“本义”只适用于语言学中，与假借义、引申义、比喻义等相同。

两溪汇合（会）

汇 huì，（水流）会合：汇流/百川所汇/汇成巨流/两条河流汇合之处/条条细流汇成江河。两溪汇合 两条溪流会合在一起。

会 huì，聚合，合在一起：会合/会齐/会诊/会审/附会/聚会/融会贯通/聚精会神。

“汇会”和“会合”都有聚集之义，二者主要区别在于，“汇合”多指水流的聚合或精神、思想等抽象事物的汇聚，如“小河汇合成大河”、“民众的意志汇合成巨大的力量”等。“会合”则包含了相会、见面之义，多用在人员或具体的事物方面，如“在山下会合”、“两军会合后继续前进。”

起用新人（启）

起 qǐ，开始，发生：起头/起止/起讫/起步较晚/起承转合。起用新人 提拔使用新人。

启 qǐ，开始，开动：启行/启用/启动/启碇。

“起用”用于人，一指重新任用已经退职、免职的官员，二指提拔使用；“启用”的意思是开始使用，用于物，如“启用印章”、“启用新设备”。

熟习业务（悉）

习 xí，对某事熟悉：习兵（熟于军事）/习见/习用/习闻/习以为常。熟习业务 对业务学习得很熟练或了解得很深刻。

悉 xī，知道：获悉/欣悉/洞悉/熟悉/得悉/据悉/探悉/来函敬悉。

熟习：学习得很熟练或了解得很深刻，多用于学问和技能，对象常是技艺、业务等，适用范围比较窄；熟悉：知道得清楚、详细。该词适用的范围很广，常指看到的、听到的和了解到的情况，多用于环境以及抽象的事物。

搜缴毒品（收）

搜 sōu，搜索检查：搜身/搜腰/搜捕/搜查/搜剿匪徒/什么也没搜着。搜缴毒品 搜查收缴毒品。

收 shōu，拿进里面，聚拢：收存/收集/收拾/收藏/收篷/收藏古画/衣裳收进来了没有?

搜缴：搜查收缴，其对象是物品，一般指非法或违禁物品。收缴：接收、缴获，还有征收上交的意思。“搜缴”与“收缴”都有缴获的意思，但“搜缴”指的是先搜查再缴获，其对象多为违禁品。

问题凸显（突）

凸 tū，高于周围（跟“凹”相对）：凸出/凸起/凸现/凸显/挺胸凸肚/凸凹不平。问题凸显 问题清楚地显露。

突 tū，高于周围：突出/突起/突显。

“凸显”“突显”都是动词，前者意思是清楚地显露，后者意思是突出地显露，如“手臂上突显出一条条青筋”。“凸显”强调的是原本存在的事物更加清晰化，而“突显”强调的是原先看不到的事物突然地或突出的显露，辨析的要点在于观察事物原先的状态。

隐晦曲折（讳）

晦 huì，（含意）不明显：晦昧/晦涩/隐晦。隐晦曲折（意思）模糊，不明显，（情节）复杂，多变化。

讳 huì，因有所顾忌而不敢说或不愿说，忌讳：讳言/隐讳/忌讳/讳疾忌医/讳莫如深/直言不讳。

“隐晦”指表达含蓄、意思不明显；“隐讳”则指有所顾忌而隐瞒不说。具体到“隐晦曲折”，应用“隐晦”而不用“隐讳”。

电脑元件（原）

元 yuán，构成一个整体的：单元/元件/电子元件/标准元件/设备元件。电脑元件 构成电脑的单个制件，可以在同类装置中掉换使用，如电阻、电容、晶体管等。

原 yuán，最初的，开始的：原始/原审/原先/原初/原人/原生动物。

“元件”指机器、仪器的组成部分，其本身常由若干零件构成，可以在同类产品中通用。“原件”指未经改动或变动的文件或物件和翻印文件、制作复制品所依据的原来的文件或物件。

贸然行事（冒）

贸 mào，轻率，鲁莽：贸然/贸然参加/贸然从事/这样贸然下结论，不好。贸然行事 轻率地、未加考虑地做事。

冒 mào，不加小心，鲁莽，冲撞：冒失/冒进/冒昧/冒犯/冒渎/冒失鬼。

红装素裹（妆）

装 zhuāng，打扮，修饰，用服饰使人改变原来的外貌：化装/他装老头/他装扮成小生；穿着的衣物，服装：新装/军装/春装/冬装/泳装/时装/中山装；特指演员演出时的打扮：上装/卸装。红装素裹 形容雪后天晴时大地上红日白雪交相映照的艳丽景色（红装：妇女妆饰多用红色，因指女子的盛装；比喻红日照耀。素裹：白色的装束；比喻大雪覆盖）：毛泽东《沁园春·雪》“须晴日，看红装素裹，分外妖娆。”

妆 zhuāng，女子身上的装饰：化妆/红妆/卸妆/素妆/浓妆艳抹。

“化装”指演员为了适合所扮演的角色的形象而修饰容貌，或为了掩盖本来面目而改变自己的装束、容貌等。“化妆”指用脂粉、唇膏等化妆品使容颜看起来更漂亮。“化妆”侧重美容，只限于头面部；“化装”侧重假扮，包括整个形体。

粲然一笑（灿）

粲 càn，鲜明，美丽：粲然/云轻星粲。粲然一笑 笑时露出牙齿的样子。

灿 càn，光彩耀眼：灿然/灿若云锦/黄灿灿的菜花。

“灿然”的基本义是形容明亮。“粲然”主要有三种含义：一是形容鲜明发光，如“星光粲然”；二是形容显著明白，如“粲然可见”；三指露齿而笑的样子，如上例。

截至昨日（止）

至 zhì，到：至今/至此/截至/由南至北/至今未忘/自始至终/接踵而至/无微不至/至死不屈/至高无上。截至昨日 截止到昨日。

止 zhǐ，到某一时间停止：截止/为止/报名日期自6月20日起至7月1日止/展览从10月1日起至10月14日止。

“截至”的意思是截止到某个时候，“截止”的意思是到一定的期限停止进行。“截至”后一定会出现时间宾语，“截止”后不加时间宾语。

主角原型（形）

型 xíng，样式，类型：新型/定型/类型/微型/小型/定型/发型/脸型/血型/流线型。主角原型 主角原来的类型。

形 xíng，形状，样子：形式/地形/变形/雏形/方形/图形/形象/三角形。

“原型”的意思是原来的类型或模型，特指叙事性文艺作品中塑造人物形象所依据的现实生活中的人。“原形”一是指原来的形状，二指本来面目（含贬义）。

优美体形（型）

形 xíng，形状，形体，实体：圆形/方形/有形/无形/形式/形象/外形/变形/形影不离/得意忘形。优美体形 人或动物优美的身体形状。

型 xíng，样式，类型：大型/微型/发型/定型/脸型/血型/流线型/小型汽车。

“体形”主要指的是人或动物身体的形状，也可以指机器等的形状。“体型”：人体的类型（主要指各部分之间的比例），如正常体型、特殊体型、瘦长体型、矮胖体型，等等。“体型”无所谓优美与否，只有“体形”才能说丰满、苗条、优美、迷人等。

树碑立传（竖）

树 shù，立，建立：建树/独树一帜/树敌太多/树雄心，立壮志。树

碑立传 原指把某人生平事迹刻在石碑上或写成传记加以颂扬，现在比喻通过某种途径树立个人威信，抬高个人声望（含贬义）。

竖 shù，直立起来，使物体跟地面垂直：毛发倒竖/竖电线杆/竖立旗杆/竖立标语牌/竖立纪念碑/把柱子竖起来/把梯子竖起来。

“树立”意思是建立，一般用于抽象的好的事物；“竖立”指物体垂直，用于具体的事物。

天气剧变（巨）

剧 jù，厉害，猛烈：急剧/加剧/剧烈/剧痛/剧饮/剧增/剧变/形势剧变。天气剧变 天气发生强烈而迅速的变化。

巨 jù，大，很大：巨大/巨变/巨流/巨著/艰巨/巨款/巨轮/巨幅画像/为数甚巨/山乡巨变。

“剧变”强调变化强烈而迅速；“巨变”强调状态或面貌变化大。

宫闱（帏）

闱 wéi，宫的侧门，也指内室：宫闱/房闱。宫闱 帝王的住所。

帏 wéi，帐子，幔幕：罗帏/帏盖/帏幔/帏帘；古代佩带的香囊。

美轮美奂（仑　伦）

轮 lún，轮囷，古代圆形谷仓，常借以形容高大。美轮美奂《礼记·檀弓下》里说，春秋时晋国大夫赵武建造宫室落成后，人们前去祝贺。大夫张老说：“美哉轮焉，美哉奂焉！”后来用“美轮美奂”形容新屋高大美观，也形容装饰、布置等美好漂亮（轮：高大；奂：众多）。

仑 lún，条理，次序。

伦 lún，人伦：五伦/天伦/伦常/伦理/人伦/乱伦/天伦之乐；条理，次序：伦次/语无伦次；同类，同等：绝伦/不伦不类/无与伦比/比拟不伦/英勇绝伦/美妙绝伦。

下脚料（角）

脚 jiǎo，剩余的废料：下脚。下脚料 原材料加工、利用后剩下的碎料（也许由于这种碎料又可称“边角料”，便错误地出现了“下角料”这一用法）

角 jiǎo，形状像角的东西：触角/皂角/菱角/边角料。

桀骜不驯（舛）

桀 jié，凶暴：桀黠。桀骜不驯 性情倔强不驯顺。

舛 chuǎn，违背：舛驰（背道而驰）/舛午（互相抵触）/舛令（违抗命令）。

桀骜不驯（敖）

骜 ào，马不驯良，比喻人傲慢。桀骜不驯 性情倔不驯顺。

敖 áo，同“遨”，游玩：遨游/遨嬉/遨戏。

美妙绝伦（仑）

伦 lún，同类，同等：绝伦/不伦不类/无与伦比/比拟不伦/英勇绝伦。美妙绝伦 美好奇妙，独一无二。

仑 lún，条理，次序。

追本溯源（朔）

溯 sù，逆着水流的方向走：溯源/上溯/溯流而上。追本溯源 追究事物产生的根源。也说追本穷源。

朔 shuò，北（方）：朔方/朔风/朔风凛冽。

漫骂一气（谩）

漫 màn，不受约束，随便：漫步/漫画/漫卷/浪漫/散漫/漫谈/漫无限制/漫无目的。漫骂一气 乱骂一阵（含贬义）。

谩 màn，轻慢，没有礼貌：谩骂/她有心劝架，却遭那人谩骂。

得陇望蜀（垄）

陇 Lǒng，甘肃省的别称：陇海铁路。得陇望蜀 东汉光武帝刘秀下命令给岑彭：“人苦不知足，既平陇，复望蜀。”教他平定陇右（今甘肃一带）以后带兵南下，攻取西蜀（蜀：指四川一带）（见于《后汉书·岑彭传》）。后来用“得陇望蜀”比喻贪得无厌。

垄 lǒng，在耕地上培成的一行一行的土埂，在上面种植农作物：垄沟、垄作。

感情淡薄（泊）

薄 bó，轻微，少：薄弱/薄技/淡薄/稀薄/菲薄/绵薄/微薄/广种薄收/浅见薄识/力薄才疏。感情淡薄 感情不浓厚。

泊 bó，恬淡，安静：淡泊。

“淡泊”指对名利不追求，不热衷。“淡薄”的含义主要有：（云雾等）密度小；（酒、食物）味道不浓；（感情、兴趣）不浓厚；（印象）因淡忘而模糊。

推脱责任（托）

脱 tuō，脱离：摆脱/逃脱/脱险/脱产/脱身/脱缰之马。推脱责任 推卸责任。

托 tuō，推辞：推托/托词/假托/托病/托故。

“推脱”是指推卸、推辞，使与自己无关，推脱的对象是与己有关的事，多为责任、错误、问题等；“推托”意思是借故拒绝，推托的对象是别人请求的事。

纪念册（记）

纪 jì，义同“记”，主要于“纪念、纪年、纪元、纪传”等，别的地方多用“记”：纪念碑/纪念币/纪念封/纪念馆/纪念品/纪念日/纪念章/纪元/纪传体/新纪元/纪事本末体。纪念册 有纪念性质的册子，上面多有签名、题字、照片等，如毕业纪念册。

记 jì，把印象保持在脑子里：记忆/忘记/切记/记性/记得/惦记/牢记/铭记/记不清/好好记住/博闻强记。

“纪念”是指用事物或行动对人或事表示怀念，其使用的场合要比“记念”多。而“记念”则表示惦记、挂念之义。“纪念”侧重于用物或行为，“记念”侧重于心里想。另外，“记念”多作动词用，而“纪念”除作动词外，还作名词，意思是纪念品。

年青的一代（轻）

青 qīng，指青年：青工（青年工人）/年青/知青/老中青/共青团。年青的一代 处在青少年时期的一代人。

轻 qīng，年纪小：年轻/口轻/年纪轻。

“年青”指处在青少年时期，并且只能用于青年，一般不用于比喻。“年轻”有三层含义：年纪不大（多指十几岁至二十几岁）；年纪比相比较的对象小；还可以引申为有精神、有活力。在指二三十岁的人时，“年青”、“年轻”都可以使用，但超过 40 岁或是年纪更大的人，就不能再用“年轻”表示了。

召唤（招）

召 zhào，召唤：召集/召开/召见/号召/他已被上级召回北京。召唤 叫人来（多用于抽象方面）。

招 zhāo，举手上下挥动：招手/招呼/招集/招揽/招之即来/招手示意；用广告或通知的方式使人来：招生/招考/招聘/招留学生。

妨害健康（碍）

害 hài，使受损害：害人/暗害/危害/毒害/坑害/迫害/伤害/损害/陷害/伤天害理。妨害健康 有害于健康。

碍 ài，妨碍，阻碍：碍事/干碍/关碍/障碍/阻碍/妨碍学习/妨碍走路/有碍观瞻/碍手碍脚/把地下的东西收拾一下，别让它碍脚。

妨害：有害于。妨碍：使事情不能顺利进行；阻碍。“妨害”强调害处，后面一般接名词；“妨碍”强调障碍，后面需接动词或短语。

包含深刻道理（涵）

含 hán，里面存在着：含有/含泪/暗含/包含/蕴含/含养分/含水分/含着眼泪。包含深刻道理 里面含有深刻道理。

涵 hán，包容，包含：海涵/内涵/涵养/涵盖/涵容/涵义/蕴涵。

“包涵”非“包含”的雅称。“包含”即里面含有；“包涵”则是客套话，请人原谅。虽然“涵”有包容、包含的意思，但并不表示“包涵”就等于“包含”。

常年出差（长）

常 cháng，经常，时时：常见/常常/惯常/时常/老生常谈/常来常往/常备不懈/我们常见面/常和工人一起劳动。常年出差 终年出差。

长 cháng，两点间的距离大（跟“短”相对），指时间：长寿/长久/长年/长鸣/长期/天长夜短/长远利益/万古长青/来日方长/源远流长。

“常年”：终年、长期；“长年”，一年到头、整年。“常”的意思是经常，“常年”就是指在一年或几年的这一时间段内，事情发生的频率比较高。“长”则表示持久，“长年”就是说一年到头、好多年都是如此，侧重指时间的长期性。“常年”强调频率的经常，“长年”强调时间的久长。

出身贫寒（生）

身 shēn，指人的经历和家庭经济情况：家庭出身/身世不明。出身贫寒 个人早期的经历贫寒。

生 shēng，出生，诞生，生育：生辰/胎生/卵生/孪生/滋生/生孩子/优生优育/生于北京/休养生息/孙中山生于公元1866年。

“出身”旧时指做官时最初的资历，现在一般指个人早期的经历或由家庭经济情况所决定的身份：店员出身/工人家庭出身。

公共秩序（次）

秩 zhì，有条理、不混乱的情况：秩序/社会秩序/秩序良好/维持秩序。公共秩序 属于全社会的有条理、不混乱的情况。

次 cì，等第，顺序：名次/车次/班次/场次/依次/层次/座次/鳞次栉比/依次前进/语无伦次。

“秩序”指有条理、不混乱，符合社会规范化状态。“次序”则指事物在空间或时间上排列的先后。凡牵涉到规范化状态，都要使用“秩序”；涉及时间、空间和逻辑关系的顺序时，应该用“次序”，不能用“秩序”。

罪犯伏法（服）

伏 fú，屈服，承认错误或受到惩罚：伏诛/伏辜（承认自己的罚过）/伏罪。罪犯伏法 罪犯被执行死刑。

服 fú，信服，顺从，承认：服输/敬服/顺服/叹服/屈服/拜服/信服/心悦诚服/口服心服/你有道理，我算服了你了。

“伏法”指罪犯被执行死刑。只能用于被执行死刑的罪犯身上，而不能用于被判非死刑的罪犯。“服法”指服从法院判决。“服法”还是口服药剂等服用方法的简称。

调转工作（掉）

调 diào，调动，安排：对调/调职/调换/调人/借调/上调/调兵遣将/他是新调来的干部。调转工作 调动转换工作。

掉 diào，更换：掉换/掉包/咱俩掉个座位。

“调转”和“掉转”都可以指向相反的方向改变，如“调转船头”、“掉转身子”。但是“调转”还可以表示调动转换（工作等），而“掉转”是不可以这样用的。

冰雪融化（熔）

融 róng，固体受热变软或变为流体：融解/冰雪消融/春雪易融/太阳一晒，雪就融了。冰雪融化 冰雪变成水。

熔 róng，固体受热到一定温度时变成液体：熔炼/熔炉/熔解/熔铸/熔冶/熔点/熔焊。

“融化”指冰、雪等化成水；“熔化”指固体加热到一定温度变为液体，如铁加热至1530℃以上就会熔化为铁水。

新诗面世（市）

世 shì，人世，社会：世上/世人/世间/世风/世面/世故/问世/涉世/惊世骇俗/玩世不恭。新诗面世 新诗与世人见面。

市 shì，市场，做买卖或集中做买卖的地方：开市/菜市/夜市/超市/股市/行市/上市/早市/闹市/街市。

“面市”指作品、产品与世人见面，问世；“面市”是（产品）开始供应市场。“面市”、“面世”可分别与“上市”、“问世”互换使用。

终身教育（生）

身 shēn，身份，指在社会上及法律上的地位：验明身份/他是什么身份/她以主人的身份发出邀请/以家长的身份出席座谈会；特指受人尊敬的地位：不失身份/有失身份/这是位有身份的人。终身教育 一个人整个一生接受的教育。包括学龄前教育、学龄期各类学校教育、大学毕业后继续教育以及各种类型的成人教育等。

生 shēng，生平，整个生活阶段：平生/一生/生平事迹/毕生的精力。

“终身”指的是一生、一辈子（多就切身的事说），即指具有某种身份后直到去世的这段时间。如“终身之计”、“终身大事”（多指婚姻，由男女到适婚年龄起）、“终身总统”（自当选总统当日算起）、“剥夺政治权利终身”（自法院判决生效之日起）。“终生”指的是一个人从出生到去世的这段时间（婴幼儿期可忽略），如“奋斗终生”、“终生难忘”。

坚韧不拔（忍）

韧 rèn，又柔软又结实，不易折断（跟“脆”相对）：坚韧/柔韧/韧性/韧带/韧度。坚韧不拔 形容信念坚定，意志顽强，不可动摇。

忍 rěn，耐，把感觉或感情压住不表现出来：忍痛/忍受/忍让/容忍/坚忍/隐忍/惨不忍睹/忍无可忍/忍俊不禁/忍气吞声。

“坚韧”是指坚固有韧性；“坚忍”则是指在艰苦困难的情况下，坚持而不动摇。“坚韧不拔”和“坚忍不拔”是同义词，其区别在于：“韧”强调的是一种评价，指意志百折不挠、万难不屈；“忍”则强调的是一种状态，指以极大的毅力忍耐、忍受。就词语的历史来看，

“坚忍不拔”出现得早，但是现代汉语中则是以“坚韧不拔”更为常见。

庄严（壮）

庄 zhuāng，严肃，庄重：端庄/亦庄亦谐/为人庄重大方/会场庄严肃穆。庄严 庄重而严肃。

壮 zhuàng，健壮，有力：壮实/壮士/强壮/身体壮/年轻力壮/老当益壮/庄稼长得很壮。

晾干（凉）

晾 liàng，把东西放在通风或阴凉的地方，使干燥：晾干菜/把腊肉晾干；晒（东西）：晾衣服/海滩上晾着渔网。晾干 把东西放在通风或阴凉的地方使之干燥；把东西晒干。

凉 liàng，把热的东西放一会儿，等温度降低：凉一杯水/把水凉一凉再喝/茶太烫，凉一凉再喝/粥太烫，凉一凉再喝。

光复（複　復）

复 fù 恢复：收复/复原/复婚/复古/康复。光复 恢复（已亡的国家）；收回（失去的领土）。

複 fù，重复：复写/复制/复核/复习/故态复萌/失而复得/死灰复燃/无以复加/周而复始/髀肉复生；

復 fù，恢复：光复/收复/复原/复古/复婚/康复。

“復”“複”已简化为“复”。

毋庸置疑（质）

置 zhì，搁，放，摆：安置/搁置/布置/置之不理/置于桌上/置若罔闻/漠然置之/置诸脑后。毋庸置疑 无须怀疑（置疑多用于否定式，如不容置疑，无可置疑）。

质 zhì，依据事实来问明或辨别是非：质疑/质问/质询/对质/质之高明。

班师回朝（搬）

班 bān，调回或调动（军队）：班师/班兵/班救兵。班师回朝 调遣军队返回朝廷。

搬 bān，移动，迁移：搬迁/搬家/把这块石头搬开/他家是从南城搬来的。

不稂不莠（郎）

稂 láng，古书上指狼尾草：稂莠。不稂不莠 指田里没有野草。后比喻不三不四或不成才、没出息（莠：狗尾草）。

郎 láng，古代官名：侍郎/尚书郎/员外郎；对某种人的称呼，货郎/女郎/放牛郎；女子称情人或丈夫：情郎/郎君/新郎；对年轻男子的称呼：儿郎/少年郎/郎才女貌；旧时称别人的儿子：大郎/令郎。

猩红（腥）

猩 xīng，猩猩，哺乳动物，略像人，毛赤褐色或黑色，前肢长，无尾。吃野果。猩红 像猩猩血那样的红色，血红。

腥 xīng，本指生肉，现指肉类鱼类等食物：荤腥/腥腐。

不求甚解（深）

甚 shèn，很，极：甚佳/进步甚快/相去甚远/言之甚当/过从甚密/不甚了了/相得甚欢/他说得未免过甚。不求甚解 晋陶潜《五柳先生传》："好读书，不求甚解，每有会意，便欣然忘食。"意思是说读书只领会精神实质，不咬文嚼字。现多指只求懂得个大概，不求深刻了解。

深 shēn，从上到下或从外面到里面的距离大（跟"浅"相对）：深水/深山/庭院深深/深耕细作/这条河很深。

蝉联冠军（连）

联 lián，联结，结合：联合/联盟/联系/联络/联欢/联名/三联单/联席会议。蝉联冠军 连续保持冠军称号。

连 lián，相接，连续：连年/心连心/连阴天/天水相连/连成一片/接连不断/藕断丝连/骨肉相连/天连水，水连天/这两句话连不起来。

不遑顾及（惶）

遑 huáng，闲暇：不遑/不遑后处。不遑顾及 没有工夫顾及。

惶 huáng，恐惧：惶恐/惶惑/惶然/惊惶/惶悚/惶恐不安/人心惶惶。

不知就里（理）

里 lǐ，里面，内部（跟"外"相对）：里间/手里/碗里/屋子里/箱子里面/表里如一/吃里爬外。不知就里 不了解底细（就里：内情）。

理 lǐ，道理，事物的规律：讲理/合理/病理/常理/法理/情理/伦理/

真理/不明事理/顺理成章。

开天辟地（劈）

辟 pì，开发，开辟，从无到有的开发建设：各家自辟园地，培育树苗/这一带将辟为开发区/在家门口辟出一块地种上小白菜、小葱。开天辟地 神话中说盘古氏开天辟地后才有世界，因此用“开天辟地”指宇宙开始。

劈 pǐ，分开：劈柴/劈成三股/劈一半给你；分裂，使离开：劈树枝。

付诸东流（之）

诸 zhū，“之于”或“之乎”二字的合音：有诸？/付诸实施/藏诸名山/公诸社会。付诸东流 把东西扔在东流的水里冲走，比喻希望落空，前功尽弃。

之 zhī，代词，代替人或事物，限于做宾语：爱之重之/取之不尽/偶一为之/求之不得/操之过急/恨之入骨/持之以恒/束之高阁。

独占鳌头（螯）

鳌 áo，传说中海里的大鱼：鳌山/鳌头。独占鳌头 鳌头指皇宫大殿前石阶上刻的鳌的头，考上状元的人可以踏上。后来用“独占鳌头”比喻占首位或取得第一名。

螯 áo，螃蟹等甲壳动物变形的第一对脚，形状像钳子，能开合，用来取食、自卫：螯肢动物。

嘉言懿行（佳）

嘉 jiā，美好：嘉宾/嘉礼（婚礼）/嘉言/嘉友。嘉言懿行 有教育意义的好言语和好行为。也作“嘉言善行”。

佳 jiā，美，好的：佳人/佳节/佳作/佳句/佳音（好消息）/佳绩/佳境/成绩甚佳/最佳方案/身体欠佳。

文采斐然（蜚　棐）

斐 fěi，有文采：斐尔/斐然成章。文采斐然 文章写得很有文采。

蜚 fěi，古书上指椿象一类的昆虫。

棐 fěi，辅助。

综合征（症）

征 zhēng，迹象，现象：象征/征兆/特征/征候。综合征 因某些有病的器官相互关联的变化而同时出现的一系列症状。也叫症候群。

症 zhēng，中医指腹腔内结块的病。

症 zhèng，病：病症/急症/症候/症状/绝症/顽症/险症/霍乱症/不治之症/对症下药/疑难杂症。

勘路（堪）

勘 kān，实地查看，探测：勘探/勘查/勘验/勘测/查勘/踏勘/探勘。勘路 实地查看、探测路线。

勘 kān，可以，足以，能：堪称佳作/堪以告慰/不堪设想/堪当重任/堪称楷模；忍受，能支持，能承受；难堪/不堪凌辱/狼狈不堪/不堪设想。

国家权力（利）

力 lì，力量，能力：人力/物力/财力/目力/脑力/药力/理解力/说服力/战斗力/竭尽全力。国家权力 国家政治上的强制力量。

利 lì，利益，好处：专利/功利/名利/势利/利弊/有利/谋福利/兴利除害/威逼利诱/权衡利弊。

“权力”指的是政治上的强制力量或职责范围内的支配力量。“权利”表示公民或法人依法行使的权力和享受的利益（跟“义务”相对）。“权力”侧重政治上的强制力量，“权利”侧重利益。“权力”是由地位和职责带来的，而“权利”侧是法律赋予的。

和牌（胡）

和 hú，打麻将或斗纸牌用语，表示获胜：和了/这盘他和。和牌 打麻将或斗纸牌时某一家的牌合乎规定的要求，取得牌桌上的胜利。

胡 hú，乱，无道理：胡来/胡闹/胡说/胡扯/说胡话/胡写一气/胡思乱想。

家具（俱）

具 jù，器具，器物：农具/文具/雨具/卧具/工具/灯具/茶具/餐具。家具 家庭用具，主要指床、柜、桌、椅等。

俱 jù，全，都：万事俱备/两败俱伤/泥沙俱下/声色俱厉/与日俱增/百废俱兴/面面俱到/与时俱进。

家具（傢）

家 jiā，家庭，人家：家产/家信/安家落户/当家做主/倾家荡产/万家灯火/白手起家/四海为家/他家有五口人/张家和王家是亲戚；家庭用的：家什。家具家庭用具，主要指床、柜、桌、椅等。

傢 jiā，“家伙”、“家具”的“家”的繁体字。“家具”不可写作“傢具”、“家俱”。

冗长（臃）

冗 rǒng，多余的：冗员/冗笔/冗赘/冗词赘句/文辞冗长。冗长（文章、讲话等）废话多，拉得很长。

臃 yōng，肿。

桥梁合龙（拢）

龙 lóng，我国古代传说中的神异动物，身体长，有鳞，有角，有脚，能走，能飞，能游泳，能兴云降雨：东海龙王/龙马精神/藏龙卧虎/画龙点睛/生龙活虎/鱼龙混杂/车水马龙/望子成龙。桥梁合龙 修筑桥梁从两端施工，最后在中间接合，叫做桥梁合龙。

拢 lǒng，合上，聚拢：笑得嘴都合不拢了；接近，靠近：拢岸/拉拢/靠拢/他们俩总谈不拢。

一年之计（季）

计 jì，计划，规划，打算：设计/预计/计策/从长计议/为工作方便计/眉头一皱，计上心来/百年大计，质量第一。一年之计 要在一年开始时多做工作，为实现全年奋斗目标打好基础。

季 jì，三个月为一季：季度/季刊/一年四季；季节：雨季/旺季/花季/淡季/旱季。

秸秆（桔）

秸 jiē，农作物脱粒后剩下的茎：麦秸/秫秸/豆秸/芝麻秸/麦秸可以编东西。秸秆农作物脱粒后剩下的茎。

桔 jié，桔梗，草本植物，花紫色，根可入药；桔槔，一种利用杠杆原理的汲水工具。

沾染（粘）

沾 zhān，因为接触而被东西附着上：沾水/沾泥/拒腐蚀，永不沾。沾染 因接触而被不好的东西附着上；因接触而受到不良的影响。

粘 zhān，黏的东西互相连接或附着在别的东西上：粘连/不粘锅/几块糖都粘在一起了；用黏的东西使物件连接起来：粘贴/粘画/粘地图

/粘信封。

再接再厉（励）

厉 lì，古同“砺”，磨（刀、剪等）：砥砺/磨砺/淬砺/宝剑锋从磨砺出，梅花香自苦寒来。再接再厉 一次又一次地继续努力。（接：交战。厉：通“砺”，磨快。公鸡相斗每次都要先把嘴磨利。比喻继续努力，坚持不懈）。

励 lì，劝勉，勉励：鼓励/奖励/激励；振作，振奋：励志/励精图治。

部署（暑）

署 shǔ，布置：军事部署。部署 安排，布置（人力、任务）。

暑 shǔ，热（跟“寒”相对）：避暑/盛暑/暑期/暑天/中暑/受暑/寒来暑往/暑热难耐/盛夏酷暑。

抛撒杂物（洒）

撒 sǎ，散播，散布：撒种/撒农药/年糕上撒了一层白糖。抛散杂物 扔弃散布各种零星的物品。

洒 sǎ，把（水、油等）散落在地上：扫地先洒些水；东西散落：洒了一地粮食/把洒在地上的粮食捡起来。

“撒”跟“洒”不同：撒，意思是把颗粒大的东西分散地扔出去；洒，从“水”，意思是（使水或其他东西）分散地落下。

两匹马（二）

两 liǎng，数目，一个加一个是两个。一般用于量词和“半、千、万、亿”前：两本书/两匹马/两扇门/两个月/两升米/两斤面/两尺布/两亩地/两千块钱/两万五千里。

二 èr，数目，一加一后所得的数目：二尺布/二千米/二斤面/说一不二/一分为二/接二连三/二十八宿/二十四史/二十四节气/二一添作五。

在一般量词前，用“两”不用“二”。在传统的度量衡单位前，“两”和“二”一般都可用，用“二”为多（“二两”不能说“两两”）。新的度量衡单位前一般用“两”，如“两吨、两公里”。在多位数中，百、十、个位用“二”不用“两”，如“二百二十二”。“千、万、亿”的前面，“两”和“二”一般都可用。

五　音同（近）意思易混字

影后（後）

后 hòu，君子的妻子：皇后/后妃；古代称君主：商之先后。影后指获得电影节最佳女演员称号的人。

後 hòu，次序靠近末尾的位置（跟“前、先”相对）：後排/最後/後记；后代的人，指子孙等：有后/无后。

稿笺纸（签）

笺 jiān，小幅的纸，便笺/信笺/诗笺；信札：“笺札”（书信）。稿笺纸写稿用的小幅纸，多印有一行行的直线或小方格。

签 qiān，亲自写上姓名或画上符号：签名/签约/签发/签到簿/签发文件/签字画押/请你签个字；简要地写出要点或意见：签呈/签注/领导在报告上签了意见。

蒜薹（苔）

薹 tái，蒜、韭菜、油菜等生长到一定阶段时在中央部分长出的细长的茎，顶上开花结实。嫩的可以当蔬菜吃。蒜薹蒜的花轴，嫩的可以吃。

苔 tái，苔藓植物的一类，属于这一类的植物，茎与叶了的区别不明显，绿色，生长在阴湿的地方：苔藓植物/苔原。

（六）形似音同（近）意思易混字

形势严峻（竣）

峻 jùn，严厉：峻急/严刑峻法。形势严峻 事物发展的状况严厉。

竣 jùn，完毕：竣工/完竣/告竣/大工告竣。

炫目耀眼（眩）

炫 xuàn，夸耀：炫弄/炫示/自炫其能。炫目耀眼（光彩）耀眼。

眩 xuàn，（眼睛）昏花看不清楚：头晕目眩；迷惑，执迷：眩于名利/眩于虚名。

辐射（幅）

辐 fú，车轮中连接轮辋和车毂的直条：辐条/辐辏。辐射 从中心向各个方向沿着直线伸展出去。

幅 fú，布匹、呢绒等的宽度：幅面/单幅/双幅/这块布的幅面宽/这种布是双幅的；量词，用于布帛、呢绒、图画等：一幅画/用两幅布做一个床单。

罢黜（础）

黜 chù，罢免，革除：黜退/黜职/贬黜/废黜。罢黜 贬低并排斥；免除（官职）。

础 chǔ，垫在房屋柱子底下的石头：基础/础石/月晕而风，础润而雨。

版面（板）

版 bǎn，报纸的一面叫一版：头版新闻。版面 指书报杂志上每一页的整面；也指书报杂志的每一面上文字图画的编排形式。

板 bǎn，片状的较硬的物体：画板/地板/搓板/板报/黑板/板壁/板书/板材/铁板/玻璃板。

绊脚石（拌）

绊 bàn，行走时被别的东西挡住或缠住：羁绊/绊马索/磕磕绊绊。绊脚石 比喻阻碍前进的人或事物。

拌 bàn，搅和：拌种/拌和/凉拌/搅拌/拌种子/拌草喂牛。

邦交（帮）

邦 bāng，国：友邦/兴邦/联邦/邻邦。邦交 国与国之间的正式外交关系。

帮 bāng，辅助：帮扶/帮办/帮忙/帮工/帮你做；集团组织：帮派/帮会/匪帮/青洪帮/四人帮。

报复（抱）

报 bào，告诉：报告/报名；报答，用实际行动表示感谢：报效。报复 打击批评自己或损害自己利益的人。

抱 bào，心里存着（想法、意见等）：抱屈/抱歉/抱怨/抱恨/青年人都抱着远大的理想/对他的这种决定，许多人抱有看法。

抱负（报）

抱 bào，用手臂围住：母亲抱着孩子；抱养，把别人的孩子抱来当自己的孩子抚养。抱负 远大的志向。

报 bào，报答：报效/报酬/报恩/报国/报德/投桃报李/恩将仇报；报复：报恨/报仇/报怨/睚眦必报/冤冤相报。

暴躁（燥）

躁 zào，性急，不冷静：烦躁/急躁/焦躁/浮躁/性子躁/不骄不躁/稍安毋躁/戒骄戒躁。暴躁 遇事好发急，不能控制感情，容易发怒。

燥 zào，干，缺少水分：燥热/天气干燥/山高地燥/天气太燥。

敝帚自珍（弊）

敝 bì，破旧，破烂：敝政/敝屣/敝衣。憋帚自珍 破扫帚，自己当宝贝爱惜，比喻东西虽不好，可是自己珍视。

弊 bì，毛病，害处（跟“利”相对）：弊病/流弊/弊害/弊端/积弊/时弊/有弊无利/兴利除弊。

辩诬（辨）

辩 biàn，说明是非或真假，争论：辩驳/辩护。辩证 对错误的指责进行辩解。

辨 biàn，分别，分析：明辨是非/不辨真伪/辨认笔迹。

辩证法（辨）

辩 biàn，说明是非或真假，争论：辩明/分辩/争辩/论辩/雄辩/百口莫辩/毋庸置辩/有口难辩。辩证法 关于事物矛盾的运动、发展、变化的一般规律的哲学学说；也特指唯物辩证法。

辨 biàn，分别，分析：辨别/辨明/辨认/辨析/辨解/明辨是非/辨不清方向。

不胫而走（径）

胫 jìng，小腿，从膝盖到踝骨的部分：胫骨。不胫而走 没有腿却能跑，形容传布迅速。

径 jìng，狭窄的道路，小路：山径/曲径/路径/行不由径。

部分（份）

分 fēn，使整体事物变成几部分或使联在一起的事物离开（跟“合”相对）：分裂/分散。

分 fèn，成分：水分/盐分/养分/糖分；职责、权利等的限度：本分/过分。部分 整体中的局部，整体里的一些个体。

份 fèn，用于成组成件的东西：一份报/一份礼物；整体分成几部分，每一部分叫一份：股份/分成三份，每人一份。

沧海一粟（粟）

粟 sù，谷子，一年生草本植物，花小而密集，子实去皮后就是小米，旧时泛称谷类。沧海一粟 大海里的一颗谷粒，比喻非常渺小。

栗 lì，栗子树的果实，果仁味甜，可以吃。

沧桑（苍）

沧 cāng，青绿色（指水）：沧海。沧桑 沧海桑田的略语，大海变成农田，农田变成大海，比喻世事变化很大。

苍 cāng，青色（包括蓝和绿）：苍山/苍郁/苍翠/苍松翠柏；灰白色：苍髯/面色苍白/两鬓苍苍。

掺兑（渗）

掺 chān，把一种东西混合到另一种东西里去：掺假/掺和/掺杂/里面掺糖了。掺兑 把成分不同的东西混在一起。

渗 shèn，液体慢慢地透过或漏出：渗水/天很热，汗渗透了衣服/融化了的雪水渗入大地。

晨练（炼）

练 liàn，练习，反复学习，多次地操作：练手/练队/排练/练兵/练本领/练功夫/练毛笔字。晨练 在早晨进行练习或锻炼。

炼 liàn，用加热等办法使物质纯净或坚韧：炼钢/炼铁/炼焦/炼乳/猪油炼过了；用心琢磨，使词句简洁优美：炼字/炼句/炼词；烧：真金不怕火炼。

惩前毖后（毙）

毖 bì，谨慎，小心。惩前毖后 吸取过去失败的教训，以后小心，不致重犯错误。

毙 bì，死（用于人时多含贬义）：击毙/毙命/毙伤/牲畜倒毙；枪毙：昨天毙了一个抢劫杀人犯；仆倒：毙踣/多行不义必自毙。

嗤之以鼻（斥）

嗤 chī，讥笑：嗤笑。嗤之以鼻 用鼻子吭气，表示看不起。

斥 chì，责备：申斥/驳斥/痛斥/怒斥/斥骂/呵斥/训斥/指斥。

驰骋（弛）

驰 chí，（车马等，使车马等）跑得很快：驰援/驰驱/驰突/奔驰/驰逐/飞驰/风驰电掣。驰骋（骑马）奔驰。

弛 chí，放松，解除：弛禁/弛缓/一张一弛；松懈：松弛/弛懈/弛缓。

赤膊上阵（搏）

膊 bó，胳膊。赤膊上阵 形容拼命厮杀；又比喻不顾一切，毫不掩饰地为所欲为。

搏 bó，对打：搏斗/搏击/肉搏/拼搏；跳动：搏动/脉搏；扑上去抓：狮子搏兔。

厨房（橱）

厨 chú，厨师：名厨。厨房 做饭菜的屋子。

橱 chú，一种放置衣物、物件的家具，前面有门：衣橱/书橱/碗橱/橱窗/橱柜。

捶胸顿足（锤）

捶 chuí，用拳头或棒槌敲打：捶打/捶背/捶衣裳。捶胸顿足 用拳头打胸部，用脚跺地，形容非常焦急、懊丧或极度悲痛的样子。

锤 chuí，古代兵器，柄的上头有一个金属圆球：铁锤/铜锤；像锤的东西：秤锤/纺锤；敲打东西的工具，前有金属等材料做的头，有一个与头垂直的柄：铁锤/钉锤；用锤子敲打：锤炼/千锤百炼。

大肆渲染（宣）

渲（xuàn）染，中国画的一种画法，用水墨或淡的色彩涂抹画面，以加强艺术效果。大肆渲染 毫无顾忌地夸大形容。

宣 xuān，传播、散布出去，公开说出：宣传/宣布/宣读/宣告/宣示/宣言/宣誓/心照不宣。

大相径庭（胫）

径 jìng，小路：山径/路径/田径/曲径通幽/行不由径。大相径庭 表示彼此相差很远或矛盾很大。

胫 jìng，小腿，从膝盖到踝骨的部分。

待价而沽（估）

沽 gū，买：沽酒；卖：沽卖/待沽。待价而沽 等待有好价钱才出售，旧时比喻等待时机出来做官，现多比喻等待有好的待遇、条件才肯答应任职或做事。

估 gū，揣测，大致地推算：估价/估产/估计/估量/估算/评估/不要低估了群众的力量。

抵消（销）

消 xiāo，消失：消遁/消灭/消泯/消散/消逝/烟消云散/冰消瓦解/红肿已消；使消失，消除：消毒/消炎/打消/消除隐患/消食化积。抵消 两种事物的作用因相反而互相消除。

销 xiāo，除去，解除：撤销/销假/报销/吊销/注销/把那两笔账销了；消费：花销/开销。

盯梢（叮）

盯 dīng，注视，集中视力看：盯防/大家眼睛直盯着他。盯梢 暗中跟在后面（监视人的行动）。

叮 dīng，嘱咐：叮嘱；（蚊子等）用针形口器吸食：胳膊被蚊子叮了一口；追问：跟着我又叮了他一句，他说明天准去，我才放心。

订书机（钉）

订 dìng，装订：订书/合订本/用纸订成一个本子。订书机 装订书本的用具。

钉 dīng，钉子：螺丝钉；督促，催问：你常钉着他一点儿，免得他忘了。

钉 dìng，把钉子捶打进别的东西里，用钉子、螺丝钉等把东西固定在一定的位置或把分散的东西组合起来：钉钉（dīng）子/钉马掌/门上钉上两个合叶/他用几块木板钉了个箱子。

东施效颦（频）

颦 pín，皱眉：颦眉/一颦一笑。东施效颦 美女西施病了，皱着眉头，按着胸口。同村的丑女人看见了，觉得姿态很美，也学她的样子，却丑得可怕。后人把这个丑女人称作东施；比喻盲目模仿，效果很坏。

频 pín，屡次，连续几次：频使/频频点头/频频出访/频频抬手；频率：高频/调频/词频/字频/频道/频段。

独当一面（挡 档）

当 dāng，掌管，主持：当家/当权/当政/当局/豺狼当道；相称：门当户对。独当一面 单独担当一个方面的任务。

当 dàng，合宜，合适：恰当/妥当；作为，当做：安步当车；以为，认为：当真。

挡 dǎng，拦住，抵挡：拦挡/推挡/挡道/把风挡住/兵来将挡，水来土掩；用来遮蔽的东西：炉挡/窗户挡儿。

档（dàng），带格子的架子或橱，多用来存放案卷：归档/档案。

度假（渡）

度 dù，过（某个时间或某段时间），由此到彼，多指时间的转移：度日/安度/欢度/虚度/度假村。度假 过假日。

渡 dù，横过水面，通过（江河等）：渡河/渡江/渡口/渡客/远渡/摆渡；引申为过，由此引导到彼，多指空间的转移：引渡/偷渡/过渡/渡过难关/过渡时期。

端详（祥）

详 xiáng，详细（跟“略”相对）：详谈/详备/详尽/详密/详明/详悉/详情/不厌其详。端详 ：端庄安详；也指仔细地看。

祥 xiáng，指吉利：祥和/祥云/慈祥/发祥/吉祥/祥瑞/不祥。

恶贯满盈（惯）

贯 guàn，连贯，连接贯通：鱼贯而入/累累如贯珠；世代居住的地方：籍贯。恶贯满盈 作恶极多，已到末日。

惯 guàn，纵容（子女等）养成不良习惯或作风：惯纵/娇惯/娇生惯养/惯坏了脾气；习以为常，积久成性：习惯。

翻然悔悟（误）

悟 wù，了解，领会，觉醒：领悟/感悟/觉悟/悔悟/醒悟/执迷不悟/悟出道理/恍然大悟。翻然悔悟 形容很快而彻底地悔改醒悟。也作幡然悔悟。

误 wù，错，不正确：误解/笔误/误会/误差/误传/误信/勘误/谬误。

妨碍（防）

妨 fáng，阻碍：妨害/何妨/无妨/不妨事/大声说话会妨碍别人学习。妨碍 使事情不能顺利进行；阻碍。

防 fáng，防备，做好准备以应付攻击或避免受害：预防/以防万一；堤，挡水的构筑物：堤防。

绯闻（诽 蜚）

绯 fēi ：红色：绯衣/绯桃/绯红/深绯。绯闻 有关男女关系的传闻。

诽 fěi，毁谤：诽谤。

蜚 fēi，同“飞”。意外的，凭空而来的：飞灾/飞祸/流言飞语/飞短流长。

愤慨（概）

慨 kǎi，愤激：慷慨激昂；感慨：慨叹。愤慨 气愤不平。

概 gài，大略，总括：概论/大概/概况/概要/梗概/概述；气度神情：气概。

风靡一时（糜）

靡 mǐ，顺风倒下：所向披靡/望风披靡。风靡一时 形容在一个时期里极为盛行。

糜 mí，烂，烂到难以收拾：糜烂不堪；粥：肉糜。

风雨飘摇（漂）

飘 piāo，随风摇动或飞扬：飘动/飘落/轻飘/飘雪花/五星红旗迎风飘扬。风雨飘摇 形容形势很不稳定。

漂 piāo，停留在液体表面不沉下去：漂流四方/树叶在水上漂着。

蜂拥而上（涌）

拥 yōng，（人群）挤着走：拥挤。蜂拥而上 像蜂群似的拥挤着走。

涌 yǒng，水或云气冒出：汹涌/涌泉/泪如泉涌/风起云涌；像水涌出一样：涌动/涌现/许多人从里面涌出来。

浮躁（燥）

躁 zào，性急，不冷静：急躁/烦躁/焦躁/性子躁/不骄不躁/性情暴躁/少安毋躁。浮躁 轻浮急躁。

燥 zào，干，缺少水分：干燥/燥热/山高地燥/天气太燥。

赋予（于）

予 yú，人称代词，我：予取予求。

予 yǔ，给：授予奖状/免予处分/请予批准。赋予 交给（重大任务、使命等）。

于 yú，介词，在：位于/毁于一旦/她生于 1949 年；向：问道于盲/求救于人/告慰于知己；给：嫁祸于人/献身于科学事业；对，对于：忠于祖国/有益于人民/形势于我们有利；自，从：青出于蓝/出于自愿；表示被动：见笑于大方之家；表示原因：死于癌症/行成于思毁于随。

港湾（弯）

湾 wān，海湾，海洋伸入陆地的部分：渤海湾/胶州湾。港湾 便于船只停泊的海湾，一般有防风、防浪设备。

弯 wān，曲折的部分：转弯/拐弯/这根竹竿有个弯儿。

告诫（械）

诫 jiè，警告，劝告：规诫/诫勉。告诫 警告劝诫（多用于上级对下级或长辈对晚辈）。

械 xiè，器械：机械；武器：条械/缴械/械斗。

攻城略地（掠）

略 lüè，简单（跟“详”相对）：大略/粗略；夺取（多指土地）：侵略。攻城略地 攻占城池，夺取土地。

掠 lüè，夺取，掠夺（多指财物）：抢掠/掠取/烧杀抢掠/奸淫掳掠。

觥筹交错（畴）

筹 chóu，计数或领取物品的凭证：筹码/筹算/筹子/竹筹/酒筹（行酒令时所用的筹）/略胜一筹；筹划，计划，筹措：统筹/自筹资金。觥筹交错 形容许多人相聚饮酒的热闹场面。

畴 chóu，田地：田畴/平畴/畴土；种类，类别：范畴/物各有畴/草木畴生。

沟通思想（勾）

沟 gōu，使互相连通：沟通语言/沟通无限/沟通两国文化/沟通南北的长江大桥/沟通了南北交通的京九铁路；一般的水道：河沟/山沟；人工挖掘的水道或工事：暗沟/沟渠/沟谷/阴沟/阳沟。沟通思想 使两方思想能通连。

勾 gōu，结合，串通：勾结/勾搭/勾通/勾连/勾串/勾哄；描画，用线条画出形象的边缘：勾图/勾勒/勾描/勾染/用铅笔勾一个轮廓。

“勾通”为贬义词指暗中串通；“沟通”为中性词，对象可以是思想、文化，也可以是地区等。

骨鲠在喉（梗）

鲠 gěng，鱼骨头：如鲠在喉。骨鲠在喉 鱼骨头卡在喉咙里，比喻心中有话，不说出来不痛快。

梗 gěng，植物的枝或茎：花梗/荷梗/桔梗/梗子/菠菜梗/高粱梗；直，挺立：梗着脖子；阻塞，妨碍：梗塞/梗阻/梗死/从中作梗。

鼓噪而进（躁）

噪 zào，许多人大声叫嚷：聒噪/鼓噪。鼓噪而进 在擂鼓呐喊声中出战前进。

躁 zào，性急，不冷静：烦躁/急躁/焦躁/性情暴躁/戒骄戒躁/不骄不躁。

鬼蜮伎俩（域）

蜮 yù，传说中在水里暗中害人的怪物：鬼蜮（鬼怪）。鬼蜮伎俩 比喻阴险害人的卑劣手段。

域 yù，在一定疆界内的地方，疆域：区域/外域/地域/绝域；泛指某种范围：境域/音域。

寒暄（喧）

暄 xuān，太阳的温暖。寒暄 见面时谈天气冷暖之类的应酬话。

喧 xuān，声音大：喧哗/喧腾/喧嚣/喧闹/锣鼓喧天/喧宾夺主。

莴苣（窝）

莴 wō。莴苣（wō·jù）一年生或二年生草本植物，叶子长圆形，花金黄色。是常见蔬菜。莴苣的变种有莴笋、生菜等（莴笋：莴苣的变种，叶长圆形，茎部肉质，呈棒状，是常见蔬菜。）

窝 wō，禽兽或其他动物的巢穴：狼窝/鸟窝/鸡窝/马蜂窝/蚂蚁窝/喜鹊搭窝；洼陷的地方：心窝/腋窝/心窝/酒窝/夹肢窝。

沙砾（粒）

砾 lì，小石，碎石：瓦砾/砾石/砾岩/砾漠。沙砾 沙和碎石块。

粒 lì，小圆珠形或小碎块形的东西：米粒/盐粒/豆粒/颗粒/微粒/颗粒无收；量词，每用于粒状的东西：一粒米/三粒子弹/一粒珍珠/一粒石子。

秸秆（杆）

秆 gǎn，稻麦等植物的茎：麦秆/麻秆/高粱秆/矮秆稻/高秆作物/向日葵的秆很直。秸秆 农作物脱粒后剩下的茎。

杆 gǎn，器物的像棍子的细长部分（包括中空的）：笔杆/枪杆/秤杆/烟袋杆；量词，用于有杆的器物：一杆枪/一杆笔/三杆秤。

捍卫（悍　撼）

捍 hàn，保卫，防御：捍御。捍卫 保卫，使不受侵犯。

悍 hàn，勇猛：强悍/精悍/剽悍/骁悍/一员悍将；凶狠，蛮横：凶悍/悍然发动战争。

撼 hàn，摇，摇动：摇撼/撼动/震撼/撼天动地/蚍蜉撼大树，可笑不自量。

河槽（漕）

槽 cáo，两边高、中间凹下的物体，凹下的部分叫槽：沟槽/渡槽/在木板上挖个槽。河槽 河床。

漕 cáo，利用水道转运粮食：漕粮/漕渠/漕河/漕船（运漕粮的船）。

横征暴敛（殓）

敛 liǎn，征集，征收：敛钱/聚敛/疯狂敛财/把工具敛起来。横征暴敛 强征捐税，搜刮百姓财富。

殓 liàn，把死人装进棺材：入殓/殓葬/装殓/成殓。

涣然冰释（焕）

涣 huàn，消散：涣散。涣然冰释 形容嫌隙、疑虑、误会等完全消除，像冰消融一般。

焕 huàn，光明，光亮：焕发/焕然。

焕然一新（换）

焕 huàn，光明，光亮：焕发/焕然。焕然一新 形容出现了崭新的面貌。

换 huàn，给人东西同时从他那里取得别的东西：调换/换取/互换/交换条件；变换，更换：换算/改换/替换/退换/置换/转换/换衣服/换汤不换药。

毁家纾难（疏 杼 输）

纾 shū，解除：纾难。毁家纾难 捐献全部家产，帮助国家减轻困难。

疏 shū，清除阻塞使通畅，疏通：疏导/疏浚/管道疏通机。

杼 zhù，织布机上的筘，古代也指梭：杼轴。

输 shū，运送，传送：输出/输血/输液/运输/输氧气。

荟萃（会）

荟 huì，草木繁盛。荟萃（英俊的人物或精美的东西）汇集，聚集。

会 huì，聚合，合拢，合在一起：会合/会齐/会诊/会审/附会/聚会/融会贯通/聚精会神。

积毁销骨（消）

销 xiāo，熔化金属：销金/销熔。积毁销骨一次又一次的诽谤，久而久之足以毁灭这个人。

消 xiāo，消失：冰消/烟消火灭/烟消云散/永不消逝/红肿已消。

缉私（辑）

缉 jī，搜捕，捉拿：通缉/缉拿/缉毒/缉凶。缉私 检查走私行为，缉捕走私的人。

辑 jí，收集有关资料或著作进行整理加工：剪辑/辑佚/编辑/辑录。

羁绊（拌）

绊 bàn，挡住或缠住，使跌倒或使行走不方便：绊脚石/绊马索/磕磕绊绊/绊手绊脚/让石头绊了一跤。羁绊 缠住了不能脱身，束缚。

拌 bàn，搅和：拌种/拌和/凉拌/拌凉菜/给牲口拌草/把种子用药剂拌了再种。

即使（既）

即 jí，靠近，接触：若即若离；当下，目前：即日/即期；到，开始从事：即位；即使，常与“也”连用：即不服药，也无妨碍/即无他方之支援，也能按期完成任务。即使 表示假设的让步（注意：“即使”所表示的条件，可以是尚未实现的事情，也可以是与既成事实相反的事情）。

既 jì，已经：既位/既已如此/既往不咎/既成事实/既得利益。

伎俩（技）

伎 jì，技能，本领；古代称以歌舞为业的女子：伎女/歌伎。伎俩 不正当的手段。

技 jì，技能，本领：技巧/口技/技师/技术/绝技/杂技/黔驴技穷/一技之长。

既然（即）

既 jì，既然：既是/既来之，则安之/既要做，就一定要做好；完了，尽：食既。既然 用在上半句话里，下半句话里往往用副词“就、也、还”跟它呼应，表示先提出前提，而后加以推论。

即 jí，就是：非此即彼；就着（当前环境）：即景。

嫁接（稼）

嫁 jià，女子结婚（跟“娶”相对）：出嫁/改嫁/嫁人/嫁女/陪嫁/婚嫁/男婚女嫁/为人作嫁；转移（罪名、损失、负担等）：转嫁/嫁祸于人。嫁接 把要繁殖的植物的枝或芽接到另一种植物体上，使它们结合在一起，成为一个独立生长的植株，这样能保持植物原来的某些特性，是常用的改良品种的方法。

稼 jià，种植（谷物）：耕稼/稼穑；谷物：庄稼。

见风使舵（驶）

使 shǐ，使用：行使/暗中使坏/役使百姓/任贤使能/这支笔很好使/使上点肥料/合理使用资金。见风使舵 比喻跟着情势转变方向（贬义）。

驶 shǐ，开动（车船等）：驾驶/行驶/停驶/驶开/驾驶员/驶向远方/轮船因故停驶。

鉴戒（诫）

戒 jiè，防备，警惕：戒心/戒备/戒严/警戒/戒骄戒躁。鉴戒 可以使人警惕的事情。

诫 jiè，警告，劝告：告诫/规诫。

缰绳（僵）

缰 jiāng，缰绳：名缰利锁/信马由缰/脱缰的野马。缰绳 牵牲口的绳子。

僵 jiāng，僵硬：僵尸/僵蚕/僵化/僵死/僵硬/僵直/手脚都冻僵了/百足之虫，死而不僵。

娇柔（揉）

柔 róu，柔和（跟“刚”相对）：柔情/柔顺/内柔外刚/优柔寡断/性情温柔/刚柔相济。娇柔 娇媚温柔。

揉 róu，用手回旋地按，抚摩：揉一揉腿/沙子到眼里可别揉；使东西弯曲：揉木为耒/揉以为轮。

骄横恣肆（姿）

恣 zì，放纵，无拘束：恣意/恣情/恣睢/恣意妄为。骄横恣肆 骄傲专横，放纵无拘。

姿 zī，容貌：姿容/风姿/姿色/天姿国色；形态，样子：姿势/姿态/雄姿/舞姿/飒爽英姿。

矫健（骄）

矫 jiǎo，强健，勇武：矫捷/矫若游龙；矫正，纠正：矫枉过正。矫健 强壮有力。

骄 jiāo，自满，自高自大：骄傲/骄躁/戒骄戒躁/骄兵必败/胜不骄，败不馁；猛烈：骄阳。

矫揉造作（娇）

矫 jiǎo，强壮，勇武：矫捷/矫健/矫若游龙。矫揉造作 形容过分做作，极不自然。

娇 jiāo，柔嫩、美丽可爱：娇娆/娇小/嫩红娇绿。

进退维谷（唯　惟）

维 wéi，句中助词。进退维谷 进退两难（谷：比喻困难的境地）。

唯 wéi，单单，只：唯独/唯利是图/唯恐落后/唯有他因病不能去。

惟 wéi，只是，但是：他学习努力，惟注意身体不够/他奔跑速度快，惟起跑稍慢/雨虽止，惟路途仍甚泥泞。

噤若寒蝉（禁）

噤 jìn，闭口，不做声：噤声。噤若寒蝉 形容不敢做声。

禁 jīn，受，承受：禁受/弱不禁风；忍住：情不自禁。

禁 jìn，禁止，不许可：禁赌/禁烟/禁地/禁毒/禁运/禁欲/禁止攀折花木；法令或习俗所制止的事：犯禁/问禁/违禁/令行禁止。

惊惶失措（错）

措 cuò，安排，处置：措辞/措置/举措/不知所措/措手不及/遣词措意。惊惶失措 吓得慌了手脚，不知道该怎么办。

错 cuò，不正确：错字/错事/错误/错谬/错怪/差错/阴差阳错/将错就错；差，坏（用于否定式）：这幅画画得不错/今年的收成错不了/他的身体不错。

晶莹（荧）

莹 yíng，光亮透明：莹洁/莹润。晶莹 光亮而透明。

荧 yíng，光亮微弱的样子：荧光/荧光灯/荧光屏/一灯荧然；眼光迷乱，疑惑：荧惑。

竞赛（竟）

竞 jìng，比赛，互相争胜：竞走/竞渡/竞猜/竞聘/竞选/竞争/竞价/竞技。竞赛 互相比赛，争取优胜。

竟 jìng，完毕：继承先烈未竟的事业；居然，表示出乎意料：这样大的工程，竟在短短半年中就完成了/都以为他一定不答应，谁知他竟答应了。

赳赳武夫（纠）

赳（jiū）**赳**，健壮威武的样子：雄赳赳，气昂昂。赳赳武夫 健壮威武、有勇力的人。

纠 jiū，缠绕：纠葛/纠纷/纠缠不清；纠正，改正（缺点、错误）：纠偏/有错必纠/纠偏救弊；集合：纠集/纠合众人。

开门揖盗（缉）

揖 yī，拱手行礼：揖让/打躬作揖。开门揖盗 开了门请强盗进来，比喻引进坏人来危害自己。

缉 jī，搜捕，捉拿：缉凶/缉拿/缉毒/缉私队/通缉令。

颗粒（棵）

颗 kē，量词，多用于颗粒状的东西：一颗心/两颗珍珠/一颗珠子/一颗子弹/一颗牙齿/一颗颗汗珠子往下掉。颗粒 小而圆的东西；（粮食）一颗一粒。

棵 kē，量词，多用于植物：一棵石榴树/一棵野草/一棵牡丹/两棵白杨。

口燥唇干（躁）

燥 zào，干：燥热/天气干燥/山高地燥/天气太燥。口燥唇干 形容着急上火。

躁 zào，性急，不冷静：急躁/烦躁/焦躁/浮躁/暴躁/性子躁/不骄不躁/稍安毋躁/戒骄戒躁。

苦恼（脑）

恼 nǎo，烦闷，心里不痛快：烦恼/苦恼/懊恼。苦恼 痛苦烦恼。

脑 nǎo，动物中枢神经的主要部分，位于头部；指头：脑袋/探头探脑/头昏脑涨/头痛脑热。

夸张渲染（宣）

渲（xuàn）**染**，中国画的一种画法，用水墨或淡的色彩涂抹画面，以加强艺术效果；比喻夸大地形容：一件小事，用不着这么渲染。夸张渲染 夸大，言过其实。

宣 xuān，公开说出来，传播、散布出去：宣传/宣布/宣讲/宣言/宣誓/心照不宣/照本宣科/秘而不宣；疏导：宣泄。

窥豹一斑（班）

斑 bān，一种颜色中夹杂的别种颜色的点子或条纹：斑马/脸上有雀斑。窥豹一斑 通过竹管的小孔来看豹，只看到豹身上的一块斑纹，比喻只见到事物的一小部分。

班 bān，工作或学习的组织：班组/班级/班次/大班/作业班/进修班/学习班/机修班。

蜡笔（腊）

蜡 là，动物、矿物或植物所产生的油质，常温下多为固体，具有可塑性，能燃烧，易熔化，不溶于水：蜂蜡/白蜡/石蜡/蜡花/蜡泪/蜡台/蜡像。蜡笔 颜料掺在蜡里制成的笔，画画儿用。

腊 là，古代在农历十二月里合祭众神叫做腊，因此农历十二月叫腊月；冬天（多在腊月）腌制后风干或熏干的（鱼、肉、鸡、鸭等）：腊肉/腊鱼/腊味/腊肠/腊鸡。

冷漠（寞）

漠 mò，沙漠：大漠/漠北/荒漠；冷淡地，不经心地：淡漠/漠然/漠视/漠不关心。冷漠（对人或事物）冷淡，不关心。

寞 mò，安静，冷落：落寞/寂寞。

励精图治（砺　厉）

励 lì，振奋，振作。励精图治 振作精神，想办法把国家治理好。

砺 lì，磨刀石：砺石；磨（mó）：砥砺/磨砺/淬砺。

厉 lì，严肃，猛烈：严厉/厉色/凌厉/变本加厉/雷厉风行/声色俱厉。

利欲熏心（曛）

熏 xūn，（烟、气等）接触物体，使变颜色或沾上气味：把墙熏黑了/用茉莉花熏茶叶；熏制（食品）：熏肉/熏鸡。利欲熏心 贪财图利的欲望迷住了心窍。

曛 xūn，日落时的余光：曛黄（黄昏）/曛日。

联手（连）

联 lián，结合在一起：联结/联合/联盟/联系/联络/联欢/联名/三联单。联手 联合，彼此合作。

连 lián，相接：心连心/骨肉相连/藕断丝连/水天相连/血脉相连/烽火连天/价值连城/十指连心。

炼句（练）

炼 liàn，用心琢磨，使词句简洁优美：炼字。炼句 写作时斟酌语句，使简洁优美。

练 liàn，练习，训练：练笔/练队/练兵/练手/练武/练习/练毛笔字。

伶牙俐齿（利）

伶俐（lì），聪明，灵活：口齿伶俐/这孩子真伶俐。伶牙俐齿 形容口齿伶俐，能说会道。

利 lì，锋利，锐利（跟“钝”相对）：锋利/尖利/锐利/犀利/利刃/利爪。

绿树成荫（阴）

荫 yīn，树荫：荫蔽/荫翳/浓荫蔽日。绿树成荫 绿树茂密的枝叶在日光下所形成的阴影。

阴 yīn，我国气象上，天空 80%以上被云遮住时叫做阴，泛指空中云层密布，不见阳光或偶见阳光的天气：阴天。

麻风病（疯）

风 fēng，景象：风景/风光；中医指一种致病的重要因素或某些疾病：风湿/抽风/鹅掌风/白癜风/羊痫风。麻风病 慢性传染病，病原体是麻风杆菌，患者皮肤麻木，变厚，颜色变深，表面形成结节，毛发脱落，手指脚趾变形等。

疯 fēng，神经错乱，精神失常：疯癫/疯狂/疯子/疯人院。

脉搏微弱（博）

搏 bó，跳动：脉搏/搏动。脉搏微弱 脉搏跳动微弱。

博 bó，多，丰富：博大/博览/博学/博雅/博识/博采众长/博大精深/博闻强识。

满洲（州）

洲 zhōu，一块大陆和附近岛屿的总称，地球上有七大洲，即亚洲、欧洲、非洲、北美洲、南美洲、大洋洲、南极洲；河流中由泥沙淤积而成的陆地：沙洲/三角洲。满洲 满族的旧称；旧指我国东北一带。

州 zhōu，旧时的一种行政区划，所辖地区的大小历代不同，现在这名称还保留在地名里：广州/苏州/扬州；指自治州：四川省阿坝藏族羌族自治州。

曼延曲折（蔓　漫）

曼 màn，长，远：曼延/曼声/曼声歌唱。曼延曲折 连绵不断，曲曲折折。

蔓 màn，多用于合成词，蔓延，像蔓草一样不断向周围扩展。

蔓 wàn，细长不能直立的茎：藤蔓/扁豆爬蔓了。

漫 màn，水过满，向外流：漫流/漫溢/水漫出杯子了。

“曼延”的意思是向远方延伸、连绵不断的样子，如“小道曼延曲折”。“蔓延”之“蔓”，谓草本蔓生植物的枝茎，引申为滋长、形容辽远、空旷的景象，如：“沙漠一直漫延到遥远的天边。”

靡靡之音（糜）

靡 mǐ，顺风倒下：风靡；无，没有：靡日不思。靡靡之音 颓废、不健康的音乐。

糜 mí，烂：糜烂；粥：肉糜。

绵里藏针（棉）

绵 mián，蚕丝绕成的片或团，供絮衣被、装墨盒等用，也叫“丝绵”：绵绸；薄弱，柔软：绵薄/绵软/绵弱/绵幂/软绵绵。绵里藏针 形容柔中有刚，比喻外貌柔和，内心刻毒。

棉 mián，一年生或多年生草本植物或灌木，栽培品种有陆地棉、草棉等，其中陆地棉栽培最广，果实中的棉纤维是重要的纺织原料，棉子可以榨油，通称棉花。

渺茫（缈）

渺 miǎo，形容水大：浩渺；渺小：渺不足道。渺茫 因遥远而模糊不清；因没有把握而难以预期。

缥缈（miǎo），形容隐隐约约，若有若无：云雾缥缈/山在虚无缥缈间。也作飘渺。

明信片（名）

明 míng，公开，显露在外，不隐蔽（跟“暗”相对）：明说/明令/明沟/明文/明码/明处/明扬/明枪易躲，暗箭难防。明信片 专供写信用的硬纸片，邮寄时不用信封，也指用明信片写成的信。

名 míng，名字，名称：名片/名单/名册/人名/书名/命名/报名/金榜题名。

冥思苦想（瞑　暝）

冥 míng，昏暗：晦冥；深奥，深沉：冥想。冥思苦想 深沉地思考。也说冥思苦索。

瞑 míng，闭眼：瞑目/死不瞑目；眼花：耳聋目瞑。

暝 míng，日落，天黑：日将暝/天已暝；黄昏。

谬论（缪）

谬 miù，错误的，不合情理的：悖谬/讹谬/乖谬/匡谬/荒谬/谬种/大谬不然。谬论 荒谬的言论。

纰缪（miù），错误。

摩拳擦掌（磨）

摩 mó，摩擦，接触：摩肩擦背。摩拳擦掌 形容战斗、竞赛或劳动前精神振奋的样子。

磨 mó，消耗时间，拖延：磨洋工；用磨料磨物体使光滑、锋利或达到其他目的：磨刀/磨墨/磨玻璃/铁杵磨成针。

“磨擦”同“摩擦”。

没齿难忘（莫）

没 mò，隐藏，隐没：出没；漫过或高过（人或物）：河水没了马背。没齿难忘 长久难忘。

莫 mò，不：莫如/一筹莫展/爱莫能助/莫衷一是/鞭长莫及/概莫能外/百口莫辩/望尘莫及。

漠不关心（莫）

漠 mò，冷淡地，不经心地：淡漠/冷漠/漠然/漠视。漠不关心 形容对人或事物冷淡，一点也不关心。

莫 mò，不要：莫哭/请莫见怪/闲人莫入；表示“没有谁”或“没有哪一种东西”：莫不/莫大/莫不欣喜/莫名其妙；不：莫如/一筹莫展/爱莫能助/莫衷一是/鞭长莫及。

恼怒（脑）

恼 nǎo，生气，使生气：恼恨/恼羞成怒/你别恼我。恼怒 生气，发怒。

脑 nǎo，人和高等动物神经系统的主要部分，位于头部，人的脑子又是主管思想、记忆等心理活动的器官：大脑/脑膜。

霓虹灯（红）

虹 hóng，大气中一种光的现象，天空中的小水珠经日光照射发生折射和反射作用而形成的弧形彩带，由外圈至内圈呈红、橙、黄、绿、蓝、靛、紫七种颜色，出现在和太阳相对着的方向，也叫彩虹：

副虹。霓虹灯 灯的一种，在真空玻璃管里充入氖或氩等惰性气体，两端安装电极，通电后发生红、蓝等颜色的光，多用作广告灯或信号灯。

红 hóng，像鲜血或石榴花的颜色：红豆/红茶/红糖/红叶/红色/红枣/红领巾。

呕心沥血（沤）

呕 ǒu，吐：呕血/作呕/呕吐/呕心之作/刚喝下的药，全呕出来了。呕心沥血 形容费尽心思。

沤 òu，长时间地浸泡，使起变化：沤麻/沤粪/沤绿肥/沤烂了。

攀跻（挤）

跻 jī，登，上升：跻身/使中国科学跻于世界先进科学之列。攀跻 抓住东西爬上去。

挤 jǐ，在拥挤的环境中用身体排开人或物：挤压/人多挤不进来。

旁征博引（证）

征 zhēng，证明，证验：文献足征/信而有征/有物可征。旁征博引 为了表示论证充足而广泛地引用材料。

证 zhèng，用人物、事物来表明或断定：证人/证书/证实/论证/见证/辩证/对证/考证。

赔礼（陪）

赔 péi，向受损害或受伤害的人道歉或认错：赔罪/赔不是。赔礼 向人施礼认错。

陪 péi，随同，在旁边做伴：陪葬/陪伴/陪嫁/陪绑/陪同/我陪你去/陪客人上街。

怦然心动（砰）

怦 pēng，形容心跳的声音：吓得心里怦怦直跳。怦然心动 形容心脏跳动。

砰 pēng，形容撞击或重物落地的声音：砰的一声，木板倒了/砰的一声门关上了。

纰缪（谬）

纰缪 miù，纰缪 错误。

谬 miù，错误的，不合情理的：悖谬/讹谬/乖谬/匡谬/谬种/谬论/

荒谬/大谬不然。

剽悍（骠）

剽 piāo，抢劫，掠夺：剽掠/剽窃。剽悍 敏捷而勇猛。

骠 biāo，勇猛：骠勇/骠勇善战。

频率（律）

率 lǜ，相关数量之间的比例关系：利率/效率/速率/税率/概率/汇率/圆周率/出勤率。频率 物体每秒振动的次数；在单位时间内某种事情发生的次数。

率 shuài，带领：率领；不加思考，不慎重：轻率/草率；直爽坦白：直率/坦率。

律 lǜ，法则，规则：纪律/法律/规律/定律/金科玉律/千篇一律/清规戒律。

屏障（幛　嶂）

障 zhàng，用作遮挡、阻碍的东西：路障/风障。屏障 像屏风那样遮挡着的东西（多指山岭、岛屿等）。

幛 zhàng，上面题有词句的整幅绸布，用作庆贺或吊唁的礼物：寿幛/挽幛。

嶂 zhàng，直立像屏障的山峰：层峦叠嶂。

气概（慨）

概 gài，气度，魄力：节概；大略：概况/大概。气概 在对待重大问题上表现正直、豪迈的态度、举动或气势。

慨 kǎi，愤激：愤慨；感慨：慨叹；慷慨，不吝啬：慨允/慨然相赠。

气势汹汹（凶）

汹 xiōng，水向上翻腾：汹涌。气势汹汹 形容态度、声势凶猛而嚣张。

凶 xiōng，凶恶：凶狠/穷凶极恶/凶恶残忍/这个人样子真凶；厉害，过甚：病势很凶/闹得太凶/雨来得很凶。

恰如其分（份）

分 fèn，职责、权利等的限度：本分/过分/分内/辈分/名分/非分/安分守己。恰如其分 办事或说话正合分寸。

份 fèn，整体分成几部分，每一部分叫一份：股份/双份/分成三份/每人一份。

前倨后恭（躬）

恭 gōng，恭敬：恭候/恭贺/恭喜/谦恭/洗耳恭听/却之不恭/玩世不恭/兄友弟恭/温良恭俭让。前倨后恭 先头傲慢而后恭敬。

躬 gōng，弯曲身体：躬身/鞠躬/打躬作揖/卑躬屈膝/躬身下拜。

前仆后继（扑）

仆 pū，向前跌倒。前仆后继 前面的人倒下了，后面的人继续跟上去，形容英勇奋斗，不怕牺牲。

扑 pū，用力向前冲，使全身突然伏在物体上：孩子高兴得一下扑到我怀里来。

轻歌曼舞（漫　慢　蔓）

曼 màn，柔美，细腻：曼丽/曼妙。轻歌曼舞 轻松愉快的音乐和柔和优美的舞蹈。

漫 màn，不受约束，随便：散漫/漫谈/漫步/漫画/漫卷/浪漫/漫无目的/漫无限制。

慢 màn，速度低，走路、做事等费的时间长（跟“快”相对）：放慢/缓慢/减慢/慢车/慢走/慢手慢脚/你走慢一点儿，等着他。

蔓 màn，滋生，扩展：滋蔓/蔓延。

清冽（洌）

冽 liè，冷：凛冽/山高风冽。清冽 凉爽而略带寒意，清凉。

洌 liè，（水、酒）清：泉香而酒洌。

曲突徙薪（新）

薪 xīn，柴火：抱薪救火/卧薪尝胆/釜底抽薪/米珠薪桂。曲突徙薪 有一家的烟囱很直，旁边堆着许多柴火，有人劝主人改建弯曲的烟囱，把柴火搬开，不然有着火的危险，主人不听，不久果然发生了火灾，比喻事先采取措施，防止危险发生。

新 xīn，刚出现的或刚经历到的：新风气/新品种/新的工作岗位；性质上改变得更好的，使变成新的（跟“旧”相对）：新社会/改过自新；新近，刚：我是新来的/这支钢笔是我新买的。

惹是生非（事）

是 shì，对，正确（跟“非”相对）：不是/自以为是/一无是处/实事求是/莫衷一是/各行其是/积非成是/你说得极是/应当早做准备才是。惹是生非 引起麻烦或争端。

事 shì，事故：惹事/多事/海事/肇事/滋事/平安无事/多事之秋/别怕，什么事也没有。

如法炮制（泡）

炮 páo，用烘、炒等方法把原料加工制成中药：炮炼/加工炮制。如法炮制 依照成法炮制药剂，泛指照现成的方法办事。

炮 pào，口径在 2 厘米以上，能发射炮弹的重型射击武器，火力强，射程远，有迫击炮、榴弹炮、加农炮、高射炮等；爆竹：鞭炮/花炮。

泡 pào，用液体浸物品：泡菜/泡饭/泡蘑菇/泡衣服/两手在水里泡得发白。

扫描（瞄）

描 miáo，依照原样摹画或重复地画：白描/素描/描绘/描图/描花/轻描淡写。扫描 利用一定装置使电子束、无线电波等按一定规律移动而描绘出画面、物体等图形；借指扫视。

瞄 miáo，把视力集中在一点上，注视：瞄准。

山清水秀（青）

清 qīng，（液体或气体）纯净没有混杂的东西（跟“浊”相对）：清澈；清楚：说不清/问清底细。山清水秀 形容山水风景优美。

青 qīng，蓝色或绿色：青天/青翠/青菜/青苔/青铜器/绿草青青/青山绿水；黑色：青布/青线/青纱。

上蹿下跳（窜）

蹿 cuān，向上或向前跳：蹿房越脊/身子往上一蹿把球接住/猫蹿到树上去了/他一下子蹿得很远。上蹿下跳（动物）到处蹿蹦；比喻人到处活动（贬义）。

窜 cuàn，乱跑，乱逃（用于匪徒、敌军、兽类等）：流窜/逃窜/奔窜/乱窜/东奔西窜/抱头鼠窜/一眨眼的工夫，这孩子又窜到哪儿去了？

伸张（申）

伸 shēn，（肢体或物体的一部分）展开：伸手/伸缩/伸直/伸展/延伸/能屈能伸。伸张 扩大（多指抽象事物）。

申 shēn，陈述，说明：申请/申说/申辩/重申/三令五申/申明理由。

神采奕奕（彩）

采 cǎi，神色，精神：风采/神采/没精打采/兴高采烈。神采奕奕 精神饱满的样子。

彩 cǎi，颜色：五彩/彩云/彩虹/彩霞/七彩/色彩/多姿多彩/彩色影片。

疏浚（竣）

浚 jùn，疏通（水道），挖深：浚井/浚河/修浚/浚渠/浚泥船。疏浚 清除淤塞或挖深河槽使水流通畅。

竣 jùn，完毕：完竣/告竣/竣工/竣事/大工告竣。

贪赃枉法（脏）

赃 zāng，赃物，贪污受贿或偷盗所得的财物：赃款/追赃/退赃。贪赃枉法 官员收受贿赂，利用职权歪曲和破坏法律。

脏 zāng，有尘土、汗渍、污垢等，不干净：脏水/脏土/脏兮兮/衣服脏了/把脏东西清除出去。

脏 zàng，内脏，人或动物胸腔和腹腔内器官的统称，包括心、肺、胃、肝等：心脏/肾脏。

坦荡如砥（抵　坻　底）

砥 dǐ，细的磨刀石：砥石/砥砺。坦荡如砥 宽广平坦如大的磨刀石。

抵 dǐ，支撑：抵住门别让风刮开；抵偿，用价值相等的事物作为赔偿或补偿：抵命/抵债。

坻 dǐ，山体的倾斜面，山坡。后也泛指山：坻颓（山崩）。

底 dǐ，最下面的部分：底层/底座/海底/釜底抽薪/海底捞月/井底之蛙。

蹚浑水（螳　淌）

蹚 tāng，从浅水里走过去：蹚河/他蹚着水过去了。蹚浑水 比喻跟着别人干坏事，比喻介入复杂混乱的事情。

螳 táng，螳螂，昆虫，全身绿色或土黄色，头呈三角形，触角呈丝状，胸部细长，有翅两对，前腿呈镰刀状，捕食昆虫，对农业有益：螳臂当车/螳螂捕蝉，黄雀在后。

淌 tǎng，往下流：淌血/流淌/淌眼泪/天气太热，身上直淌汗/木桶漏水，淌了一地。

挑肥拣瘦（捡）

拣 jiǎn，挑选：拣选/拣择/拣佛烧香/时间有限，请拣要紧的说。挑肥拣瘦 挑选对自己有利的（含贬义）。

捡 jiǎn，拾取：捡柴/把铅笔捡起来/捡了芝麻，丢了西瓜/捡了东西要送交招领处。

通货膨胀（涨）

胀 zhàng，膨胀：热胀冷缩。通货膨胀 国家纸币的发行量超过流通中所需要的货币量，引起纸币贬值、物价上涨的现象，简称通胀。

涨 zhǎng，（水位）升高，（物价）提高：涨价/涨水。

涨 zhàng，固体吸收液体后体积增大：豆子泡涨了；多出，超出（原来的数目）：钱花涨了（超过收入或预计）/把布一量，涨出了半尺。

土地贫瘠（脊）

瘠 jí，瘠薄：瘠土/瘠田/瘠薄。土地贫瘠 土地薄，不肥沃，缺少植物生长所需要的养料、水分等。

脊 jí，人和动物背上中间的骨头，脊柱：脊髓/脊椎/脊背/脊梁。

妄自菲薄（非）

菲 fěi，微，薄：菲才/菲礼/菲仪/菲酌。妄自菲薄 过分地看轻自己。

非 fēi，不：非卖品/非同小可/非同寻常；不是：答非所问/学非所用/口是心非。

望风披靡（糜）

靡 mǐ，顺风倒下：风靡/披靡。望风披靡 形容军队丧失战斗意志，老远看见对方的气势很盛就溃散了。

糜 mí，腐烂，烂到难以收拾：糜烂不堪。

威慑（摄）

慑 shè，恐惧，害怕，使害怕：慑服。盛慑 用武力使对方感到恐惧。

摄 shè，吸取：摄取/吸摄/摄食；代理：摄政/摄位/摄理。

刎颈之交（吻）

刎 wěn，用刀割脖子：自刎。刎颈之交 指同生死共患难的朋友。

吻 wěn，用嘴唇接触人或动物，表示喜爱：吻别/飞吻。

嬉闹（嘻）

嬉 xī，游戏，玩耍：嬉笑/嬉戏/嬉皮笑脸（也作嘻皮笑脸）。嬉闹 嬉笑打闹。

嘻 xī，表示惊叹；形容笑的样子或声音：笑嘻嘻/嘻嘻地笑/嘻嘻哈哈。

嬉戏（嘻）

嬉 xī，游戏，玩耍：嬉笑/嬉闹。嬉戏游戏，玩耍。

嘻 xī，嬉笑的样子或声音：嘻嘻地笑/嘻嘻哈哈/笑嘻嘻。

销声匿迹（消）

销 xiāo，除去，解除：撤销/销假/一笔勾销。销声匿迹 不再公开讲话，不再出头露面，不出声音，隐藏行迹，形容隐藏起来或不公开出现。

消 xiāo，灭掉，除去：打消/消毒/消炎/消灭敌人/消除隐患/消食化积。

肖像（象　相）

像 xiàng，比照人物制成的形象：画像/塑像；从物体发出的光线经平面镜、球面镜、透镜、棱镜等反射或折射后所形成的与原物相似的图景，分为实像和虚像；在形象上相同或有某些共同点：他的面貌像他哥哥/动物中猴和狒狒最相像；好像：像要下雨了/他像是不想去旅游了。肖像 以某一个人为主体的画像或相片（多指没有风景陪衬的大幅相片）。

象 xiàng，一种哺乳动物，是陆地上现存最大的动物：盲人摸象；形状，样子：景象/天象/气象/印象/表象/现象/想象/万象更新；仿效，模拟：象形/象声。

相 xiàng，相貌，外貌：长相/扮相/本相/看相/亮相/照相/装相/聪明相/可怜相/狼狈相/凶相毕露。

笑眯眯（咪）

眯 mī，眼皮微微合上：眯缝/眯着眼睛笑/眯着眼睛想睡觉；小睡：他躺在床上眯了一会儿。笑眯眯 形容微笑时眼皮微微合拢的样子。

咪 mī，形容猫叫声或呼唤猫的声音：小猫咪咪叫。

笑容可掬（鞠）

掬 jū，两手捧（东西）：以手掬水/憨态可掬。笑容可掬 笑容露出来，好像可以用手捧住，形容满脸堆笑的样子。

鞠 jū，弯曲：鞠躬/鞠躬尽瘁；养育，抚养：鞠养/鞠育。

胁从不问（协）

胁 xié，逼迫，恐吓：裹胁/胁迫/威胁。胁从不问 不追究被胁迫而随从别人做坏事的。

协 xié，共同：协同/协力/协商解决/通力协作；辅助：协办/协助/协理。

新颖（颍）

颖 yǐng，聪明：颖悟/颖慧/颖异/聪颖。新颖 新而别致。

颍 Yǐng，颍河，水名，发源于河南，流入安徽。

形销骨立（消）

销 xiāo，除去，解除：撤销/销假/报销/吊销/注销/销案/一笔勾销；熔化金属：销金/销熔。形销骨立 形容身体极其消瘦。

消 xiāo，消失：烟消云散/冰消瓦解/红肿已消/永不消逝；使消失，消除：消毒/消炎/打消/抵消/取消/消除隐患/消食化积。

炫耀（眩　弦）

炫 xuàn，（强烈的光线）晃人的眼睛：炫目；夸耀：炫弄/炫示。炫耀 照耀；夸耀。

眩 xuàn，（眼睛）昏花，看不清楚：头晕目眩；迷惑，执迷：眩于名利/眩于虚名。

弦 xián，乐器上发声的线，一般用丝线、钢丝或钢丝制成：琴弦/弦歌/定弦/弦乐/弦管/扣人心弦。

学籍（藉）

籍 jí，代表个人对国家、组织的隶属关系：国籍/党籍/户籍。学籍 登记学生姓名的册子，转指作为某校学生的资格。

藉 jí，践踏，侮辱：狼藉/蹂藉。

徇私枉法（循）

徇 xùn，依从，曲从：徇情/徇私/绝不徇私舞弊。徇私枉法 为了私情而歪曲和破坏法律。

循 xún，遵守，依照，沿袭：遵循/因循/循例/循环/循名责实/循循善诱（循循：有步骤的样子）/循规蹈矩/循序渐进。

徇私舞弊（恂）

徇 xùn，依从，曲从：徇情。徇私舞弊 为了私情用欺骗的方式做违法乱纪的事情。

恂 xún，诚实，恭顺：恂谨；恐惧：恂然。

鸦雀无声（哑）

鸦 yā，鸟，全身多为黑色，嘴大，翼长，脚有力，种类较多，常见的有乌鸦、寒鸦、白颈鸦等：鸦飞雀乱。鸦雀无声 形容非常安静。

哑 yǎ，不能说话，发不出声：哑巴/聋哑/哑语/哑剧/哑口无言/装聋作哑。

宴会（晏）

宴 yàn，请人吃酒饭，聚会在一起吃酒饭：宴请/宴客/欢宴；酒席：设宴/赴宴/盛宴/国宴/家宴。宴会 宾主在一起饮酒吃饭的聚会（指比较隆重的）。

晏 yàn，迟：晏起/晏睡。

一笔勾销（消）

销 xiāo，去掉，解除：销假/吊销/注销/报销/撤销。一笔勾销 把账一笔抹去，比喻把一切完全取消。

消 xiāo，灭掉，使消失，除去：打消/消毒/消炎/消灭敌人/消食化积/消除隐患。

一刀两断（段）

断 duàn，（长形的东西）分成两段或几段：砍断/割断/剪断/截断/

绳子断了/藕断丝连。一刀两断 比喻坚决断绝关系。

段 duàn，用于长条东西分成的若干部分或时间、空间的一定距离：两段木头/一段铁路/一段时间。

一诺千金（斤）

金 jīn，钱：现金/金钱/金额/基金/本金/酬金/挥金如土/拾金不昧。一诺千金 形容说话算数，所许诺言信实可靠。

斤 jīn，质量或重量单位，旧制 1 斤等于 16 两，市制 1 斤后改 10 两，合 500 克：斤两/斤斤计较。

一言以蔽之（避　弊　敝）

蔽 bì，遮盖，挡住：掩蔽/遮蔽/隐蔽/衣不蔽体/浮云蔽日。一言以蔽之 用一句话来概括。

避 bì，躲开，回避：避暑/避雨/退避/回避/避嫌/避而不谈/不避艰险；防止：避免/避孕/避雷针。

弊 bì，欺蒙人、图占便宜的行为：作弊/营私舞弊；害处，毛病（跟“利”相对）：流弊/时弊/世弊/积弊/百弊丛生/兴利除弊/切中时弊/有弊无利。

敝 bì，谦词，用于与自己有关的事物：敝姓/敝处/敝校/敝人/敝国。

一枕黄粱（梁）

粱 liáng，谷子的优良品种的统称。一枕黄粱 比喻想要实现的好事落得一场空。

梁 liáng，水平方向的长条形承重构件：房梁。

义愤填膺（赝）

膺 yīng，胸：抚膺长叹。义愤填膺 胸中充满义愤。

赝 yàn，伪造的：赝品/赝本/赝币/赝鼎。

引申（伸）

申 shēn，陈述，说明：申言/申说/申奥/申报/申辩/申明/申请/三令五申。引申（字、词）由原义产生新义。

伸 shēn，（肢体或物体的一部分）展开：伸直/延伸/伸缩/伸展/伸张。

永葆青春（保）

葆 bǎo，保持，保护。永葆青春 永远保持青春。

保 bǎo，保持：保温/保鲜/保暖/保密/保值；保护，保卫：保健/保家卫国；担保（不犯罪等）：保释。

优柔寡断（忧）

优 yōu，优良，良好（跟“劣”相对）：优美；充足，富裕：优渥/优裕。优柔寡断 办事迟疑，没有决断。

忧 yōu，忧愁：忧闷/忧心/忧虑/忧伤/忧郁/忧悒/担忧。

有恃无恐（持　势）

恃 shì，依赖，倚仗：恃爱（倚仗对方的爱宠）/恃才傲物（物：众人）/自恃功高。有恃无恐 因有所依仗而不害怕。

持 chí，拿着，握着：持笔/持枪/持有/持仓/持股/持刀动枪/手持棍棒；遵守不变：坚持真理。

势 shì，权力，威力：权势/得势/财势/人多势众/倚势欺人/趋炎附势/势均力敌。

有张有弛（驰）

弛 chí，放松，解除：一张一弛。有张有弛 比喻治理国家应宽严结合；也比喻工作和生活应劳逸结合。

驰 chí，（车马等，使车马等）跑得很快：奔驰/飞驰/疾驰/驰逐/纵横驰骋/背道而驰/风驰电掣。

鱼肉百姓（渔）

鱼 yú，脊椎动物的一大类，生活在水中，通常体侧扁，有鳞和鳍，用鳃呼吸，体温随外界温度而变化，种类很多：钓鱼。鱼肉百姓 把老百姓当做鱼、肉一样宰割，比喻用暴力欺凌、残害人民。

渔 yú，捕鱼：渔捞/渔翁/渔场/渔民/渔村/渔船/渔业；谋取（不应得的东西）：渔利。

预制板（版）

板 bǎn，片状的较硬的物体：板子/搓板/黑板/画板/跳板/木板/钢板/玻璃板。预制板 按照设计规格在工厂或现场预先制成的钢、木或混凝土板状的构件。

版 bǎn，上面有文字或图形的供印刷用的底子，从前用木板，后多用金属板，现多用胶片：锌版/铜版/排版/制版/凹版/底版/雕版/誊写版；书籍排印一次为一版，一版可包括多次印刷：再版/出版/盗版/原版/翻版/修订版/第一版；报纸的一面叫一版：广告版/新闻版/头版新闻；筑土墙用的夹板：版筑。

圆明园（园）

圆 yuán，圆周所围成的平面：圆心/圆周/半圆/椭圆。圆明园 著名建筑遗址。

园 yuán，供人游览娱乐的地方：戏园/公园/动物园/园中游人很多。

陨石（殒）

陨 yǔn，坠落：陨落/陨铁/陨星/陨灭。陨石 含石质较多或全部为石质的陨星。

殒 yǔn，丧失（生命），死亡：殒命/殒身。

殒身不恤（陨）

殒 yǔn，丧失（生命），死亡：殒命。殒身不恤 牺牲生命也不顾惜。

陨 yǔn，坠落：陨石/陨落/陨星/陨铁/陨灭。

针砭时弊（贬）

砭 biān，古代用石针扎皮肉治病：针砭/砭割/砭熨。针砭时弊 比喻发现或指出当前社会的弊病，以求改正。

贬 biǎn，给予不好的评价（跟“褒”相对）：贬称/贬词/贬损/贬义/贬抑/一字之贬。

蒸馏水（溜）

馏 liú，蒸馏，把液体混合物加热沸腾，使其中沸点较低的组分首先变成蒸气，再冷凝成液体，以与其他组分分离或除去所含杂质。蒸馏水 用蒸馏方法取得的水，清洁而不含杂质，多用于医药和化学工业。

溜 liū，滑行，（往下）滑：溜冰/溜旱冰/从山坡上溜下来。

支吾其词（吱）

支 zhī，撑：把帘子支起来；支持：支援/体力不支；调度，指使：支配/支使；分支，支派：支流/支队。支吾其词 指企图用含混不清的话语应付、搪塞，以掩饰真情。

吱 zhī，形容某些尖细的声音：嘎吱/咯吱/车吱的一声停住了/吱的一声，房门开了/车轮吱吱地响。

知书达理（礼）

理 lǐ，道理，事理：合理/理屈/常理/法理/伦理/理当如此/顺理成章/天理昭彰。知书达理 有知识，懂礼貌，指人有文化教养。

礼 lǐ，表示尊敬的言语或动作：礼节/敬礼/队礼/军礼/赔礼/以礼相待/先礼后兵/彬彬有礼。

拄着拐棍（柱）

拄 zhǔ，为了支持身体用棍杖等顶住地面。拄着拐棍 用手扶着杖或棍，以保持身体的平衡。

柱 zhù，柱子，支撑屋顶的构件，多用木、石等制成：梁柱/支柱/石柱。

装订（钉）

订 dìng，经过研究商讨而立下（条约、契约、计划、章程等）：订婚/订合同。装订 把零散的书页或纸张加工成本子。

钉 dìng，用针线把带子、纽扣等缝住：她正在钉扣子。

捉对厮杀（撕）

厮 sī，互相：厮守/厮打/厮混；对人轻视的称呼：这厮/那厮。捉对厮杀 一个对一个或两两成对相互拼杀。

撕 sī，扯开，用手分裂：把布撕成两块/把书页撕破了/把墙上的标语撕下来。

自寻烦恼（脑）

恼 nǎo，烦闷，心里不痛快：苦恼/懊恼/恼人。自寻烦恼 自找烦闷苦恼。

脑 nǎo，动物中枢神经的主要部分，在颅腔里。

坐镇指挥（阵）

镇 zhèn，用武力维持安定：镇守。坐镇指挥（官长）亲自在某个地方镇守指挥，也用于比喻。

阵 zhèn，阵地，军队为了进行战斗而占据的地方，通常修有工事：上阵/怯阵/临阵磨枪/临阵脱逃/赤膊上阵。

做工（作）

做 zuò，从事某种工作或活动：做事/做买卖/好吃懒做/假戏真做/

小题大做。做工 从事体力劳动（多指工业或手工业劳动）；戏曲中演员的和表情；指制作的技术或质量。

作 zuò，从事某种活动：作孽/作案/制作/协作/工作/作报告/打躬作揖/自作自受。

“作”“做”有相同的义项，如写作，惯常用法是：作文/作画/作曲/作家/写作/著作/吟诗作赋；做诗/做文章。相近义项，“作”有“劳作，制造”义：深耕细作/操作；“做”有“制造”义：做箱子/做制服/甘蔗能做糖。“作”有“进行某种活动”义：作孽/作报告/自作自受；“做”有“从事某种工作或活动”义：做工/做活/做买卖/做报告。

在抽象意义的词语、书面语色彩较重的词语，特别是成语里，多用“作”，后面是双音节动词时，一般也用“作”；表示具体东西的制造时多用“做”。“作”“做”用法示例：

作 zuò

作案 作罢 作保 作别 作弊 作答 作对 作怪 作恶 作践

作法（同‘做法’）作废 作风 作梗 作古 作假 作价 作客（寄居在别处） 作弄 作孽 作陪 作祟 作态 作乐 作为 作伪 作息 作秀 作揖 作战 合作 工作 动作 协作 装作 制作 作结论 作总结 寻欢作乐 作法自毙 打躬作揖 作奸犯科 作威作福 作茧自缚 胡作非为 自作聪明 始作俑者 逢场作戏 作壁上观 作恶多端

做 zuò

做爱 做伴 做东 做法（处理事情或制作复制品的方法） 做客（去别人家拜访，自己当客人） 做媒 做梦 做人 做主 做声 做事 做作 做官 做寿 做礼拜 做生意 做手脚 做满月 做生日 做学问 做功课 做作业 做针线 做衣服 做教员 做广告 做贼心虚

诤友（铮）

诤 zhèng，直爽地劝告：诤言/诤谏。诤友 能直言规劝自己的朋友

铮 zhèng，（器物表面）光亮耀眼：玻璃擦得铮亮。

棕绷（棚）

绷 bēng，用藤皮、棕绳等编织成的床屉子：绷床/棕绷/床绷坏了，

该修理了。棕绷 用棕绳穿在木框上制成的床屉子。

棚 péng，遮蔽太阳或风雨的设备，用竹木等搭架子，上面覆盖草席等：天棚/凉棚/在园子里搭一个棚。

稚嫩（雉）

稚 zhì，幼小：稚子/幼稚/稚弱/稚气/稚朴。稚嫩 幼小而娇嫩；幼稚，不成熟。

雉 zhì，鸟，外形像鸡，雄的尾巴长，羽毛美丽，多为赤铜色，有光泽，雌的尾巴稍短，灰褐色。善走，不能久飞。种类很多，都是珍禽，如血雉、长尾雉等。通称野鸡，有的地区叫山鸡。

爆裂（暴）

爆 bào，猛然破裂或迸出：爆炸/车胎爆了/豆荚爆了/子弹打在石头上，爆起许多火星。爆裂（物体）突然破裂。

暴 bào，突然而且猛烈：暴雨/暴病/暴怒/暴富/暴卒/暴发/狂暴/暴饮暴食/狂风暴雨。

渔汛（讯）

汛 xùn，河流定期的涨水：汛情/凌汛/春汛/潮汛/汛期/伏汛/秋汛/防汛/桃花汛。渔汛 某些鱼类由于越冬等原因在一定时期内高度集中在一定海域，适于捕捞的时期。也作鱼汛。

讯 xùn，消息，信息：通讯/音讯/电讯/简讯/零讯/死讯/闻讯/喜讯/新华社讯/杳无音讯。

伫立（贮）

伫 zhù，长时间站着：伫候/伫立在风中/伫听风雨声。伫立 长时间地站着。

贮 zhù，储存，积存：贮运/贮藏/贮存/贮木场/贮草五万斤/缸里贮满了水。

版画（板）

版 bǎn，上面有文字或图形的供印刷用的底子，从前用木板，后多用金属板，现多用胶片：排版/制版/锌版/铜版/凹版/铝版/底版/雕版/誊写版/印刷版。版画 用刀子或化学药品等在铜版、锌版、木版、石版、麻胶版等版面上雕刻或蚀刻后印刷出来的图画。

板 bǎn，片状的较硬的物体：木板/板子/搓板/地板/黑板/画板/夹板/跳板/钢板/玻璃板。

傍人门户（旁）

傍 bàng，依靠，依附：依傍。傍人门户 比喻依附别人，不能自主。

旁 páng，旁边：旁门/旁侧/路旁/旁观/旁若无人/目不旁视。〈古〉又同“傍”bàng。

荟萃（粹）

萃 cuì，聚集：萃聚。荟萃（英俊的人物或精美的东西）汇集，聚集。

粹 cuì，精华：精粹/国粹/民粹。

癫狂（巅）

癫 diān，精神错乱：癫子/疯癫/疯疯癫癫。癫狂 精神错乱，言语或行动异常；（言谈举止）轻佻，不庄重。

巅 diān，山顶：巅峰/珠峰之巅。

俸禄（奉）

俸 fèng，旧时称官员等所得的薪水：薪俸。俸禄 封建时代官吏的薪水。

奉 fèng，给，献给：敬奉/奉献/奉上新书一册；接受（多指上级或长辈的）：奉命/奉旨/奉令/奉行/阳奉阴违/奉上级命令。

惶恐（徨）

惶 huáng，恐惧不安：惶惑/惶然/惊惶/惶悚/惶惶/惶遽/惶恐不安。惶恐 惊慌害怕。

徨 huáng，（彷徨）走来走去，犹疑不决，不知往哪个方向去：彷徨不定/彷徨歧途/彷徨失措。

蔬菜（疏）

蔬 shū，蔬菜，可以做菜的植物或植物的果实。多属草本：菜蔬/布衣蔬食。蔬菜 可以做菜吃的草本植物，如白菜、菜花、萝卜、黄瓜、洋葱、扁豆等。也包括一些木本植物的嫩茎、嫩叶和菌类，如香椿、蘑菇等。

疏 shū，关系远，不亲近，不熟悉，不熟练：疏远/亲疏/生疏/荒疏/关系疏远/亲疏厚薄。

惊愕（谔）

愕 è，惊讶，发愣：愕然。惊愕 吃惊而发愣。

谔 è，正直的话：侃侃谔谔/谔谔（形容直话直说）。

弛缓（驰）

弛 chí，放松，解除：松弛/弛张/一张一弛/有张有弛；松懈：松弛/弛懈。弛缓（局势、气氛、心情等）和缓；松弛。

驰 chí，（车马等，使车马等）跑得很快：奔驰/飞驰/疾驰/驰骋/驰逐/风驰电掣/背道而驰/纵横驰骋。

砥砺（励）

砺 lì，磨刀石：砺石；磨（刀）：砥砺/磨砺/淬砺。砥砺 磨刀石；磨炼；勉励。

励 lì，劝勉：勉励/鼓励/激励/奖励；振奋，振作：励精图治。

发轫（韧）

轫 rèn，支住车轮不使旋转的木头：发轫。发轫 拿掉支住车轮的木头，使车前进，比喻新事物或某种局面开始出现。

韧 rèn，受外力作用时，虽然变形而不易折断；柔软而结实（跟“脆”相对）：坚韧/柔韧/韧度/韧性/韧带。

蜡黄（腊）

蜡 là，蜡般的颜色：脸色蜡黄。蜡黄 形容颜色黄得像蜡。

腊 là，冬天（多在腊月）腌制后风干或熏干的（鱼、肉、鸡、鸭等）：腊肠/腊鱼/腊肉/腊味。

风采（彩）

采 cǎi，精神，神色：神采/兴高采烈/没精打采/神采奕奕。风采 人的仪表举止（指美好的）；神采。

彩 cǎi，颜色：五彩/七彩/色彩/水彩/云彩/彩虹/彩霞/五彩缤纷/多姿多彩；称赞夸奖的欢呼声：喝彩/博得满堂彩。

溘逝（嗑　磕）

溘 kè，忽然，突然：溘然/溘然长逝。溘逝 称人突然去世。

嗑 kè，用上下门牙咬有壳的或硬的东西：嗑瓜子/老鼠把箱子嗑破了。

磕 kē，碰在硬东西上：磕头（旧时的跪拜礼）/磕破了头/碗磕掉一块/脸上磕破了皮；敲打，碰撞：磕打/磕烟袋/磕掉鞋底的泥。

姣好（皎）

姣 jiāo，相貌美：姣美。姣好 美丽，美好。

皎 jiǎo，白而亮：皎洁/皎月/月光皎洁。

谗言（谄）

谗 chán，在别人面前说某人的坏话：谗害/谗佞/进谗。谗言 毁谤的话，挑拨离间的话。

谄 chǎn，巴结，奉承：谄笑/谄媚/谄谀/谄上欺下。

谗害（馋）

谗 chán，在别人面前说某人的坏话：谗言/谗佞/进谗。谗害 用谗言陷害。

馋 chán，看到喜爱的事物希望参与或得到：眼馋/看见下棋他就馋得慌；看见好的食物就想吃，专爱吃好的：嘴馋/馋涎欲滴。

嗷嗷待哺（敖）

嗷 áo，形容哀号声、嘈杂声或愁叹声：嗷嚎/嗷然/嗷嘈/嗷嗷/嗷叫。嗷嗷待哺 形容饥饿时急于求食的样子。

敖 áo，同“遨”。遨 áo，游玩：遨游/遨嬉/遨戏。

蛰伏（蜇）

蛰 zhé，动物冬眠：惊蛰/蛰居/蛰如冬蛇/久蛰乡间。蛰伏 动物冬眠，潜伏起来不食不动；借指蛰居。

蜇 zhé，海蜇，腔肠动物。外形像伞，生活在海洋中，可以吃：蜇花/蜇头。

拇指（姆）

拇 mǔ，拇指，手和脚的大指。拇指 手和脚的第一个指头。

姆 mǔ，古代指用妇道教导女性的女教师；保姆，负责看管儿童或料理家务的女工。

熄灯（息）

熄 xī，熄灭：熄火/熄灭/火势已熄。熄灯 熄灭灯火。

息 xī，停止：息怒/平息/息兵/停息/止息/偃旗息鼓/自强不息/生命不息，战斗不止；休息：歇息/安息/作息时间表。

驮运（驼）

驮 tuó，用背部承载人或物体：驮篓/他驮着我过了河/这匹马能驮四袋粮食。驮运 用背部承载人或物运送。

驼 tuó，骆驼：驼绒/驼峰/驼色/驼铃。

祸水（涡）

祸 huò，灾难，不幸的事（跟“福”相对）：祸患/祸事/车祸/闯祸/灾祸/惨祸/大祸临头/祸不单行。祸水 比喻引起祸患的人或事。

涡 wō，旋涡：涡流/涡面/水涡；像旋涡一样的形状：涡轮。

吸尘器（汲）

吸 xī，生物体把液体、气体等引入体内（跟“呼”相对）：吸取/呼吸/吸气/吸食/吸烟/深深地吸了一口气；引取液体、固体：吸取/吸铁石/吸墨纸/根部吸水/棉花能吸水。吸尘器 清除灰尘和其他细碎脏物用的机器，一般是用电动抽气机把灰尘和其他细碎脏物吸进去。

汲 jí，从下往上打水：汲取/汲水/从井里汲水。

“吸取”与“汲取”词义基本相同，都有吸收采取的意思，但“汲取”主要用于比较文雅庄重的书面语中，常与抽象事物搭配，如“汲取经验”、“汲取教训”、“汲取营养”，“吸取”则在书面语口头语中都可以使用，并且不论抽象还是具体的事物都能够搭配。

徇情枉法（殉）

徇 xùn，依从，曲从：徇情/徇私。徇情枉法 为了私情而歪曲和破坏法律。

殉 xùn，为维护某种事物或追求某种理想而牺牲生命：殉国（为国捐躯）/殉难/殉职/殉情。

“徇情”指为了私情而作不合法的事情，“殉情”指因恋爱受到挫折感到绝望而自杀。

口感醇厚（淳）

醇 chún，酒味厚、纯：醇酒/醇和/醇正/醇香/醇浓/香味醇厚/酒味醇厚/咖啡香浓醇厚。口感醇厚 食物吃到嘴里时感觉滋味、气味等纯正浓厚。

淳 chún，朴实：淳朴/淳良/淳美/淳厚（也作醇厚）。

“淳厚”指的是敦厚质朴，用来形容人的忠厚老实。在这个意义上“淳厚”与“醇厚”相通。但是“醇厚”还有一个含义，就是指滋味、气味等纯正浓厚，“淳厚”没有这种用法。

脾性怪僻（癖）

僻 pì，性情古怪，跟一般人合不来：怪僻/孤僻/乖僻。脾性怪僻性格习性古怪，和一般人不一样。

癖 pǐ，对事物的偏爱成为习惯，嗜好：怪癖/癖好/癖习/烟癖/酒癖/洁癖/痼癖/嗜酒成癖，于健康不利。

“怪僻”与“怪癖”词性不同。“怪僻”是形容词，指古怪而罕见的，多用于形容人的性格、举止。“怪癖”是名词，指古怪的癖好。

模拟考试（摸）

模 mó，仿效：模仿。模拟考试 模仿，比照现在的样子做的考试。

摸 mō，试着了解，试着做：摸底/估摸/捉摸/逐渐摸出一套种水稻的经验来。

拮据（佶　诘）

拮 jié。拮据 缺少钱，境况窘迫。

佶 jí，健壮。

诘 jié，追问：诘问/反诘/盘诘/诘责/诘难。

楼阁（搁）

阁 gé，一种供休闲、玩赏的建筑物，多建于风景区或庭园：暖阁/空中楼阁/仙山琼阁/亭台楼阁。楼阁 楼和阁，泛指楼房。

搁 gé，禁受，承受：搁得住/搁不住/搁不住摔打/搁不住这么沉。

寒暄（喧）

暄 xuān，太阳的温暖。寒暄 见面时谈天气冷暖之类的应酬话。

喧 xuān，大声说话，声音大而杂乱：喧闹/喧哗/喧腾/喧嚣/喧笑/喧扰/喧嚷/锣鼓喧天/喧宾夺主。

糗事（臭）

糗 qiǔ，不光彩，难为情：今天在会上讲错了话，好糗啊；不光彩的事情：当众出糗。糗事 不光彩、难为情的事。

臭 chòu，惹人厌恶的，可耻的：臭架子/名声很臭/遗臭万年/臭名远扬；拙劣，不高明：臭棋/这一着真臭；（气味）难闻（跟“香”相对）：臭气/臭味/口臭/恶臭/恶臭/狐臭/腥臭/腋臭/如蝇逐臭。